预防法学系列丛书

本书受浙大城市学院城市数字治理科教创新综合体资助

数据合规与网络安全风险防范

主　编　冯　洋
副主编　王　欣　陈　杰

法律出版社 | LAW PRESS
北京

图书在版编目(CIP)数据

数据合规与网络安全风险防范 / 冯洋主编 ；王欣，陈杰副主编. -- 北京 ：法律出版社，2024
ISBN 978-7-5197-8806-3

Ⅰ. ①数… Ⅱ. ①冯… ②王… ③陈… Ⅲ. ①数据管理—科学技术管理法规—研究—中国②计算机网络—网络安全—研究 Ⅳ. ①D922.174②TP393.08

中国国家版本馆 CIP 数据核字（2024）第 021771 号

数据合规与网络安全风险防范
SHUJU HEGUI YU WANGLUO ANQUAN FENGXIAN FANGFAN

冯 洋 主 编
王 欣
陈 杰 副主编

策划编辑 李 军
责任编辑 李 军
装帧设计 贾丹丹

出版发行 法律出版社
编辑统筹 法律应用出版分社
责任校对 王 丰
责任印制 刘晓伟
经　　销 新华书店

开本 710 毫米×1000 毫米 1/16
印张 16.5 **字数** 270 千
版本 2024 年 4 月第 1 版
印次 2024 年 4 月第 1 次印刷
印刷 北京建宏印刷有限公司

地址:北京市丰台区莲花池西里 7 号(100073)
网址:www.lawpress.com.cn
投稿邮箱:info@lawpress.com.cn
举报盗版邮箱:jbwq@lawpress.com.cn
销售电话:010-83938349
客服电话:010-83938350
咨询电话:010-63939796

书号:ISBN 978-7-5197-8806-3
定价:76.00 元
凡购买本社图书,如有印装错误,我社负责退换。电话:010-83938349

序言

当前数据已快速融入生产、分配、流通、消费和社会服务管理等各个环节，深刻改变着人们的生产方式、生活方式和社会治理方式。2022年12月2日公布的中共中央、国务院《关于构建数据基础制度更好发挥数据要素作用的意见》要求充分发挥我国海量数据规模和丰富应用场景优势，激活数据要素潜能，做强做优做大数据经济。伴随全球数字化进程的快速发展，全球数据体量呈指数型增长趋势。在数据规模不断扩大的同时，数据滥用和数据泄露等网络安全问题层出不穷。我国越来越重视数据安全问题。2017年6月1日起施行的《网络安全法》要求各类组织切实承担起保障数据安全的责任。2022年12月28日，最高人民法院发布的第35批指导性案例均为公民个人信息保护刑事案例。

我国于20世纪80年代初开始使用“企业合规”一词。在完善社会主义市场经济体系的背景下，企业合规的内涵逐步清晰，其地位亦得到了官方认可。“合规”一词被写入十三届全国人大四次会议表决通过的《关于国民经济和社会发展第十四个五年规划与2035年远景目标纲要》中，这表明我国开始从国家战略层面重视企业合规管理的建设。各地积极探索并开展企业合规体系建设试点工作，比如，由检察院牵头督促企业建立合规制度并履行合规承诺。2021年6月，最高人民检察院、司法部等部门联合发布《关于建立涉案企业合规第三方监督评估机制的指导意见（试行）》，提出要通过试点企业刑事犯罪合规不起诉、倒推涉案企业合规建设等途径推动企业开展合规建设，提高守法经营水平。

在数字经济快速发展的背景下如何有效平衡企业数据运营与合规管理的关系成为新的时代命题。2021年9月1日施行的《数据安全法》第27条规定:“开展数据处理活动应当依照法律、法规的规定,建立健全全流程数据安全管理制度,组织开展数据安全教育培训,采取相应的技术措施和其他必要措施,保障数据安全。利用互联网等信息网络开展数据处理活动,应当在网络安全等级保护制度的基础上,履行上述数据安全保护义务。”该法第29条规定:“开展数据处理活动应当加强风险监测,发现数据安全缺陷、漏洞等风险时,应当立即采取补救措施;发生数据安全事件时,应当立即采取处置措施,按照规定及时告知用户并向有关主管部门报告。”上述规定表明我国立法机关越来越重视通过赋予企业数据安全保护义务来实现网络安全和数据安全的源头治理。

对企业而言,构建数据合规体系的现实意义愈发凸显。首先,开展企业数据合规体系建设有助于保障公民个人权利。随着现代科技的快速发展与广泛运用,由科技带来的不确定性风险增加,潜在危害后果也难以估量,网络安全风险便是典型例子。制定并实施企业数据合规制度有助于防范个人信息滥用,消除公众对于数据安全的担忧。其次,开展企业数据合规体系建设有助于防范企业法律风险。随着我国(网络)数据安全和个人信息保护法律体系的不断完善,企业不当的数据处理活动可能面临着民事、行政和刑事法律责任。根据《个人信息保护法》第66条的规定,实施该法规定的侵犯个人信息的违法行为,情节严重的,其罚款额度可达该企业上一年度营业额的5%。企业开展数据合规体系建设可以促使企业数据处理活动在法制的轨道上运行,防范可能面临的法律风险。最后,开展企业数据合规体系建设符合国际数据保护趋势。国际标准化组织于2014年颁布了《合规管理体系指南》,形成了国际范围内可供参照的企业合规的基本标准。目前,企业数据合规已被多个国家提上国内立法日程,各国立法普遍在反不正当竞争、金融等领域对企业提出了更高的数据合规管理要求。

基于凝练企业数据合规共识，反映学术界与实务界最新进展的愿景，我们推出了《数据合规与网络安全风险防范》一书。本书收录了企业数据合规与网络安全风险防范领域具有前沿性的理论研讨、司法判例以及实务分析。各部分的文章均由在本领域有相当研究和实务经验的高校研究者、法官、检察官和律师撰写完成。理论部分围绕刑事数据（安全）合规、个人信息保护合规和企业数据调取配合义务等展开研讨，展现数据合规的理论研究进展；实务部分选取企业数据报送、个人信息出境与爬虫技术法律风险等主题，展现数据合规实务的新发展；案例部分选取具有代表性的案例，呈现司法塑造数据合规和网络安全防范规则的具体样态。衷心感谢各位参与本书撰写的作者欣然应允笔者的文稿邀约。希望理论研究者、实务工作者和在校法学生均能在本书中获得关于企业数据合规与网络安全风险防范的启迪。在我国网络安全、数据安全和个人信息保护等相关法律体系逐步健全，企业数据合规和网络安全风险防范进入制度建设新阶段的当下，本书的出版正逢其时。希望本书能提供求教于同人的机会，共同推动中国以及全球范围内数据合规制度体系的完善。

冯　洋

2024年2月14日于杭州

目录

理论篇

实 务 篇

案 例 篇

理　论　篇

SECTION 01

第一节

公民个人信息刑法保护的实证审视*

冯 洋 李 珂 张 健**

近年来,《民法典》《数据安全法》《个人信息保护法》等国家法律相继出台,丰富了我国个人信息法律保护的手段。在数据安全形势和个人信息保护法律体系发生重大变化的背景下,应当对施行已达13年之久的侵犯公民个人信息罪刑事法律规范加以严肃审视。本节以2009年2月至2021年7月全国法院公开的侵犯公民个人信息罪判决书为样本,通过实证研究,分析法官集体经验与应然规范的偏差,研讨该问题背后的原因,并提出相应的建议。

一、公民个人信息刑法保护的两种模式与我国探索

随着全球经济社会数字化的快速发展,个人信息滥

* 本文首发于《山东大学学报(哲学社会科学版)》2023年第1期,收录于本书时有较大改动。

** 冯洋,浙大城市学院法学院兼职研究员,浙江大学光华法学院副教授,荷兰鹿特丹伊拉斯姆斯大学法学博士。研究方向:个人信息保护与公法的实证研究。

李珂,浙江大学经济学院博士研究生。研究方向:法律实证研究。

张健,华东政法大学讲师,荷兰蒂尔堡大学法学博士。研究方向:法学方法论与法律实证研究。

用已成为世界各国普遍面临的挑战。[①] 因此,应当将对我国侵犯公民个人信息罪的认识放置在个人信息刑法治理这一全球共同行动的背景下进行。

(一)公民个人信息刑法保护的两种模式

自20世纪90年代以来,与公民个人信息泄露有关的犯罪在全球范围内呈现快速增长的趋势,如何从源头打击侵犯个人信息的行为成为世界各国刑事立法的重点问题。[②] 随着立法实践探索的推进,各国在侵犯公民个人信息刑法保护方面开始出现差异,并演化出以下两类保护模式。

第一类模式是创设专门罪名的保护模式。在此保护模式下,刑事立法上采用诸如身份盗窃(identity theft)的概念,侵犯公民个人信息的行为就是刑法制裁的客体。采用这一模式的代表国家有德国、法国、尼日利亚等多数大陆法系国家以及普通法系的美国。美国国会于1998年通过的《身份盗窃与阻遏法》规定如果犯罪嫌疑人的行为被法院认定为所界定的身份盗窃,那么犯罪嫌疑人将被判处最高5年监禁。[③] 2004年,面对越来越复杂的反恐形势,美国国会启动第二阶段立法,在《加重制裁身份盗窃法》中引入加重身份盗窃罪(aggravated identity theft)这一新概念。[④] 根据该法的规定,如果行为人实施身份盗窃行为是为了试图在美国本土或者境外发动恐怖主义活动,将被判处最高30年监禁。[⑤] 此外,一些国际组织亦趋向于将侵犯个人信息的行为进行专门治理。经济与合作发展组织(Organization for Economic Co-operation and Development, OECD)在官方文件和报告中较多地采用"身份盗

---

① See R. Clay Mathews, *International Identity Theft: How the Internet Revolutionized Identity Theft and the Approaches the World's Nations Are Taking to Combat It*, Florida Journal of International Law, 25, p. 322 – 326 (2013).

② See Golladay A. Katelyn, *Identity Theft: Nature, Extent, and Global Response*, in Holt T., Bossler A, eds., The Palgrave Handbook of International Cybercrime and Cyberdeviance, p. 990 – 999.

③ 该法还规定如果犯罪嫌疑人实施身份盗窃行为,且在一年的时间内累计获利超过1000美元,那么量刑将升格到不超过15年监禁。See *the United States Code*, Title 18, Section 1028 (a) (b).

④ See *the Identity Theft Penalty Enhancement Act* 2004.

⑤ See *the United States Code*, Title 18, Section 1028 (b) (1).

窃”这一概念，并在解释时采取较为宽泛的表述，“出于实施欺诈或者实施其他犯罪的目的，未经许可，获取、传输、占有或者使用个人信息”。[①] 联合国机构在关于打击网络犯罪的决议中则使用了“与身份有关的犯罪”(identity-related crime)来指代包括侵犯公民个人信息在内的相关犯罪。[②]

第二类模式是依托传统罪名的保护模式。在此保护模式下，侵犯公民个人信息的行为并不构成单独的罪名，该行为仅被立法者视为犯罪嫌疑人完成其他罪名的过程性行为，因而通过欺诈罪等其他罪名对犯罪嫌疑人进行制裁。[③] 英国和澳大利亚是采用这一模式对个人信息进行刑法保护的典型国家。英国议会于 2006 年通过的《反欺诈法》规定：出于实施欺诈的目的，占有或者控制任何软件或者电子数据的，(罪行轻微)通过简易程序审理的，可被判处最高 1 年监禁(可并处罚金)；(罪行严重)通过普通程序审理的，可被判处最高 5 年监禁(可并处罚金)。[④] 如果通过窃取、买卖、利用护照、移民证件或驾照的方式侵犯他人个人信息，可能触犯 2010 年颁布的《身份证件保护法》，可被判处罚金或者最高 10 年监禁(或罚金与监禁刑并处)。[⑤] 如果获取或者掌握他人身份证件，无正当理由，可被判处罚金或者最高两年监禁(或罚金与监禁刑并处)。[⑥]

在个人信息保护领域，创设专门罪名的保护模式和依托现行罪名的保护模式各有千秋。创设专门罪名的保护模式直接规范侵犯个人信息行为本身，不仅使个人信息得到较为全面的保护，而且能实现跨领域的同等力度保护。进一步来说，采取此类立法模式还有助于弥合国家之间个人信息刑法保护规则的差异，从而形成个人信息刑法治理的全球共识。[⑦] 尽管创设专门

---

① OECD, *Scoping Paper on Online Identity Theft*, Ministerial Background Report, 2008.

② See *Fraud and the Criminal Misuse and Falsification of Identity*, the Commission on Crime Prevention and Criminal Justice at sixteenth session, United Nations, 2007.

③ 关于英国刑法中的定罪与量刑，参见[英]安德鲁·阿什沃斯：《量刑与刑事司法》(第 6 版)彭海青、吕泽华译，中国社会科学出版社 2019 年版，第 79～117 页。

④ See Article 6, *the Fraud Act* 2006.

⑤ See Article 4, *the Identity Documents Act* 2010.

⑥ See Article 6, *the Identity Documents Act* 2010.

⑦ 参见冯洋：《论个人数据保护全球规则的形成路径——以欧盟充分保护原则为中心的探讨》，载《浙江学刊》2018 年第 4 期。

罪名的保护模式已逐渐成为世界趋势，但是该模式的适用也引发了保护范围过宽和侵犯公民某些基本权利的忧虑。有美国学者指出，美国法关于身份盗窃罪的规定模糊，关键法律概念外延过宽，使得该罪名的司法适用与宪法保障的言论自由之间存在紧张关系；特定人群，比如新闻媒体从业者，可能因此承担不合理的刑事责任。[①] 依托现行罪名的保护模式也是英国等国家根据自身国情做出的选择。较长一段时期以来，英国刑法的持续扩张已经引起了学术界的强烈批评，[②]英国民众对于刑法罪名的增加也越来越警惕。相关的民意调查显示，英国民众并不支持通过制定更多刑事法律的保护方式，而是倾向于通过提升公众防范意识、加强法律从业人员培训、为受害者提供更多帮助等非刑事措施来加强对个人信息的保护。[③] 对于英国立法实务界和学术界而言，身份盗窃更多的是社会现象而非法律概念，目前英国若干单行刑法已能够应对绝大多数与个人信息有关的犯罪。[④]

（二）我国个人信息刑法保护的特征

对于网络犯罪，我国刑事立法经历了依托传统罪名到创设新罪名的转变。1997 年《刑法》第 280 条第 3 款所设置的伪造、变造居民身份证罪是最为接近侵犯个人信息罪的传统罪名。2009 年 2 月通过的《刑法修正案（七）》标志着我国采取创设专门罪名的方式来制裁侵犯公民个人信息的行为。2015 年 8 月通过的《刑法修正案（九）》将侵犯公民个人信息罪的规制主体由国家机关或者金融、电信、交通、教育、医疗等单位的工作人员扩展到任何实施侵犯个人信息行为的个人，同时将量刑的幅度增加了一档，即情节特别严重的，处 3 年以上 7

---

① See Philip F. DiSanto, *Blurred Lines of Identity Crimes: Intersection of the First Amendment and Federal Identity Fraud*, Columbia Law Review, 115, p. 955 – 975(2015).

② See David Hayes, *Confronting Penal Excess, Retribution and the Politics of Penal Minimalism*, Oxford Hart Publishing, p. 33 – 54(2019).

③ See Nicole Ellison, *Future Identities: Changing Identities in the UK-the Next* 10 *years*, Social Media and Identity, p. 18 – 19(2013).

④ See Smith G. Russell, *Identity Theft and Fraud*, in Yvonne Jewkes and Majid Yar eds., Handbook of Internet Crime, Routledge, p. 273 – 278(2013).

年以下有期徒刑。[①] 2017年5月,最高人民法院和最高人民检察院联合发布的《关于办理侵犯公民个人信息刑事案件适用法律若干问题的解释》(以下简称2017年司法解释)细化了审理该类案件的裁量标准。[②]

从比较的角度来看,我国个人信息刑法保护体现出保护"范围广,层次多"的特征。首先,利用个人信息实施其他犯罪的意图并非侵犯公民个人信息罪的必要构成要件。我国刑法上构成该罪的规范依据在于获取或者提供个人信息的行为是否违反国家的有关规定,情节严重的即构成侵犯公民个人信息罪。[③] 按照2017年司法解释的规定,"出售或者提供个人信息,被用于犯罪"只是构成情节严重的情形之一。可见,我国个人信息刑法保护的重点在于制裁非法获取或者提供个人信息,而不是制裁对个人信息的滥用。[④]通过本节对于裁判文书信息的分析,我们发现仅有不到20%的侵犯公民个人信息罪的被告人有利用个人信息实施犯罪的意图,其他被告人将个人信息用于实施普通牟利行为,或用于扩展合法经营活动。因此,将犯罪意图排除在侵犯公民个人信息罪的犯罪构成之外,其客观效果在于使该罪名的适用范围大幅扩展,刑法介入制裁个人信息泄露的时间点大幅提前,凸显了该罪预防后续违法犯罪的功能。[⑤]

与我国的规定不同,世界范围内关于身份盗窃罪的定罪一般要求行为人具有利用个人信息实施特定犯罪的意图,如果不具有实施犯罪的意图,那么就不构成身份盗窃罪。在美国法上,只有非法传输、占有或者使用个人信息的行为出于实施联邦法律、各州法律或者地方法律上明确列举的罪名的

---

① 关于对《刑法修正案(九)》的法教义学分析,参见车浩:《刑事立法的法教义学反思——基于〈刑法修正案(九)〉的分析》,载《法学》2015年第10期。

② 参见周加海、邹涛、喻海松:《〈关于办理侵犯公民个人信息刑事案件适用法律若干问题的解释〉的理解与适用》,载《人民司法》2017年第19期。

③ 根据2017年司法解释的规定,国家有关规定是指法律、行政法规、部门规章有关公民个人信息保护的规定。

④ 参见劳东燕:《个人数据的刑法保护模式》,载《比较法研究》2020年第5期。

⑤ 参见何荣功:《预防刑法的扩张及其限度》,载《法学研究》2017年第4期。

目的时,身份盗窃罪的指控才得以成立。[①] 一些国家的立法将意图实施的后续犯罪限缩在特定的一类或者几类罪名上。例如,沙特 2007 年制定的《反网络犯罪法》规定,行为人实施非法获取受害人信息的行为只有出于金融诈骗的目的时,才构成身份盗窃罪。[②] 在身份盗窃行为定罪上强调犯罪意图的规定,在很大程度上限缩了该罪名的司法适用范围。

其次,构成我国《刑法》规定的侵犯公民个人信息罪的行为类型多样,对非法提供和非法获取个人信息行为的覆盖较为全面。[③] 从全球范围来看,国家间利用刑法所制裁的行为类型呈现较大的差异。法国、尼日利亚、沙特等国刑事法律围绕身份盗窃所表述的入罪行为较为单一。法国制裁"侵占"(usurp)行为,尼日利亚制裁"窃取"(steal)行为,沙特制裁"非法获取"(acquire)行为。[④] 美国、加拿大等国刑事法律对于侵犯公民个人信息犯罪行为类型的认定则较为多元。美国制裁的侵犯公民个人信息的犯罪行为包括非法传输(transfer)、占有(possess)或者使用(use);加拿大则将入罪的侵犯公民个人信息犯罪行为界定为非法获取(obtain)、占有(possess)或交易(traffic),其中交易又细分为传输(transmit)、提供(make available)、散布(distribute)、出售(sell)等。[⑤] 相比之下,我国刑法关于行为范围的规定更为广泛。我国《刑法》第 253 条明确列举了 3 类侵犯公民个人信息犯罪的行为,分别是出售、非法提供和窃取公民个人信息。此外,该法条还笼统规定了通过其他方法非法获取公民个人信息的,也属于侵犯公民个人信息的行为。2017 年司法解释将"其他方法非法获取"界定为"购买、收受、交换等方法"。

各国公民个人信息刑法保护的实践既有共性也有相当的差异性,并无

---

① See *the United States Code*, Title 18, Section 1028(a), 2020.

② See Article 4, *Anti-Cybercrime Law* 2007.

③ 有学者建议将非法实施个人信息去标识化的行为纳入侵犯公民个人信息罪的制裁范围。参见张勇:《个人信息去标识化的刑法应对》,载《国家检察官学院学报》2018 年第 4 期。

④ See Article 226, *French Criminal Code* 2020; See Article 22, *Cybercrimes Act* 2015; See Article 4, *Anti-Cyber Crime Law*, Saudi Arabia, 2007.

⑤ See *the United States Code*, Title 18, Section 1028(a)(b); See *the Criminal Code*, Canada, 2022, Section 402.2.

放之四海而皆准的立法模式。我国关于侵犯公民个人信息罪的刑事立法是全球个人信息刑法治理的重要组成部分,全国各级法院积累下来的大量司法判例隐藏着司法机关对该罪的实然评价,为研究个人信息刑法治理提供了具有独特性的中国样本。笔者试图回答以下问题:(1)自2009年《刑法修正案(七)》采用专门罪名的保护模式以来,我国司法实践裁量呈现出怎样的整体样态,司法实然评价是否偏离了应然规范;(2)我国侵犯公民个人信息罪本身仍然处于不断演进的过程中,在数字经济迅猛发展的大背景下,哪些关键概念出现了识别模糊的问题。接下来,本节将利用司法判例对法官的集体经验进行总结,通过实证研究发现刑法治理中亟须解决的问题,为健全和完善侵犯个人信息刑罚规则提出建议。

二、样本、变量和方法

(一)数据来源

本研究的样本来自中国裁判文书网上公开的关于侵犯公民个人信息刑事案件的判决书,时间跨度为2009年2月1日至2021年7月31日。以“侵犯公民个人信息罪”为关键词,共下载收集相关案件8418件。[①] 结合相关官方渠道发布的信息,在此期间全国各级法院审结的此类犯罪案件数量约为12,000件。[②] 本研究所收集的侵犯公民个人信息罪裁判文书约占同期全国

① 2015年《刑法修正案(九)》出台前,法院在判决书中也使用“出售、非法提供公民个人信息罪和非法获取公民个人信息罪”等表述,本研究也将之视为侵犯公民个人信息罪案件一并收录。

② 2009年2月至2016年12月,全国法院共审结侵犯公民个人信息罪案件1464件,年均183件;2017年6月至2021年7月,全国法院共审结此类案件9743件。两个时期加起来是11,207件,官方的报道缺失了2017年1月至5月的数据,在这期间案件数量大幅增加的可能性不大,估计不会超过800件,因此推测2009年2月至2021年7月全国法院审结侵犯公民个人信息罪案件总数约为12,000件。以上部分相关数据参见《两高发布办理侵犯公民个人信息刑事案件司法解释》,载最高人民法院网2017年5月9日,https://www.court.gov.cn/zixun-xiangqing-43932.html;《最高人民法院关于审理使用人脸识别技术处理个人信息相关民事案件适用法律若干问题的规定》,载最高人民法院网2021年7月28日,https://www.court.gov.cn/zixun-xiangqing-315851.htm。

法院审结案件总数的70%，明显高于全网裁判文书公开的平均水平。① 剔除二审案件、以单位为被告的案件、所在地区审结案件数量过少的案件后，共获得覆盖28个省、直辖市和自治区的8050份判决书。在被剔除的案件中，二审案件有242份，以单位为被告人的案件有111份，西藏、青海和宁夏地区审结的该类案件较少，分别为1件、3件和11件。再进一步，利用Python对获取的判决书进行省份和年份的双重分层随机抽样，抽样比例为25%且向上取整，得到2112份判决书。本研究的最小分析单位为被告人，若同一判决书中存在多个侵犯公民个人信息罪的被告人，则列为多个样本。剔除极少数关键变量缺失的样本后，最终得到2029份判决书中的3688个有效被告人样本。

（二）变量与估计方法

为量化侵犯公民个人信息罪的刑罚轻重，提取了两个因变量来衡量司法裁量结果，这两个因变量分别为是否判处有期徒刑和有期徒刑或拘役的刑期长度。以“是否判处有期徒刑”为因变量时，排除了仅处罚金的样本，即以拘役作为基准组。以“有期徒刑或拘役时长”为因变量时，刑期长度直接用被告人月份来统一度量，仅判处罚金的样本刑期长度编码为“0”。判处有期徒刑、拘役和仅处罚金的样本分别有3251个、343个和94个。

本研究将前提性法定因素作为自变量。② 根据《刑法》第253条规定，只有当侵犯公民个人信息符合“情节严重”或者“情节特别严重”情形时，才构成侵犯公民个人信息罪。2017年司法解释细化了“情节严重”和“情节特别严重”的情形。除兜底条款外，有9种情形构成侵犯公民个人信息“情节严重”，有3种情形构成“情节特别严重”。结合犯罪的构成事实和样本的实际情况，本研究选取5种情形作为法定因素变量，分别是：（1）侵犯公民个人信

① 2015年，我国法院公开的裁判文书数量与结案数量的比例约为50%。参见马超、于晓红、何海波：《大数据分析：中国司法裁判文书上网公开报告》，载《中国法律评论》2016年第4期。

② 在变量的计量分析上，要确保司法实践层面事实与规范事实的一一对应。参见李强：《面向刑法教义学的实证研究》，载《政治与法律》2021年第12期。

息的数量。(2)侵犯公民个人信息的类型。构成情节严重的情形是:侵犯行踪轨迹、通信内容、征信、财产等个人信息50条以上的;侵犯住宿、通信、健康生理、交易等其他可能影响人身、财产安全的个人信息500条以上的;侵犯上述两类以外的个人信息5000条以上的。本节将第一类信息称为特别敏感个人信息,第二类信息称为敏感个人信息,第三类信息称为普通个人信息①。(3)违法所得。侵犯个人信息违法所得5000元以上即构成情节严重。(4)是否利用履职的便利。(5)犯罪目的。明知利用个人信息实施后续犯罪还向他人提供的,即构成情节严重。

为了观察5种前提性法定因素对量刑结果的绝对影响,采用以下两种多元回归模型。其一,"是否判处有期徒刑"是二元变量,故选取Logit模型进行估计。其二,"有期徒刑或拘役的刑期长度"是大于等于零的连续变量,同时存在截尾删失,故选取Tobit模型进行估计。② 为分析不同法定情节的相对影响,本节采用相对重要性分析法。该方法是通过解释变量在所有可能的子模型中的拟合度贡献均值进行比例分析,从而分离出每类因素对整个模型判决系数R2的影响。若模型有P个解释变量,就有2P个子模型,所有解释变量的标准化贡献程度之和等于1。这种方法不仅考虑到了变量间的相关性和离散变量的问题,也避免了逐步回归中人为剔除和引入变量的主观影响,同时标准化的贡献程度便于比较不同因素的相对重要性。③ 下述结果均在Stata软件中实现。

---

① 提取"侵犯公民个人信息的类型"时,若存在多种信息类型,则归为严重程度较高的类型。例如,在同一个案件中信息类型若涵盖了非常敏感信息和敏感信息,则将被告人侵犯的信息类型归为特别敏感信息。

② 进行回归分析时,将侵犯信息数量和违法所得右侧5%缩尾后,进行了对数化处理。此外,加入了案件判决时间和地区的虚拟变量,控制了法院内部未观察到的年度变化以及不随时间变化的地区差异。

③ See Luchman J. N., *Determining Relative Importance in Stata Using Dominance Analysis: Domin and Domme*, Stata Journal, p. 510 – 538(2021).

三、司法裁量实践存在的问题

从理论上看,法院司法裁量实践应当严格依照法律规范的规定,但是由于立法者认识的局限性或者情势变迁,司法裁量实践可能与立法规则存在偏离的现象。本节通过将司法裁量实践与应然刑法规则进行对比,发现其中的差异,并探讨导致差异背后的原因。

(一)司法裁量实践存在的问题

1.法院实际判处的刑罚畸轻

法定刑的起刑点与量刑幅度反映了立法机关对该项犯罪行为潜在社会危害性的认识,法定刑幅度的设置应当与该罪的社会危害程度成比例,实现罚当其罪。① 在理想状态下,司法机关判处的刑罚应与立法机关规定的刑罚保持一致。这个一致性体现在两个方面:一是司法机关量刑基准应当在法定刑幅度范围内;二是司法机关的宣告刑应当趋近于法定刑中线。由于立法机关和司法机关认识上的局限性以及经济社会因素的变化,司法宣告刑与法定刑中线总是存在不一致的现象,但该不一致应当控制在适度的范围内。

按照宽严相济的刑事政策,对侵犯公民个人信息犯罪情节较轻的,司法机关在法定量刑幅度内处以较轻刑罚。但是样本表明,在实践中,侵犯公民个人信息的犯罪形势较为严峻,统计结果见表1-1-1。一是作为主要犯罪构成的个人信息条数和违法所得数额均大幅高于法定入罪标准。② 统计结果显示,被告人侵犯个人信息的平均数量为222,300条,中位数为18,856

① 参见孙万怀:《宽严相济刑事政策应回归为司法政策》,载《法学研究》2014年第4期;张明楷:《法益保护与比例原则》,载《中国社会科学》2017年第7期;吴雨豪:《论作为死刑替代措施的终身监禁》,载《环球法律评论》2017年第1期。

② 喻海松:《侵犯公民个人信息罪的司法适用态势与争议焦点探析》,载《法律适用》2018年第7期。

条。情节严重和情节特别严重的被告人对应的侵犯公民个人信息数量的均值为107,007条和404,526条,中位数分别为10,000条和100,000条。此外,有1900名被告人有违法所得,平均金额为35,160元,同样远超5000元的入罪标准。二是相当数量的被告人存在从严处罚的情节。有728名(占被告人总数的19.74%)被告人后续目的是违法犯罪,有658名被告人(占被告人总数的17.84%)被法院认定在侵犯公民个人信息时利用了履职的便利,有1961名被告人(占被告人总数的53.17%)被法院认定为侵犯特别敏感个人信息和敏感个人信息。统计结果显示,法院实际判处的刑罚均值较低,主要表现在:法院认定为情节严重的被告人,其司法宣告刑均值为11个月,明显低于法定刑中线(18个月);被认定为情节特别严重的被告人,其宣告刑均值为35个月,不仅低于法定刑中线(60个月),甚至比法定刑幅度的底线(36个月)还低1个月。

表1-1-1 前提性法律规范因素的描述性统计

变量	观测值	Mean(SD)/N(%)
侵犯数量/条	3156	222,300(510,453)
违法所得/元	1900	35,160(44,234)
犯罪目的Ⅰ:后续违法犯罪	3688	728(19.74%)
犯罪目的Ⅱ:发展合法业务	3688	604(16.38%)
犯罪目的Ⅲ:单纯牟利	3688	2332(63.23%)
是否利用履职便利	3688	658(17.84%)
信息类型Ⅰ:普通信息	3688	1727(46.83%)
信息类型Ⅱ:敏感信息	3688	1150(31.18%)
信息类型Ⅲ:特别敏感信息	3688	811(21.99%)

从样本数据统计结果来看,无论是被认定为情节严重的被告人,还是被认定为情节特别严重的被告人,司法实践中的量刑基准绝不是法定刑幅度的中线,而是在远低于中线的某个点。对于被告人宣告刑低于法定刑底线这一反常现象更有可能的解释是,法院虽然将被告人的犯罪行为认定为情节特别严重,但是量刑时将基准刑设置在法定刑幅度的底线附近或以下,而

量刑的起点更有可能在底线以下。

2. 法院未能准确识别个人信息的敏感程度

图 1 - 1 - 1 是利用 2017 年司法解释出台后的样本绘制而成的箱型图。该图按照量刑的入刑标准来划分侵犯信息数量的区间，可直观地显示出不同敏感程度的个人信息在不同数量区间内判决时长的离散和分布情况。[①]从整体来看，三类信息并未在全部区间内呈现出梯形的关系。根据 2017 年司法解释的规定，当侵犯数量在 51 ~ 500 条区间时，法官需要区分敏感和特别敏感的个人信息，当侵犯数量在 501 ~ 5000 条区间内时，法官需要区分普通和敏感的个人信息。而在以上两个数量区间内，相较于普通个人信息和特别敏感个人信息，敏感个人信息的刑罚时长离散程度更大。变异系数同样证明，侵犯数量在 51 ~ 5000 条区间内，敏感个人信息的离散程度（0.877）大于普通个人信息（0.821）和特别敏感个人信息（0.692）。以上结果初步表明，法官在认定敏感个人信息时更容易出现偏离的状态。

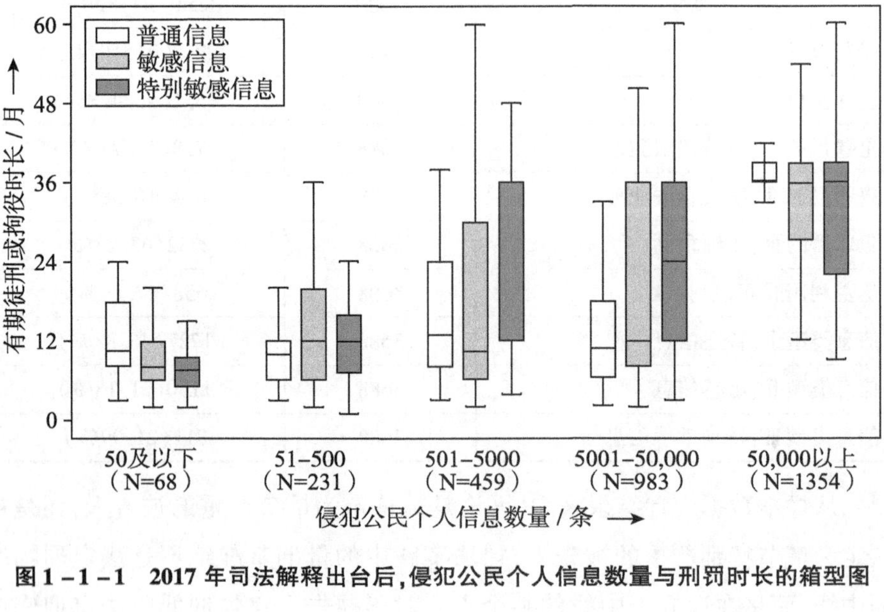

图 1 - 1 - 1 2017 年司法解释出台后，侵犯公民个人信息数量与刑罚时长的箱型图

---

① 在箱型图中，中间的线代表中位数水平，箱子的上下限分别是上四分位数和下四分位数。

在控制其他变量的基础上,本节以普通个人信息作为基准组,分析信息敏感类型对量刑结果的影响(见表1-1-2)。回归结果表明,无论是在量刑裁决的种类方面还是判决时长方面,相较于普通个人信息,法院的确明显加重了侵犯特别敏感个人信息的被告人的刑罚。但相较于普通个人信息,侵犯敏感个人信息对是否被判有期徒刑的影响并不明显,而且侵犯敏感个人信息对刑期长度的影响虽然整体上显著为正,但是结果并不稳定。从分地区来看,中部地区样本的敏感个人信息系数显著为正,但是东部和西部地区样本(样本占比72.43%)的敏感信息均没有通过显著性检验。①

表1-1-2 法定因素对量刑结果的影响

法定情节	是否判处有期徒刑 Logit	有期徒刑或拘役时长(月) Tobit			
	(1)	(2)	(3)	(4)	(5)
	全样本	全样本	东部地区	中部地区	西部地区
Ln(侵犯数量+1)	0.348***	0.143***	0.147***	0.154***	0.138***
	(0.029)	(0.005)	(0.006)	(0.010)	(0.016)
Ln(违法所得+1)	0.114***	0.018***	0.019***	0.022***	-0.001
	(0.021)	(0.003)	(0.004)	(0.006)	(0.010)
是否利用履职	-0.016	0.034	0.066	0.018	0.011
	(0.190)	(0.035)	(0.041)	(0.083)	(0.096)
犯罪目的(基准组:其他)					
#后续违法犯罪	0.627**	0.128***	0.010	0.376***	0.478***
	(0.249)	(0.043)	(0.053)	(0.082)	(0.175)
#发展合法业务	0.080	-0.065	-0.111**	0.198**	-0.159
	(0.225)	(0.046)	(0.053)	(0.100)	(0.175)

① 由表1-1-2第(3)列和第(5)列可知,东部地区和西部地区"敏感信息"的系数虽为正,但P值均大于0.05。

续表

法定情节	是否判处有期徒刑 Logit	有期徒刑或拘役时长(月) Tobit			
	(1)	(2)	(3)	(4)	(5)
	全样本	全样本	东部地区	中部地区	西部地区
#牟利	0. 284 (0. 221)	0. 092 * * (0. 041)	-0. 006 (0. 049)	0. 423 * * * (0. 083)	0. 067 (0. 161)
信息类型(基准组:普通个人信息)					
#敏感	0. 205 (0. 185)	0. 137 * * * (0. 034)	0. 077 * (0. 041)	0. 329 * * * (0. 073)	0. 216 * (0. 125)
#特别敏感	1. 410 * * * (0. 247)	0. 428 * * * (0. 037)	0. 463 * * * (0. 045)	0. 185 * * (0. 074)	0. 635 * * * (0. 127)
省份固定效应	Yes	Yes	Yes	Yes	Yes
年份固定效应	Yes	Yes	Yes	Yes	Yes
N	3042	3156	1988	810	358
pseudoR^2	0. 242	0. 154	0. 178	0. 161	0. 153
AIC	1572. 231	7009. 569	4160. 212	1908. 881	868. 428
BIC	1837. 123	7300. 308	4333. 653	2035. 701	980. 963

注:* * * $P<0.01$, * * $P<0.05$, * $P<0.1$,括号中为标准误。第(1)列汇报了对数发生比系数 β,当系数大于 0 时,表明该情节的存在会增加被告人判处有期徒刑的概率(odd);反之会降低概率。

针对不同涉案个人信息类型的案件,本节利用标准化 R2 的贡献程度比值得到法定因素的相对重要性结果(见表 1-1-3)。其中,犯罪目的被归为同一类法定量刑情节进行整体分析,同时剔除了时间和地区等控制变量。由表 1-1-3 前两列可知,在侵犯普通个人信息和敏感个人信息的案件中,“侵犯数量”的贡献居于首位①,“违法所得”位于“侵犯数量”之后,紧接着是“犯罪目的”和“是否利用履职便利”,以上 4 类前提性法定因素的贡献程度

① 这一结果对应了 2017 年司法解释中对侵犯公民个人信息的数量进行细化规定的思路。

排序和相对比值没有明显差异。而在侵犯特别敏感个人信息的案件中,“侵犯数量”的贡献比值增加至93.9%,“犯罪目的”和“是否利用履职便利”超过“违法所得”的贡献,上升至第二位和第三位,“违法所得”的贡献程度占比下降至1%以下。上述结果说明,不同于侵犯特别敏感个人信息案件,法官在处理侵犯普通个人信息和敏感个人信息案件时,各法定因素的衡量权重基本一致。

表1-1-3　不同信息类型的案件中,法定因素对量刑结果的相对影响

法定因素	信息类型		
	(1)	(2)	(3)
	普通信息	敏感信息	特别敏感信息
侵犯数量	83.9%[1]	80.1%[1]	93.9%[1]
违法所得	11.7%[2]	15.2%[2]	0.7%[4]
是否利用履职	0.1%[4]	1.1%[4]	2.5%[3]
犯罪目的	4.3%[3]	3.6%[3]	2.9%[2]
N	1455	1039	662

注:因变量是有期徒刑或拘役时长(月),采用对数多元线性回归;表中报告了标准化后的贡献值占比,加总为1;[ ]中是各因素排序。

综上所述,尽管法院较为准确地识别了特别敏感个人信息,并对侵犯该类信息的被告人加重了刑罚,但是法院并未按照2017年司法解释的要求对侵犯敏感个人信息和普通个人信息的被告人进行显著的区分。这一现象表明,法院在区分敏感个人信息和普通个人信息时出现了识别困难,这一问题在东部地区和西部地区尤为突出。

(二)司法裁量实践存在问题的原因

1.侵犯公民个人信息罪的设置偏重于发挥预防功能

侵犯公民个人信息罪量刑畸轻的原因,在理论上有两种可能性。一种可能的原因是侵犯公民个人信息的犯罪活动得到有效遏制,进而出现畸轻的集体裁量结果。例如,个人信息刑法保护在实践中取得良好效果,我国侵犯公民个人信息犯罪活动得到有效遏制，数据安全状况好转，犯罪形势大幅缓和，法院在严格按照裁量规范审理此类案件时得出畸轻的集体裁量结果。在此种解释下，裁量规范的制定主体和司法适用主体均恪守各自职责，并无偏差，发生变化是侵犯公民个人信息犯罪的形势。犯罪形势大幅好转的解释，并不符合我国个人信息安全的整体发展。由于数字化进程不断加快，尽管刑事制裁力度很大，我国个人信息安全形势仍然严峻。在我国侵犯公民个人信息犯罪案件呈现高发态势的情况下，法院如果严格按照刑法规范裁量，则无法推导出量刑畸轻的结果。因此，犯罪形势趋缓导致量刑畸轻的解释不符合现实情况。

侵犯公民个人信息罪量刑畸轻的原因，另一种解释更具有合理性，即适用裁量规则的司法机关对于该罪量刑的认识与裁量规则制定机关不一致。如果司法机关认为裁量规则设置的入罪标准过低，量刑偏重，那么在审判实践中就倾向于趋轻判决；如果司法机关认为入罪标准过高，量刑偏轻，那么在审判实践中就趋向于趋重判决，以实现宣告刑与犯罪行为社会危害性的一致。

2017 年司法解释所设置的侵犯公民个人信息罪的入罪门槛较低，对于敏感和特别敏感的个人信息，侵犯数量分别达到 500 条和 50 条即可入罪。对于法院而言，如果严格适用现有裁量规则，将导致刑罚与该罪的社会危害性不相当的结果。在数字经济快速发展的当下，随着个人信息流动与运用的加速，个人信息的不当使用甚至滥用不可避免地随之增多。一些学者甚至主张，应改变以知情同意为基本规则的个人信息法律治理体系，允许有条件地突破个人对于个人信息的控制权。[①] 在此背景下，我国刑法规则通过设置较低的入罪门槛，试图防范、惩治甚至杜绝侵犯公民个人信息的行为。司法机关在审理侵犯公民个人信息案件时持更为宽容的态度，可被视作一种纠偏行为，这也反映出我国个人信息法律保护的体系化程度有待完善。在

---

① 参见张新宝：《从隐私到个人信息：利益再衡量的理论与制度安排》，载《中国法学》2015 年第 3 期；高富平：《个人信息保护：从个人控制到社会控制》，载《法学研究》2018 年第 3 期。

刑法作为主要救济手段而其他部门法救济手段乏力的大背景下，法院在采用刑法救济手段时持一种较为温和的态度，以实现犯罪行为和刑罚的合理匹配。虽然畸轻处罚实践的存在有其背景，但是该现象本身背离了量刑指导意见的规定，无法在刑事法律规范层面达成自洽。

2. 个人信息分级分类制度有待完善

首先，2017 年司法解释关于个人信息分级分类保护的规定较为粗略和模糊。2017 年司法解释采取正面列举的方式，明确了特别敏感个人信息的范围，给法院识别此类个人信息提供了较为明确的指引。实证结果也表明，侵犯特别敏感个人信息受到要比侵犯普通个人信息更为严厉的处罚。然而敏感个人信息与普通个人信息并未完全采取列举的方式，而是分别采取"列举＋概括"和纯粹概括的方式来界定个人信息的范围。具体而言，2017 年司法解释在正面列举住宿信息、通信记录、健康生理信息和交易信息属于敏感个人信息外，还概括性地表述"其他可能影响人身、财产安全的公民个人信息"也属于敏感个人信息。根据样本信息，侵犯公民个人信息罪涉案的敏感个人信息种类已远超上述 4 类，这表明 2017 年的司法解释关于敏感个人信息的类型化规定已落后于实践的需要。[①] 另外，关于敏感个人信息的概括性规定颇为模糊，对于法院审理案件的指引性不强。

其次，法院未能积极主动地识别和认定涉案个人信息的敏感性。虽然 2017 年司法解释关于个人信息分级认定的概括性规定提高了在司法实践中认定个人信息的难度，但是概括表述的方式具有相当的弹性，这为法院识别和认定敏感个人信息提供了较为灵活的空间。从这个角度来看，2017 年司法解释的概括性规定也给法院结合案件中侵犯个人信息的具体场景来认定个人信息的敏感度提供了规范依据。[②] 因此，法院在审理侵犯公民个人信息

① 例如，比健康生理信息范畴更广的个人生物识别信息被西方一些国家确立为敏感个人信息。参见付徽明：《个人生物识别信息的法律保护模式与中国选择》，载《华东政法大学学报》2019 年第 6 期。

② 参见丁晓东：《个人信息权利的反思与重塑——论个人信息保护的适用前提与法益基础》，载《中外法学》2020 年第 2 期。

罪案件时,如果遇到新型个人信息,应当按照一定的标准对个人信息的敏感度进行判定。但从样本数据来看,判决书中往往直接给出了个人信息的类型,对于涉案个人信息类型的识别及其敏感度缺乏必要的说明和论证。[①] 这说明我国法官在面对侵犯公民个人信息这类较新罪名时,未能主动提炼关于涉案个人信息敏感度的裁判规则。[②]

最后,个人信息分级分类保护制度体系不成熟。在刑事司法实践中,法院判断个人信息的类型和性质的科学性有赖于一整套个人信息分级分类保护标准作为判断的依据。刑事法律规范仅是判断个人信息类型的依据来源之一,此项判断更多地需要其他"国家规定"的系统、全面指引。[③] 但我国立法层面缺乏对个人信息分级分类保护的相关规定。在 2017 年司法解释出台前,尽管打击侵犯公民个人信息犯罪已历时 8 年,但无论是刑法还是其他国家法律法规并未明确个人信息分级分类保护的规定。[④] 2021 年《个人信息保护法》出台前,2017 年司法解释是最早的国家层面关于个人信息分级分类保护的规范。当前,个人信息的分级分类制度尚未在立法层面得到明确。"国家规定"的不健全,导致司法机关对于个人信息分级分类问题缺乏明确标准。[⑤] 判决书中对个人信息必要的认定说明和论证,并不能简单地将责任推给主审法官。如果说一两位法官忽视了个人信息认定的判断是其自身问题,大样本的描述性统计所显示的相同结论则说明,此类现象的制度根源在于个人信息分级分类保护体系的不完善。

---

① 参见凌斌:《法官如何说理:中国经验与普遍原理》,载《中国法学》2015 年第 5 期。

② 参见彭文华:《量刑说理:现实问题、逻辑进路与技术规制》,载《法制与社会发展》2017 年第 1 期。

③ 参见陈兴良:《刑法的明确性问题:以〈刑法〉第 225 条第 4 项为例的分析》,载《中国法学》2011 年第 4 期。

④ 参见胡文涛:《我国个人敏感信息界定之构想》,载《中国法学》2018 年第 5 期。

⑤ 参见阳雪雅:《论个人信息的界定、分类及流通体系——兼评〈民法总则〉第 111 条》,载《东方法学》2019 年第 4 期。

四、完善公民个人信息刑法保护的进路

根据前文的规范分析和实证探索,我国公民个人信息刑法保护制度亟待完善。该项制度已运行 13 年之久且已嵌入我国个人信息法律治理体系。无论是从制度发展逻辑还是可行性角度来看,都不应对现行刑事法律规定作根本性变革。改革的正确思路应当是,谨慎吸收其他国家有益的立法实践经验并围绕司法实践显露的特定问题,打造针对性强的刑事法律规则改革方案。

(一)调整定罪标准,优化个人信息保护法律体系的结构

侵犯公民个人信息罪司法量刑畸轻的现象,从表面上看是刑法规范设置的问题,从深层次看却是我国个人信息法律保护法律体系结构性失调导致的结果。[①] 完善刑事法律规范的前提是对刑法在个人信息保护法律体系中的功能定位有科学的认识。刑法应当是制裁严重侵犯公民个人信息行为的有效手段,但不应是占主导地位的法律手段。[②] 对刑法和 2017 年司法解释中"情节严重"这一关键概念应当进行更为细致的解释和量化,其目标在于,不仅使法院对于犯罪行为的评价与应然规范保持一致,还能够优化刑法与民法、行政法等部门法在保护公民个人信息上的功能定位,实现不同部门法之间在保护力度上的有效衔接。

一方面,调整 2017 年司法解释关于侵犯公民个人信息罪的定罪标准。应提高 2017 年司法解释关于构成情节严重和情节特别严重的量化标准,使司法实然评价朝着规范应然评价方向回归,从而符合量刑指导意见的形式要求。该项改革最为主要的内容,是提高构成情节严重和情节特别严重的

---

① 参见周汉华:《探索激励相容的个人数据治理之道——中国个人信息保护法的立法方向》,载《法学研究》2018 年第 2 期。

② 参见孙宪忠:《关于尽快制定我国个人信息保护法的建议》,载中国法学网,http://iolaw.cssn.cn/jyxc/201710/t20171012_4653354.shtml。

侵犯公民个人信息数额和非法所得金额标准。入罪与量刑标准的提高并非简单地使部分侵犯公民个人信息的行为人逃脱制裁,或者是对其从重处罚,而是将刑法手段制裁的对象控制在最为严重的侵犯公民个人信息行为上。

另一方面,充分发挥行政法和民法保护公民个人信息的功能,实现与刑法保护的有效衔接。在提高侵犯公民个人信息行为定罪量刑的标准后,对于未达到该标准的违法行为应当通过民法和行政法手段进行治理。① 近年来,我国先后出台了《民法典》《数据安全法》《个人信息保护法》等与公民个人信息保护密切相关的国家法律。在民事与行政法律逐步完善的背景下,未来公民个人信息保护应采用民法、行政法、刑法等多部门法协同保护的策略。应以构建个人信息保护的法治生态系统为目标,适度收缩刑法手段的运用,使得民法保护、行政法保护和刑法保护各自发挥其功能,实现三者在保护公民个人信息上的有效衔接。②

(二)细化敏感个人信息的类型,通过司法实践拓展对个人信息敏感度的认识

针对刑事司法实践中暴露的法院未能准确识别个人信息敏感程度的问题,未来的改革重点,应是结合《个人信息保护法》等相关国家法律法规,进一步明确不同敏感度个人信息的分类标准,厘清其边界,为法院判定犯罪嫌疑人的情节轻重提供更加明确的指引。2017 年司法解释所采用的"列举 + 概括"的规范方式是较为科学地界定个人信息类型的方式,能够较好地兼顾规范的确定性和灵活性。建议未来改革应在目前界定方式的基础上进一步完善。

首先,结合《个人信息保护法》等国家法律法规的规定,扩充敏感个人信息的范围。列举与概括是界定个人信息类型的两种基本方式,列举的个人信息类型越多,越能够为法院审理侵犯公民个人信息犯罪案件提供直接的

---

① 参见王锡锌、彭錞:《个人信息保护法律体系的宪法基础》,载《清华法学》2021 年第 3 期;王成:《个人信息民法保护的模式选择》,载《中国社会科学》2019 年第 6 期。

② 参见王锡锌:《个人信息国家保护义务及展开》,载《中国法学》2021 年第 1 期。

指引。建议借鉴《个人信息保护法》关于敏感个人信息分类的规定,扩充2017年司法解释所列举的敏感个人信息的范围。提出此项建议的原因在于:《刑法》和《个人信息保护法》是个人信息保护法律体系的重要组成部分,这两类重要法律规范的不同之处在于救济的时机与方式。《刑法》更多的是通过给予行为人刑事制裁的方式为被害人提供救济,而《个人信息保护法》更多的则是通过对敏感个人信息处理的严格控制和相应的民事、行政法律责任予以救济。既然这两类法律规范构成了公民个人信息的体系化法律保护,那么对于敏感个人信息的认定应当有统一的标准。从刑事司法的角度来看,统一敏感个人信息的类型合理性在于:敏感个人信息的泄露与非法提供将信息主体置于更为危险的境地,需要包括《个人信息保护法》在内的民法与行政法提供保护,而当侵犯此类个人信息具有更大的社会危害性和主观恶性时,应当受到更为严厉的刑事制裁。[①] 建议在2017年司法解释所列举的敏感个人信息基础上,新增《个人信息保护法》第28条所列举的敏感个人信息类型,这包括生物识别、宗教信仰、特定身份以及未满14周岁未成年人的个人信息。随着我国相关法律法规和司法解释的出台,敏感个人信息的类型将进一步细化。

其次,完善2017年司法解释的概括性规定。如前文所述,2017年司法解释采用"可能性"标准,将敏感个人信息的概括性规定表达为"其他可能影响人身、财产安全的公民个人信息"。采用"可能性"标准用来界定敏感个人信息并不确切,因为侵犯普通个人信息也具有危害性。建议借鉴《个人信息保护法》的规定,将"可能性"标准调整为程度标准,将敏感个人信息概括界定为"一旦泄露或者非法使用,容易带来较大人身伤害和财产损失的公民个人信息"。潜在危害性应当以社会公众对于信息性质的一般认知为标准。确定信息的敏感度可以参考以下三大因素:(1)与危害后果的产生有着直接因果关系;(2)可能引发严重的危害后果;(3)导致危害后果发生的可能性较大。只有同时满足以上三项条件,才能确定为敏感个人信息。

---

① 参见田野、张晨辉:《论敏感个人信息的法律保护》,载《河南社会科学》2019年第7期。

最后，法院在审理侵犯公民个人信息案件中应积极提炼总结敏感个人信息的类型。现行刑事规范概括界定敏感个人信息的方式给法院在司法实践中提炼敏感个人信息的类型留下了能动的空间。近年来，我国最高人民法院发布的指导性案例对于地方司法实践的影响趋于增强。[①] 与数字经济有关的法律问题存在变化快速、规则不完善等特点，在此形势下，更需要发挥法院的司法能动性，通过司法裁判塑造规则。[②] 各级地方法院也应在司法实践中积极探索提炼敏感个人信息的类型，最高人民法院应当适时总结发布关于公民个人信息刑法保护的指导性案例，将法官的裁判经验上升为裁判依据。具体操作可以从两个方面展开：一是细化规范中关于敏感信息的分类。例如，根据国家标准化管理委员会于2020年发布的《信息安全技术　个人信息安全规范》，生物识别信息就包括个人基因、指纹、声纹、掌纹、耳廓、虹膜、面部识别特征等7类；健康生理信息则包括就医或体检所产生的诸如住院记录、检验报告、传染病史等十多项类型。这些具体的个人信息是否属于敏感个人信息的类型需要法院在司法实践中予以厘清，形成关于敏感个人信息的二级分类。二是从刑事司法实践中提炼敏感个人信息的新类型。随着数字经济的发展和公众观念的变化，实践中敏感个人信息的类型趋于增多。法院有必要结合具体案情对涉案个人信息的敏感性进行判断，并形成判断某种个人信息是否是新型敏感个人信息的可操作性方法。顺应最高人民法院推动裁判文书说理的改革，法官无论是细化已有的分类还是提出新型敏感信息的类型，都应在判决书中进行认定与必要说理。[③]

---

① 参见雷磊：《指导性案例法源地位再反思》，载《中国法学》2015年第1期。

② 关于我国语境下司法的能动性及其空间，可参见吴英姿：《司法的限度：在司法能动与司法克制之间》，载《法学研究》2009年第5期；周赟：《司法能动性与司法能动主义》，载《政法论坛》2011年第1期。

③ 《人民法院第四个五年改革纲要（2014—2018）》提出“推动裁判文书说理改革”。参见李拥军、周芳芳：《我国判决说理激励机制适用问题之探讨》，载《法制与社会发展》2018年第3期。

五、结语

我国通过创设专门罪名的方式实现对公民个人信息的刑法保护，符合全球个人信息刑法治理的趋势。与世界其他国家相比，我国侵犯公民个人信息罪的适用范围广、入罪门槛低，凸显了该罪预防后续违法犯罪的功能。本节实证研究显示，在数字化进程持续推进的大背景下，过于强调侵犯公民个人信息罪的预防功能，将导致司法裁判偏离量刑规范的结果。由于个人信息分级分类制度尚不健全，导致法院未能准确识别个人信息的敏感程度。未来应当以健全个人信息多部门法协同保护为远期目标，适时调整优化各部门法的保护边界，细化敏感个人信息的类型，通过司法实践拓展对个人信息敏感度的认识，实现刑法与其他部门法的有效衔接，进而实现法律手段与其他规制手段的协同治理。

SECTION 02

第二节

数据安全犯罪的迭代异化与刑事合规计划的引入*

于　冲**

数据安全犯罪内容的转化,由单纯的侵害个人信息演变为跨越个人数据、商业数据、公共数据、国家数据,进而危及个人人身财产安全、公司安全、公共安全、国家安全。但是,由于刑法的谦抑性、最后性以及不可避免的滞后性、局限性,单一地依靠刑法手段打击侵犯数据安全的犯罪,已经力有不逮。刑事合规计划虽然同样是一种企业自律、自控的手段,但是相比于企业的内部合规、风控制度显然更具强制力,也与刑法规范体系有着更实质紧密的联系。企业合规的刑事化发展,使得企业合规计划成为刑事法乃至国家介入企业内部运作的有力手段和工具,也成为企业内控制度对接国家违法犯罪治理体系的必由之路。因此,在侵害数据安全犯罪的治理上,引入刑事合规计划,赋予其刑法定罪、量刑层面的功能和地位,通过合规计划将刑事治理理念、规则和政策内化为企业的内部控制机制,使外部监管和内部自律连接在一起,发

---

* 本文首发于西北大学学报(哲学社会科学版)2020 年第 5 期。

** 于冲,中国政法大学教授,法学博士。研究方向:刑法学、网络法学。

挥预防侵害数据安全犯罪和明确企业责任边界的双重效果。

一、侵害数据安全犯罪的迭代异化与刑法挑战

我国刑法目前针对数据安全犯罪的罪名体系，主要有侵犯公民个人信息罪、侵犯商业秘密罪、非法获取计算机信息系统数据罪、非法获取国家秘密罪、故意泄露国家秘密罪等罪名，传统刑法所型构的罪名体系保护的核心，在于数据本身的保密性、完整性和可用性等静态安全问题，重点防控数据非法获取、泄露、篡改等犯罪类型。但随着大数据时代与人工智能技术的迅猛发展，数据安全在形式上、内容上、安全风险来源上均不断发生异化，给传统刑法的治理模式带来严峻挑战。

（一）"静态数据"向"动态数据"演变后对法益保护的挑战突出

数据安全内容经历了从"静态数据"向"动态数据"，从数据"静态安全"向数据"动态安全"的演进过程，前者主要表现为信息数据本身的风险，后者主要表现为数据处理活动的风险。在大数据背景下，作为"静态安全"的数据内容安全和作为"动态安全"的数据处理活动安全，同时面临犯罪侵害的危险，因而对数据安全的刑法保护提出了横向和纵向上的挑战。数据静态安全向动态安全演变后所带来的数据安全问题，主要体现在：横向上，数据安全法益保护的迫切性更为突出，在动态数据的各环节、各流程都产生了法益保护需求。从整体上讲，数据的动态安全主要面向数据处理活动的风险，包括数据存储、运算与分析安全、数据平台物理载体的安全、数据流转环节安全等数据自身的风险。随着大数据的海量性、高价值性以及云计算平台的开放性和连通性的增强①，数据处理活动越来越常态化、多样化和规模化，数据动态安全开始凸显出来。在大数据时代，数据的价值更多地源自与企

---

① 参见黄晓亮：《从虚拟回归真实：大数据时代刑法的挑战与应对》，载《中国政法大学学报》2015年第4期。

业数据利用相关的各种活动。随着数据业务向纵深拓展,企业在数据获取、利用、处理、挖掘、开发、交易、流通、生产的各个环节,都面临着严峻的安全风险和犯罪风险。

纵向上,数据安全犯罪内容开始转化,从私人领域不断向公共领域扩展。个人信息数据的网络化和透明化已经成为难以逆转的趋势,个人数据大规模地存在于政府机关、金融机构、社会服务组织、互联网企业等组织体中,无论个人是否直接参与互联网,脱离了信息主体个人控制的个人数据都在被广泛记录。[①] 同时,个人数据的聚合以及社会运行对网络数据的依赖,也促使数据安全向社会公共生活领域扩展。海量的数据本身具有较高的社会价值,加之智能交通、智能电网、智慧城市等社会运行活动背后的重要信息系统、基础设施也需要公共数据资源的支持,一个社会的网络化智能化程度越高,公共数据安全的风险性和重要性也就越大。[②] 因此,数据安全问题越来越影响国家安全,尤其是涉及国家政治、经济、文化等国家利益的大数据资源,数据安全问题不可避免地上升到国家战略高度。以数据的跨境流通为例,数据输出关涉数据主权、国家安全。

(二)数据安全犯罪主体演变对刑法评价对象的挑战

数据业务不断成为互联网企业业务的重要组成部分,其内容扩展到数据挖掘、利用、处理、流通、交易、存储等诸多方面,在数据规模上,互联网企业信息数据容量达到较高的数量级。数据的价值也随着规模的增长而有了质的变化,大数据愈发成为互联网时代重要的基础资源。企业在数据利用活动中理所当然地占据了主导性地位,成为数据动态安全保障的核心主体。数据安全从静态安全到动态利用安全的转变,使数据违法犯罪逐渐从个体行为转向企业行为,数据安全犯罪的主体也由以自然人为主转向自

① 参见齐爱民、盘佳:《大数据安全法律保障机制研究》,载《重庆邮电大学学报(社会科学版)》2015 年第 3 期。

② 参见顾友良、张新房:《面向智慧城市的城市交通大脑建设体系与应用研究》,载《通讯世界》2019 年第 7 期。

然人与单位并存。因此,在企业主导下的数据安全问题体现出一些根本性的变化:(1)在表现形式上,形成非法利用网络数据的黑灰产业链;(2)在责任承担上,越来越倾向于连带责任、替代责任、无过错责任;(3)在侵害对象上,海量集中的个人数据改变了数据权利的私人属性,数据安全也从纯粹的个人隐私安全逐渐扩展为社会化的数据安全;(4)在危害结果上,数据安全事故一旦发生,往往会造成规模化、扩散化的社会危害性后果。因此,数据安全面临的单位侵害风险正不断增强,数据安全造成危害的违法犯罪行为,越来越多地与企业的活动相关。某种程度上讲,侵犯数据安全犯罪已经逐渐由个人行为转向企业行为,基于企业完整的数据生态圈、产业链和技术集群,企业不仅可能成为数据侵权活动的帮助者,还可能成为数据违法犯罪行为的实施者。具体言之,数据安全重心由个人向企业转移的进程主要体现为:以往针对个人数据的侵权行为或犯罪行为大多是单一自然人实施的个别行为,而现在企业成为数据安全问题的主要阵地,互联网企业在数据业务运营过程中主动或被动、故意或过失地致使数据安全遭受威胁。

(三)技术冲击下数据安全责任认定的边界困惑增加

数据企业对云计算、物联网、移动互联网等新技术的应用使得数据收集利用活动变得无处不在,“新技术新应用一方面催生着新威胁形态,为数据安全带来新风险;另一方面导致传统数据安全保护策略的有效性降低甚至失效”[①]。基于此种背景,相关互联网企业逐渐被法律法规赋予了广泛的安全管理义务,形成了数据安全政府监管与企业管理之间的边界不清问题,进而造成了数据安全责任认定的边界不清问题。

客观来讲,随着《网络安全法》等一系列有关数据安全法律法规的颁行,我国关于个人信息安全和数据安全保护方面的制度设计基本形成。但是,

① 黄道丽、胡文华、大阿来:《安全视角下的大数据治理与合规应对》,载《保密科学技术》2018年第10期。

在数据安全领域仍存在着立法不足不清的情况，典型的如个人信息保护、商业数据保护，仍然缺乏独立的规范体系来加以明确。与之相对，2018 年生效实施的欧盟《一般数据保护条例》（General Data Protection Regulation，GDPR）成为全球数据安全保护的重要标杆，对全球化层面数据安全责任产生影响，“数据泄露通知规则”“数据保护官制度”“隐私风险影响评估义务”“从设计保护安全理念”等原则和要求成为数据企业需要承担的新型数据保护义务[①]，这显然大幅度提高了数据企业的法律责任。因此，从这个层面来看，赋予网络服务商、网络数据商一定的数据安全管理义务，既是网络安全保护现实情况的必然要求，也是国际立法的一种普遍选择。但问题在于，在法律、法规甚至部门规章大范围确立网络服务商数据安全管理义务以后，网络服务商与政府之间的监管边界如何认定，网络服务商需要履行的安全管理义务如何进行明确，都成为摆在数据安全责任认定上的重要问题。鉴于此，自 2019 年 11 月 1 日起施行的最高人民法院、最高人民检察院《关于办理非法利用信息网络、帮助信息网络犯罪活动等刑事案件适用法律若干问题的解释》针对拒不履行信息网络安全管理义务、非法利用信息网络、帮助信息网络犯罪活动等犯罪进行了解释，体现了司法机关对明晰网络服务提供者责任的重视，在某种程度上也反映了司法实践中网络服务提供者对数据安全责任的认定困惑，对此需要给予积极的回应。

二、数据安全犯罪规制引入刑事合规的必要性与正当性

所谓刑事合规计划，是指为避免因企业或企业员工的相关行为给企业带来的刑事责任，国家通过刑事政策上的正向激励和责任归咎，推动企业以刑事法律的标准来识别、评估和预防公司的刑事风险，制定并实施遵守刑事法律的计划和措施。[②] 面对日益增强的数据安全风险和侵害数据安全犯罪

① 参见石英村：《全球数据安全治理态势与产业趋势分析》，载《信息安全与通信保密》2019 年第 4 期。

② 参见孙国祥：《刑事合规的理念、机能和中国的构建》，载《中国刑事法杂志》2019 年第 2 期。

的高发态势,有必要在侵害数据犯罪治理中引入刑事合规计划,通过企业与国家、企业内部规章与刑法之间的功能性协作,实现数据安全的立体化、协同化防护。

(一)必要性:单一刑法手段解决数据安全问题捉襟见肘

数据安全犯罪危害性大,不仅是对于数据安全本身的侵害,而且在当前数据安全犯罪产业化、链条化的背景下,数据安全犯罪逐渐成为其他犯罪的上游犯罪、伴随犯罪,为诈骗罪、敲诈勒索罪甚至绑架罪等其他犯罪提供预备阶段的犯罪助力;加之互联网的倍增效应、放射效应,更加剧了数据安全犯罪的社会危害性。因此,数据安全犯罪的事后惩治在很大程度上难以有效保障、恢复被犯罪所侵害的法益,数据安全犯罪防治的路径需要前置。但这种前置单靠传统的刑法中预备行为实行化、帮助行为正犯化,单靠刑事手段本身的预防功能和惩治功能,有其自身的局限性。因此,要抑制数据安全犯罪的产生,就必须适时地改变偏重事后惩罚的传统的消极犯罪预防理念,将其置于网络社会和数据安全的大背景下予以重新审视,基于积极预防的理念提出新的犯罪预防措施。诚如波斯纳所言:"在风险成为当代社会的基本特征后,刑法逐渐蜕变成一项规制性的管理实务。作为风险控制机制中的组成部分,刑法不再为报应与谴责而惩罚,主要是为控制风险而威慑;威慑成为施加刑事制裁的首要理由。正是威慑促成行为主义进路对现代刑法的掌控,最终使精神状态在刑法中的作用日渐减少。"①因此,在不得不借助传统刑罚的威慑效果的同时,也应该看到其效果的局限性,国家监管者应当意识到单单依靠刑罚威慑和犯罪圈的扩张,并不能收到完全控制企业个人信息犯罪的良好效果。② 这就需要跳出国家刑罚权单向治理的旧有思路,在个人信息等数据犯罪的治理过程中引入企业的积极作用。事实上,由于互

---

① [美]理查德·A. 波斯纳:《法理学问题》,苏力译,中国政法大学出版社 2002 年版,第 210 页。

② 参见李本灿:《企业犯罪预防中国家规制向国家与企业共治转型之提倡》,载《政治与法律》2016 年第 2 期。

联网的虚拟性和技术性,大量的行政法律法规、部门规章已经明确赋予了相关网络服务提供者对于数据安全的保障义务。例如,2012 年中国互联网协会发布的《互联网搜索引擎服务自律公约》就规定搜索引擎服务提供者应当协助保护用户隐私和个人信息安全,并在收到权利人相应通知后及时删除、断开相关侵权内容链接;2019 年 5 月国家互联网信息办公室发布的《数据安全管理办法(征求意见稿)》从数据收集、数据处理使用和数据安全监督管理 3 个方面规定了网络运营者对数据的管理义务和责任。

在各种数据安全风险、数据安全漏洞倍增的背景下,仅凭刑事立法和司法的强制力作用,对于侵害数据安全的犯罪防控总是捉襟见肘。即使有风险刑法的提出,也更多的是强调风险增强,在关注刑法外部强制力、刑罚力的同时,忽视了企业自身的能动性,使企业只能处在被动接受国家刑罚权的强制力的地位。"以避免刑事风险为目的的企业刑事合规计划的制定和贯彻,恰好与最优的犯罪预防和刑法评价机能的具体化、情景化的国家、社会需求相吻合,与刑法对犯罪惩罚的事后性互相弥补。"①从最本源的角度看,企业实施刑事合规计划必然是"有利可图"的,无论是提高自身防控犯罪的能力,还是获得监管者在处置违法犯罪活动时的奖励,都是对企业的积极信号,这与刑法规范本身的强制性产生了鲜明的对比。总之,刑事合规的引入为企业提供了主动自律的机会和根据,引导企业在主动制订合规计划、实施合规活动、调整合规机制的过程中,逐渐将数据安全保障和数据犯罪预防意识融入日常的经营管理活动中。

(二)正当性:网络服务提供者保证人地位的应然要求

随着数字经济的发展,企业在拓展业务过程中,会在某个环节、某个领域成为数据的产生者、利用者、传输者、存储者以及交易者,这对数据安全在更广的范围层面带来了风险。例如,在精准营销广告中,企业为了实现精准营销,过度采集目标用户的基本信息、每天的上网行为、消费记录、位置信息

---

① 石磊:《刑事合规:最优企业犯罪预防方法》,载《检察日报》2019 年 1 月 26 日,第 3 版。

等,进而组成一个个的个人信息库。无独有偶,2018 年美国 Facebook 数据泄露事件中,剑桥分析公司(Cambridge Analytica)不当获取 5000 万 Facebook 用户的个人资料,用来为美国大选精准推送信息,巨大的数据隐私泄露影响了数百万 Facebook 用户。① 由此可见,大数据包含大量信息主体的身份信息、属性信息和行为信息,各渠道数据存在交叉检验的可能,极易造成隐私泄露、公共利益受损的风险。由于数据企业成为当前数据资源的主要掌握者之一,一旦企业对大数据利用安全的控制力度不足,就会带来大数据滥用的风险。② 鉴于此,行政法律法规乃至刑法,均赋予网络服务提供者积极的作为义务和安全保障义务。有学者对网络服务提供者的不作为责任提出了质疑,认为这是对网络服务提供者管理义务的扩张,以管控网络的目的加重了网络服务提供者的责任。③ 对此笔者认为,义务和权利是相对的,网络服务提供者对于信息网络的管理乃至保护义务,恰恰是其在业务经营过程中收集、存储、使用公民信息、公共数据获得相应收益权利所对应的等价义务,是与其服务范围、业务类型相对应的业务保证义务,并不是政府责任的粗暴转移。诚如德国刑法学者罗克辛教授所言,身份本身就是一种保证人地位,行为人要么基于对危险源的监督控制,要么基于特定法益的保护,而具备了成立身份犯的行为人资格。④ 因此,网络数据服务商基于其业务范围、服务领域的资质要求等,均产生了相应的保障其业务范围领域内数据安全的责任。

在刑事合规制度中,合规计划本身具有提示潜在犯罪风险、提供风险处置办法、提出风险规避策略的作用。更为重要的是,在其他国家的刑事合规制度实践中,企业刑事合规计划的存在与否、实施效果好坏甚至能够直接影

---

① 参见任孟山:《Facebook 数据泄露事件:社交媒体与公私边界》,载《传媒》2018 年第 7 期。

② 参见张尼、张云勇等编著:《大数据安全:技术与应用》,人民邮电出版社 2014 年版,第 62 ~ 72 页。

③ 参见刘艳红:《无罪的快播与有罪的思维——“快播案”有罪论之反思与批判》,载《政治与法律》2016 年第 12 期。

④ 参见许玉秀:《当代刑法思潮》,中国民主法制出版社 2005 年版,第 590 页。

响对企业犯罪的定罪量刑,具有阻却犯罪、减免处罚等多种功能,成为企业抵御犯罪风险、减少犯罪损失的重要手段。而由于刑事责任在法律责任体系中的兜底性地位,企业刑事合规也就成为防范企业犯罪的“第一道防线”。总之,刑事合规计划具有基础性、明确性的优势。刑事化的数据合规机制不仅有助于缓解企业外部刑法治理的压力与负担,而且为防控企业内部的违法犯罪行为奠定了基础,既是社会防范企业犯罪风险的一道屏障,也是企业规避违法行为、防范非理性的国家干预的一道屏障。[①] 对于互联网企业而言,一套完善、合理的刑事合规计划,不仅划定了企业在数据犯罪中的刑事责任边界,也有助于划定其他违法活动与合法数据业务的边界,为数据企业法律责任的确定提供了一支“制度之锚”。

三、数据安全刑事合规的基本理念与制度功能

从美国企业合规制度的起源来看,企业合规最初是由政府监管的加强所推动的。在监管压力下,企业随后才开始进行自我规范、主动构建合规管理体系。可见,企业合规始于特定行业监管的加强。[②] 随着企业数据安全保障责任和犯罪风险的增强,相关企业有必要主动构建合规机制来做出足够的回应,形成企业合规计划与国家监管规则间的良性互动。同时,刑事合规为刑法规则的具体化、明确化提供了可操作性,由不同企业根据自己的实际业务情况,建立了不同内容的刑事合规计划,从而避免刑法规范过分涉足具体业务而产生偏差的风险。

(一)数据安全犯罪的积极一般预防

根据积极的犯罪一般预防理念,刑罚预防犯罪最合理且唯一的目的应当是在犯罪之前培养守法文化和法律信仰,通过基于公民守法的自觉和对

---

① 参见万方:《企业合规刑事化的发展及启示》,载《中国刑事法杂志》2019 年第 2 期。

② 参见陈瑞华:《美国暂缓起诉协议制度与刑事合规》,载《中国律师》2019 年第 4 期。

法秩序的积极维护，主动、积极地预防犯罪的发生。[①] 当前，数据犯罪的危害性和破坏性，随着网络技术应用的不断增强，进一步将风险扩散到个人数据之外的其他数据类型，构成对国家、社会等多层次、多类型数据安全的威胁。从刑罚目的的基本原理上来说，国家对犯罪主体科以刑事处罚的目的并不在于惩罚和剥夺本身，而是在于预防和消减犯罪，这是现代刑事政策理论的当然之理。对于个人信息等数据安全犯罪，国家监管者的目的也是如此。

在犯罪预防的诸多侧面中，传统的刑法理论更多地强调特殊预防和消极的一般预防的重要性，而对积极的一般预防所潜藏的刑罚工具化倾向，以及其对自由的威胁持排斥和警惕的态度。但在风险社会兴起和风险刑法理论的提倡下，刑罚的积极预防功能不断受到重视。积极的一般预防强调"以刑罚来确认与强化公民对规范忠诚的价值信念"，从而使刑罚致力于提升社会普遍的辨别是非的规范信念[②]，这与风险社会对刑法提出的风险预判和事前控制的需求是相适应的。欧美等地长期以来的刑事合规制度实践也表明，刑事合规机制确实能够在预防和控制企业犯罪的过程中发挥积极作用。[③] 然而，面对急剧增长的侵害数据安全犯罪，国家刑罚权的启动和生效往往是缓慢而滞后的，对于侵害数据安全犯罪的事后惩治，在很大程度上难以有效保障、恢复被犯罪所侵害的法益。因此，侵害数据安全犯罪防治的路径需要前置，但这种前置单靠传统刑法中的预备行为实行化、帮助行为正犯化，单靠刑事手段本身的预防功能和惩治功能，有其刑法自身的局限性。

数据安全风险的防治，某种程度上需要借鉴风险刑法的纾解以及积极的一般预防理念的引入，而刑事合规所包含的事前风险识别机制和一系列风险防范措施，正是实现积极的一般预防所必须的。一方面，数据合规将网络数据安全犯罪的预防责任赋予网络服务商，通过网络服务商事前的主动介入，增强数据安全犯罪的积极防控，督促企业通过刑事合规计划的制订、实施和监督，使数据安全风险能够直接在合规机制中得到监测、控制和防

---

① 参见张明楷：《刑法学》（第5版），法律出版社2016年版，第24~26页。

② 参见孙国祥：《刑事合规的理念、机能和中国的构建》，载《中国刑事法杂志》2019年第2期。

③ 参见陈瑞华：《英国〈反贿赂法〉与刑事合规问题》，载《中国律师》2019年第3期。

范;另一方面,企业在制订、实施合规计划的同时,通过刑事合规促进网络服务商数据安全保障工作的内控化、制度化开展,从而主动消减可预见的侵害数据安全犯罪风险。

(二)明确数据安全责任主体的刑事责任边界

随着互联网企业在数据安全保障中的功能加强,法律法规逐渐赋予其较多的数据安全管控义务。由于当前的技术发展导致数据安全领域的规则设计和执行机制相对滞后,多样的数据利用活动加剧了数据安全责任的严苛化,数据企业的法律风险陡然上升。为了厘清国家与网络服务商对数据安全保障的责任边界,数据合规计划起到了明确责任范围的作用。具体言之,数据合规计划的重心在于通过合规计划的实施,明确网络服务商的管理责任不能替代政府的监管责任,进而明确网络服务商管理责任和政府监管责任的边界。

一方面,刑事合规计划实际上是国家关于数据安全法律规范在企业内控机制中的具体化。刑事合规计划的前提需要对企业刑事犯罪风险的准确识别,明确企业可能触及的犯罪风险类型。在数据安全领域,更加需要明确企业可能触发犯罪的刑事风险,这实际上相当于为互联网企业制定了一份"负面清单",有助于其确定企业活动的范围与责任边界。另一方面,通过刑事合规计划的制订和实施,将法律法规赋予企业的数据安全保障义务予以明确,通过将抽象的法律规则、刑法规则具体化、情境化,对于未能履行相关法定义务、未能积极实施合规计划的行为,以此判定是否应当承担相应的刑事责任。例如,判定是否成立拒不履行信息网络安全管理义务罪等纯正的不作为犯,以及是否成立侵犯公民个人信息罪、侵犯商业秘密罪等不纯正的不作为犯。

(三)数据安全的共治模式:实现政府管控、网络服务商防控的统一

随着网络空间的"去中心化"和"扁平化",网络空间治理,尤其是在网络数据安全犯罪的防控方面,网络服务商较之政府具有更大的优势,成为网络

数据安全保障不可否认、不可忽视的重要管控主体。从整体上讲，法律法规赋予网络服务商管控义务的有效实施，可以最大限度地发挥网络服务商对数据安全的保障功能。但是，从另一个层面讲，如何将法律法规规定的义务内化为网络服务商内部管理制度，由外在的法律强制义务转化为网络服务商内在的积极主动的管理责任，是数据安全刑事合规计划的又一重点原则与方向。

当前，以数据合规为连接点的“企业—政府共治”模式尚处于雏形阶段，其并没有明确企业合规计划的法定地位和作用，而是更多地视之为内部控制的规则、流程或者自律机制，仅仅要求企业将相关的内部规则、自律规范等加以备案而缺乏实质审查。例如，2019 年 9 月 3 日，工业和信息化部网络安全管理局针对“ZAO”App 用户隐私协议不规范，存在数据泄露风险等网络数据安全问题，要求北京陌陌科技有限公司组织开展自查整改，依法依规收集使用用户个人信息，规范协议条款，加强新技术新业务安全评估，采取有效措施强化网络数据和用户个人信息安全保护，积极防范自有业务平台被利用实施电信网络诈骗等风险隐患。[①] 事实上，经过严格审核、充分博弈形成的合规计划，在国家的犯罪预防和企业的责任认定两端都具有积极的意义。因此，目前刑事合规计划的发展显得犹有不足，有必要将合规计划从当前的纯粹自律规范，转变为联结企业内部控制和国家外部监管的纽带，使行政法规要求制定和实施的企业内控规范、自律规则，通过合规计划的形式得到真正的落实和遵循，从而实现数据犯罪风险的政府管控、企业防控、刑法预防的“三位一体”，使得刑事合规机制真正内化为企业的数据安全意识与行动，实现数据安全保障与侵害数据安全犯罪的合力防治。

总之，犯罪共治模式的实质是要求体系化地看待犯罪治理问题，实现企业能动性与国家强制力间“一加一大于二”的整体性效果。而刑事合规机制的构建正好为此整体效果的实现提供了契机。一方面刑法规则的落实需要

---

① 参见赵艳艳：《工信部就“ZAO”App 网络数据安全问题开展问询约谈》，载微信公众号“经济参考报”2019 年 9 月 4 日。

刑事合规计划来加以具体化,另一方面企业自律的实现也需要合规计划向刑事规范汲取强制性。刑事合规在成为法官评估违法企业罪责的基础和法定标准的同时,也成为企业借鉴刑法的特征、模式实现内部治理的工具,在此过程中,刑事合规计划将企业内控与国家刑事规制有机连接起来,成为构成数据犯罪共治机制的一大助力。

四、数据安全刑事合规机制的构建思路与路径

数据安全刑事合规计划的引入,是基于对数据动态安全的防护、侵害数据安全犯罪的异化所进行的考量。因此,数据安全刑事合规机制的构建,应当立足于数据动态安全风险这一基础性命题,保证数据合规计划的制订、实施能够在数据的采集、处理、存储、流动的全过程发挥作用①,在数据安全各个环节建立起一整套的刑事合规机制,并且赋予其在定罪、量刑中积极的刑法地位。

(一)数据安全刑事合规计划引入的模式选择

从国外相关实践来看,数据安全刑事合规制度的形成主要依赖于刑法的强制力,通过刑法将制订刑事合规计划作为一项刑法义务,怠于履行该义务便可能触犯刑法而构成犯罪。同时,在通过刑法强制推动刑事合规制度确立的同时,也进一步明确了积极履行刑事合规计划的量刑奖励。从整体上讲,关于刑事合规计划的引入,大体可以归结为两种模式:一是通过刑法专门立法设置相应罪名,对于不履行合规计划的企业给予处罚;二是通过刑法量刑奖励,在不进行刑法增设罪名的情况下,以积极的刑罚奖励或者责任减免引导企业建立刑事合规计划,推动其积极开展数据安全防护工作。事实上,欧盟 GDPR 也是通过两方面的刑事化进路,推进企业合规计划的构建

---

① 参见王锡锌:《数据治理立法不能忽视法治原则》,载《经济参考报》2019 年 7 月 24 日,第 8 版。

实施：一是对不合规的企业科以责任、制裁和处罚，从反面倒逼企业主动构建完善的刑事合规计划；二是对实施数据保护合规计划的企业予以减免罚金的优待，从正面鼓励企业利用刑事合规计划来防范违法犯罪的法律风险。对此，有学者建议增设怠于履行合规计划罪，具体到数据安全领域则是预防数据安全失职罪。[①] 这种思路的核心在于：通过扩张数据安全刑事责任主体的范围，倒逼相关主体积极履行数据安全的管控义务，激励企业去做好数据安全保障。

从整体上讲，我国当前刑法修正较为频繁，刑法的罪名增设压力相对较重，短期内增设关于怠于履行刑事合规计划的罪名不太具有可操作性，可以立足于现有的刑法手段和刑法框架，在数据安全犯罪规制中引入刑事合规计划。数据刑事合规计划同我国刑法的关联，体现在总则方面，即对单位犯罪的认定问题，体现在分则方面，即对拒不履行信息网络安全管理义务罪等不作为犯罪的认定问题。我国刑法关于单位犯罪的规定，不同于西方大部分国家所规定的替代责任模式，而是将其作为与自然人犯罪相并列的犯罪主体。因此，刑事合规计划的引入在事实上便可以起到判定相关互联网企业的罪过是否体现单位意志、是否属于单位行为等要件的功能，这也决定了我国数据安全刑事合规计划有别于西方国家的制度设计。同时，在现有刑法框架下，应当明确数据刑事合规计划的量刑价值，对于建立合规制度的企业在进行犯罪后果与责任认定的司法审查时，可以据此作为减轻处罚甚至免除处罚的事由。当前，尽管刑事合规作为量刑要素并没有得到法律的承认，但可以作为酌定的量刑情节加以考虑，未来甚至可以考虑作为单位犯罪的法定量刑情节写入刑法。

(二)数据安全刑事合规计划的基本内容导向

刑事合规本质上体现为为预防违法犯罪行为而设置的程序规则、职责

---

① 参见孙国祥：《刑事合规的理念、机能和中国的构建》，载《中国刑事法杂志》2019 年第 2 期。

规则及技术规则,其主要价值在于使公司遵守刑事实体法。[①] 因此,数据安全刑事合规计划的核心目标在于,通过刑法手段促进数据获取、存储、流通传输、使用过程中的合规性与安全性,降低数据开放、数据共享过程中的技术风险性,避免违规行为具有刑事违法性构成侵犯公民个人信息罪、非法利用信息网络罪、帮助信息网络犯罪活动罪、拒不履行信息网络安全管理义务罪等犯罪。因此,刑事合规计划风险的分配在预防侵犯数据安全犯罪的同时,实质上也是最大限度地兼顾技术发展与人类利益保护的平衡。在风险配置上,应当合理划分数据的获取者、存储者、传输者、使用者在合理边界内承担数据安全犯罪的风险。

明确数据安全刑事合规计划的目标定位之后,关键的问题则在于刑事合规计划的内容设置,尤其是关于防止数据获取者、存储者、传输者、使用者犯罪的合规计划内容的设置。根据域外成熟立法的范例,数据安全刑事合规计划在内容设置上应当满足两个条件:(1)在合规计划的制订上,从实施方法上将刑法的义务具体化,即通过刑事合规计划的制订,明确数据服务商在其业务经营范围内的作为义务,将刑法所要求各数据服务主体应承担的作为义务具体化,并设定相应的履行义务的措施和手段,以此实现刑法作为义务的内部制度化;(2)在合规计划的实施上,应当明确合规计划的实施比单纯制订合规计划更为关键,这是判定相关主体是否享受责任减免的重要依据。因此,保证数据安全刑事合规计划的实施,成为数据安全刑事合规的核心内容。对影响公众基本权利、涉及重大社会公共利益的个人数据、政府公共数据,通过建立完整的企业数据安全责任意识、内部制度,明确预防数据安全犯罪的防控机制,从数据获取、存储、传输、使用等关键性环节进行更强的内部监管。[②] 为此,在组织层面上,具有参与制订、实施和保障数据安全合规计划得以顺利实施的高管参与,具有专业而独立的合规人员,确立最高领导层的责任,即在防治数据安全犯罪上的既定目标、价值和程序的责任;规定中层领导者

① Vgl. B. Fateh-Moghadam, Criminal Compliance (Fn. 7), S. 25(27).

② See Stefano Manacorda, Francesco Centonze and Gabrio Forti, eds., *Preventing Corporate Corruption*, Springer, 2014, p. 334.

的责任,即负责在公司创立相应的专业部门(比如合规部门)以及向员工进行解释和培训。①

数据安全刑事合规计划功能目标以及制度架构实现的关键,在于完整而有效的合规体系以及风险防治体系。刑事合规体系的重要性体现为对法律风险的防范,因此,数据安全刑事合规的风险识别、风险评估、风险消除至关重要。首先,在风险识别上,对数据获取、存储、传输、使用等关键性环节可能的风险盘点应当给予足够重视,即体系化地、连续性地对潜在的安全风险、实然的损害后果进行识别、梳理和确认。其次,在风险识别的基础上,对于前面所发现的风险在设计方法、组织程序上进行风险评估和风险消除,对可能的合规风险进行量化,以此确定应当采取的防治措施,进而根据风险发生的可能性和可能造成的损害后果的严重程度,确定具体的防范方法和实施方案。②

(三)数据动态安全保障视角下的合规计划与实施

客观地讲,刑事合规本质上体现为为预防违法犯罪行为而设置的程序规则、职责规则及技术规则,其主要价值在于使公司遵守刑事实体法。在刑事合规体系下,为了实现网络数据安全刑事合规制度的应有价值和功能,应当对处于不同阶段的数据安全问题给予针对性的回应和解决,在数据获取环节、存储环节、流通和应用环节等不同阶段,积极采取可能的、必要的和可期待的措施用来识别、评估和消除侵害数据安全犯罪风险。③

在大数据背景下,数据非法获取的最大风险源已经由单纯的个人犯罪行为转向企业化的行为。企业未经许可非法获取或者变相非法获取公民个人信息的行为,逐渐成为个人信息安全的重要隐患。鉴于此,2019 年 6 月我国公布的《网络安全实践指南——移动互联网应用基本业务功能必要信息规范》提出,针对当前用户数量大、社会关注度高的移动互联网应用中存在

① 于冲:《网络平台刑事合规的基础、价值与功能定位》,载《中国刑事法杂志》2019 年第 6 期。

② Vgl. Kromschröder/Lück, DB 1998, 1573f.

③ Vgl. nur BGH NStZ 1997, S. 545f.

的超范围收集、强制授权、过度索权等个人信息收集安全问题,亟须规范典型业务功能正常运行所必需收集的个人信息,为移动互联网应用规范个人信息收集必要性提供实践指引。[①] 在我国刑法关于非法获取型的侵犯公民个人信息罪中,学界关于"非法获取"的理解大致存在形式违法性、实质违法性的判断,前者将"非法获取"解释为手段上的非法性[②]或没有法律依据的获取行为,[③]后者将"非法获取"解释为未经权利人同意而获取的行为。[④] 当前,企业获取数据的途径主要包括直接向特定信息主体采集相关的数据信息和通过技术手段对不特定的对象进行数据爬取。为了保证数据安全,避免信息数据在源头的被非法采取,有必要在《网络安全法》《电信和互联网用户个人信息保护规定》等现有的法律法规框架之内,明确企业获取公民数据的义务范围。企业采集个人信息必须明示收集、使用信息的目的、方式和范围,使用户知晓采集信息的具体情况,并在用户充分理解的前提下取得其真实同意。根据数据敏感程度不同,表示同意的方式也有区别。合理目的原则主要包括:一是采集用户相关个人数据必须有相应的服务场景;二是互联网信息服务提供者不得收集其提供服务所必需以外的用户个人信息,或者将信息用于提供服务之外的目的;三是企业应当在服务所需的最小范围内采集个人数据,不应过度延伸。因此,从某种程度上讲,违背上述三大原则而采集个人信息数据的行为,就具备了刑法第 253 条之一"非法获取"的风险。因此,企业在直接向数据主体获取数据时,应当将知情同意、目的合理、范围最小化等三项基本原则的遵守情况作为合规审查的重点,避免触犯侵犯公民个人信息罪。

---

① 参见全国信息安全标准化技术委员会秘书处:《网络安全实践指南——移动互联网应用基本业务功能必要信息规范》,载全国信息安全标准化技术委员会网,https://www.tc260.org.cn/front/postDetail.html?id=20190531230315。

② 参见周海洋:《出售、非法提供公民个人信息罪和非法获取公民个人信息罪的理解与适用》,载《中国审判》2010 年第 1 期。

③ 参见王昭武、肖凯:《侵犯公民个人信息犯罪认定中的若干问题》,载《法学》2009 年第12 期。

④ 参见慈健:《非法提供与获取公民个人信息行为的刑法规制——〈刑法修正案(七)〉第 7 条之解读》,载《西南科技大学学报(哲学社会科学版)》2010 年第 1 期。

数据存储、传输阶段,数据企业面临的最迫切的问题在于防止数据的非法泄露。近年来,国内外大规模数据泄露事件频发,据安全情报提供商 Risk Based Security(RBS)的一份报告,2018 年公开披露的超过 6500 起数据泄露事件中,有 2/3 来自商业部门,有 12 起数据泄露事件涉及人数超过 1 亿或更多;与此同时,超过 5000 起数据泄露的根源来自内部安全漏洞,这一数据远远超过了黑客攻击,成为数据泄露的主要原因。① 根据《网络安全法》第 24 条、第 41 条、第 42 条等规定,网络服务提供者应当建立网站安全保障制度、信息安全保密管理制度、用户信息安全管理制度等相应的信息网络安全管理制度,并在其业务范围内进行相应的技术安全维护和保障。因此,网络服务提供者在普遍占有支配大量信息数据并将其置于较高风险的环境下,应当承担起安全防控的技术责任。例如,《网络安全法》第 21 条规定,网络运营者应当按照网络安全等级保护制度的要求,履行下列安全保护义务,保障网络免受干扰、破坏或者未经授权的访问,防止网络数据泄露或者被窃取、篡改:(1)制定内部安全管理制度和操作规程,确定网络安全负责人,落实网络安全保护责任;(2)采取防范计算机病毒和网络攻击、网络侵入等危害网络安全行为的技术措施;(3)采取监测、记录网络运行状态、网络安全事件的技术措施,并按照规定留存相关的网络日志不少于 6 个月;(4)采取数据分类、重要数据备份和加密等措施;(5)法律、行政法规规定的其他义务。据此,企业应当尽可能地采取高水平的技术防护措施并制定尽可能严格的数据管理制度。此外,《网络安全法》第 47 条规定了网络运营商的信息内容审查管理义务,“网络运营者应当加强对其用户发布的信息的管理,发现法律、行政法规禁止发布或者传输的信息的,应当立即停止传输该信息,采取消除等处置措施,防止信息扩散,保存有关记录,并向有关主管部门报告”。该义务为企业履行信息内容审查管理义务提供了明确的法律依据。此外,针对具有特殊价值的个人数据,《网络安全法》还要求企业建立一整套专门负责

① 参见王林、孙吉:《AI 安防企业被曝数据泄露,敲响人脸识别安全警钟》,载《中国青年报》2019 年 2 月 26 日,第 10 版。

数据安全与隐私合规的管理体系，其中包括设置个人信息保护的专门负责人、专门机构及专门人员，制定个人数据的管理和使用具体规则，建立、维护和更新数据分级分类清单，开展个人信息安全影响评估，组织个人信息安全培训，在产品或服务上线发布前进行检测等。

SECTION 03

第三节

刑事数字合规困境:类型化及成因探析*

裴　炜**

一、引言

近年来,随着社会网络化、数字化程度的不断加深,相关领域的立法也在快速跟进。一方面,以《网络安全法》《数据安全法》《个人信息保护法》等为代表的数字法治体系逐步成型。另一方面,传统部门法也在不断地进行积极调整和适应。数字法治的快速建设尽管在宏观层面有助于提升数字社会治理整体水平,但是在微观运行层面产生了一系列具体适用上的现实问题。首先,数字法治理论统筹的缺失使得现有规则在多重价值均衡上存在缺陷;其次,早先各个部门法的立法探索在先后顺序与规制重点上存在差异,导致彼此之间存在规则冲突;最后,网络空间的弱地域性使得国内规则的效力普遍呈现出域外溢出的效应,进而导致国内法与国外法的规则冲突。

上述问题在网络信息业者身上体现得尤为明显。网

* 本文首发于《东方法学》2022 年第 2 期。

** 裴炜,北京航空航天大学法学院教授,荷兰鹿特丹伊拉斯姆斯大学法学博士。研究方向:刑法学、网络法学。

络空间治理的一大特征是多主体协同,其中网络信息业者已经成为参与治理活动、维护网络空间安全与秩序的重要主体。但现有规则体系在不断地从多个维度强化其治理义务的同时,并未就其可能形成的价值和义务冲突予以足够的关注。这一问题随着企业数字合规要求的强化而进一步凸显,即法律要求企业建立数字合规机制、开展数字合规工作的前提是合规的可能性,而上述冲突使得企业事实上陷入一种左右为难、进退维谷的合规困境,特别是在刑事司法领域,网络信息业者所承担的协助犯罪治理义务往往具有较强的刚性,其与数字法治体系下的新设义务之间的冲突更加激烈。

观察当前关于刑事合规的相关研究,我们可以看到其重心主要在于实体法层面,即通过企业建立其内部合规计划来事前化解其可能遭受的刑罚风险;刑事程序法在这一过程中承担的多是激励机制的工具性功能。但是,在数字合规的语境中,刑事程序法在与数字法治衔接不当的情况下,亦可能在反面形成企业 3 方面的数字合规困境:第一,国内法之间不同法律义务相冲突所引发的合规困境,集中体现在刑事诉讼协助义务优先性不明、企业内部审查机制免责效力缺失方面;第二,域内法与域外法相冲突所引发的合规困境,集中体现在各国延伸网络空间刑事跨境数字侦查取证中的规则冲突中;第三,刑事诉讼协助义务与商业利益相冲突所引发的合规困境,集中体现在协助执法义务与经济成本、网络与数据安全以及以算法模型为代表的商业秘密保护之间的矛盾中。上述合规困境无法通过企业自身设置合规机制予以解决,而是依赖于立法层面的协调,后者是建立企业数字合规法律体系的前提和基础。

本节正是由此出发,以网络信息业者为研究对象,基于其在刑事诉讼中所承担的典型协助义务,观察这些义务与新型网络信息法律义务之间的数字合规冲突并进行类型化,分析其背后的成因,进而探索化解合规困境的立法思路。本节将首先集中探讨刑事数字合规困境的概念,特别是将其与合规风险相区分;继而分别探讨 3 种类型的刑事数字合规困境并分析其成因;在结论部分提出 3 种合规困境化解的认知基础与破题思路。需要说明的是,本节采用数字合规而非数据合规的表述的原因:一是在于困境牵涉的是数字法治的多项制度,并不局限于数据规则;二是在于企业所承担的刑事诉讼义务不仅指向数据,同时也指向数字技术的运用;三是在于困境不仅可能减损个人信息保护与数据安全等数据权益,还可能损及网络安全、算法安全、商业秘密、企业财产权等;四是在于化解合规困境不仅在于提升数据治理能力,更在于综合统筹数字法治的顶层设计与整体架构,进而实现数字正义。

二、刑事合规:风险与困境的界分

"刑事合规"这一概念自提出伊始便具有较大的争议,①并可能在一定程度上局限了制度建设的重点。在进行具体的刑事数字合规困境探讨之前,有必要先对刑事合规概念本身进行明晰。从我国当前的理论研究与司法实践来看,"合规"主要是指企业通过内部合规计划对国家法律法规、商业管理、公司内部规章制度以及国际组织条约等的遵守;②而"合规"与"刑事"的联结主要体现在两个方面:一是在实体法层面针对的是企业涉嫌犯罪并遭受刑罚处罚的风险,这与企业一般违法并遭受行政处罚的法律风险相区别;③二是在程序法层面利用具体刑事诉讼制度引导、激励企业建立和执行合规计划。④

---

① 参见田宏杰:《刑事合规的反思》,载《北京大学学报(哲学社会科学版)》2020 年第 2 期。

② 参见陈瑞华:《企业合规的基本问题》,载《中国法律评论》2020 年第 1 期。

③ 参见陈瑞华:《合规视野下的企业刑事责任问题》,载《环球法律评论》2020 年第 1 期;李本灿:《刑事合规制度的法理根基》,载《东方法学》2020 年第 5 期;孙国祥:《刑事合规的理念、机能和中国的构建》,载《中国刑事法杂志》2019 年第 2 期;万方:《企业合规刑事化的发展及启示》,载《中国刑事法杂志》2019 年第 2 期;时延安:《合规计划实施与单位的刑事归责》,载《法学杂志》2019 年第 9 期。

④ 参见李本灿:《法治化营商环境建设的合规机制——以刑事合规为中心》,载《法学研究》2021 年第 1 期;杨宇冠:《企业合规与刑事诉讼法修改》,载《中国刑事法杂志》2021 年第 6 期;陈卫东:《从实体到程序:刑事合规与企业"非罪化"治理》,载《中国刑事法杂志》2021 年第 2 期;陈瑞华:《刑事诉讼的合规激励模式》,载《中国法学》2020 年第 6 期;李玉华:《我国企业合规的刑事诉讼激励》,载《比较法研究》2020 年第 1 期。

上述两个方面并非同一维度的探讨。实体法层面的“刑事合规”秉持的是结果论，是从合规与否的结果或者效果的角度切入，而诸如企业替代责任等问题的探讨也主要从这一层面展开；但就企业合规计划具体所“合”之“规”而言，则主要针对的并非刑事实体法律规定而是其前置法律规定，更普遍的情形是通过遵守相关行政监管法律规定来避免刑事答责或减免刑罚。也正是在这个意义上，有学者提出“我国应倡导的是‘行政合规’，而不是‘刑事合规’”。[①] 与之相区别的是，程序法层面的“刑事合规”则主要是从工具论的角度出发，一方面作为实体法工具，实现规避刑罚风险或减免刑罚的实际效果；另一方面作为合规工具，通过诸如暂缓起诉等具体制度设计来协助、监督企业尽快建立、修改或落实合规计划。

上述实体法与程序法不同维度的关注视角实际上造成了相关研究的一个视觉盲点，即忽略了刑事程序法本身也是企业一项重要的法律义务来源，违反相关义务亦可能引发多重法律责任。事实上，如果从所合之“规”的法律性质来界定合规制度，那么遵守刑事诉讼法律规定、承担刑事诉讼法律义务应当属于典型意义上的“刑事合规”。

当前，相关研究之所以未关注刑事程序法作为合规对象这一视角，其在深层上反映出程序法长期以来的边缘地位的同时，也与传统刑事诉讼法律义务的 4 个主要特性相关。第一，刑事诉讼相关措施的高强制性使得义务主体不遵守相应义务进而引发后续法律责任的情形相对较少，这一点在各类强制性侦查措施方面体现得尤为明显。第二，刑事诉讼法律义务的优先性使得其与其他法律义务发生冲突的情形也相对较少，典型体现在相关法律在进行权利保障时往往为刑事司法活动设置例外。第三，刑事诉讼程序的强主权属性使得其与域外法律规定的冲突相对较少，极少数需要协调的情形主要通过刑事司法协助机制予以解决。这也可以在一定程度上解释为什么《刑事诉讼法》只用一个条文（第 18 条）进行规定该机制，并且该条文自 1996 年以来从未进行过任何修订。第四，刑事诉讼中的协助或配合义务多

---

① 参见田宏杰：《刑事合规的反思》，载《北京大学学报（哲学社会科学版）》2020 年第 2 期。

具有个案性,并且受到严格的正当程序和比例原则限制,其经济成本在规则设计中多被忽略不计。

问题在于,在网络信息技术的冲击之下,上述特征已经开始发生变化。首先,一些传统刑事诉讼措施比如特别侦查取证措施在与网络信息技术融合后,其强制性属性发生变化,比如侦查机关向网络信息业者调取数据。[①] 其次,刑事诉讼义务之于新建立的网络信息法律义务的优先性规定不明,这一点在个人信息保护领域尤为明显。再次,网络空间的弱地域性打破了传统刑事诉讼活动的本国壁垒,执法义务和协助执法义务的域外溢出效应日益明显,进而使得本国法与外国法的义务冲突激烈。最后,网络信息业者协助犯罪风险一般性防控和个案打击的义务不断强化和普遍化,使得其协助成本不仅加重并且多样化。

在此背景下,遵守和履行刑事诉讼法律义务可能导致企业违反其他法律规定或承受不当损失。换言之,区别于实体法视角,刑事程序法语境下"刑事合规"面临的现实且急迫的挑战并不在于因违法违规行为触发刑责的风险,而在于规则本身因缺位、错位等使得企业面临进退维谷的合规义务冲突,由此形成的合规困境可能产生多重消极后果,既可能妨碍刑事诉讼顺利进行,亦有可能损及数字治理中的其他价值。在不化解此类冲突的情况下强推执法层面的企业数字合规,不仅无助于其建立有效的数字合规机制,反而可能使企业陷入生存困境,偏离合规制度建设的本意。从这个角度讲,在数字法治快速发展的当下,"刑事合规"这一概念不能仅从实体法的视角入手将程序法单纯当作工具,而是需要看到刑事诉讼规则本身作为企业合规内容的维度,在化解合规困境的基础上,再推进具体数字合规机制的建设。

三、数字合规困境之一:国内法律义务冲突

基于刑事诉讼法律义务所形成的数字合规困境首先源于国内法冲突,

① 参见裴炜:《论个人信息的刑事调取——以网络信息业者协助刑事侦查为视角》,载《法律科学(西北政法大学学报)》2021 年第 3 期。

典型的例证是2018年的滴滴顺风车司机杀人案。该案中,被害人乘坐滴滴顺风车后被杀害,案情本身较为清晰,[①]舆论争议焦点主要在于滴滴平台以保护平台用户隐私为由,在被害人亲友及警方要求提供涉事司机相关信息时延迟回应。该案中滴滴平台的处理方式暴露出其在应急处置机制方面的缺陷,同时也反映出两种法律义务之间的冲突:一是企业的用户个人信息及隐私保护义务,二是企业协助犯罪治理特别是刑事侦查的义务。诚然,遵守其中一种义务并不应当成为逃避另一义务的借口,但正如滴滴公司在之后的声明中表达的诉求,两项义务的协同需要平台“与警方以及社会各界探讨更高效可行的合作方案……如何在保护用户隐私的同时,避免延误破案的时机”。[②]

本案实际上涉及当前企业特别是网络信息业者普遍面临的两个义务协同问题:一是刑事诉讼中的协助义务是否优先于用户个人信息保护等义务;二是企业内部针对信息披露的审核机制能否以及在何种程度上可以作为后续法律责任豁免的依据。以下分别予以分析。

(一)刑事诉讼协助义务的优先性

犯罪之于国家、社会与个人的权益侵犯的严重性往往使得打击犯罪相较于其他社会价值具有优先性,但是这种优先性并非自然获得,一是需要以明确的法律规定为依据,二是需要控制在比例原则的框架下,三是需要遵循正当程序的要求。例如针对公民的通信权,刑事司法权力机关并非天然地可以进行干预,而是以《宪法》第40条的明确授权为前提条件,[③]同时在具体

---

① 具体案情参见《浙江乐清滴滴顺风车司机杀人案》,载《人民法院报》2020年1月12日,第4版。

② 相关新闻报道参见《滴滴:27日起全国下线顺风车,免去顺风车总经理职务》,载凤凰网2018年8月26日,https://tech.ifeng.com/c/7fg8ZpPypXc。

③ 正是由于该条仅授权公安机关和检察机关进行通信检查,因此存在法院是否有权检查公民通信的争议。相关探讨参见全国人大常委会法制工作委员会编:《法律询问答复(2000—2005)》,中国民主法制出版社2006年版,第129页;杜强强:《法院调取通话记录不属于宪法上的通信检查》,载《法学》2019年第12期;王锴:《调取查阅通话(讯)记录中的基本权利保护》,载《政治与法律》2020年第8期。

的干预措施上基于比例原则进行分层设计。①

从立法之于刑事诉讼协助义务的优先性规定来看,早期的一些域外案件体现出此种规定的模糊性,较为典型的案件是欧洲人权法院 2008 年的 K. U. v. Finland 案,②其争议焦点在于警方能否为打击网络儿童色情犯罪案件之目的,要求网络服务提供者披露和发布涉案内容的用户的身份信息。当时芬兰相关法律规定禁止网络信息业者非经用户同意对外提供用户身份信息,并且也未就该个人信息保护义务设置刑事司法例外。基于此,芬兰国内法院支持了网络服务提供者不予配合警方信息调取活动的做法。但欧洲人权法院并未认可这一主张,并特别提及了“立法者负有【积极的】义务协调彼此冲突的权利保护需求”。③ 与之类似的是,欧盟于 2016 年出台的《通用数据保护条例》(General Data Protection Regulation,GDPR)在严格规制企业处理用户个人信息的同时,也极大地限制了其主动监测、发现和报告网络儿童色情的活动,进而减损了网络儿童性犯罪活动的打击效果。考虑到二者之间的冲突,2021 年欧盟制定条例授权特定网络信息业者为打击网络儿童色情之目的主动监测、评估和报告可疑信息或行为,同时规定企业关于此类用户个人信息处理的活动不适用 GDPR 相关规定。④

从我国当前相关立法来看,早先立法并未关注上述义务协调问题。例如,《网络安全法》一方面规定了网络运营者协助侦查犯罪活动的义务(第 28

---

① 关于我国刑事诉讼制度中针对通信权的分层干预机制,参见裴炜:《刑事诉讼中的个人信息保护——基于公民信息保护整体框架》,载《人民检察》2021 年第 14 期。

② K. U. v. Finland, ECtHR, application no. 2872/02.

③ K. U. 案中有立法者积极立法义务的探讨, see Laurens Lavrysen, *Chapter 4 Protection by the Law: The Positive Obligation to Develop a Legal Framework to Adequately Protect ECHR Rights*, in Yves Haeck & Eva Brems, eds., Human Rights and Civil Liberties in the 21st Century, Springer Netherlands, 2014, p. 93 – 94。

④ See *Regulation (EU)* 2021/1232 *of the European Parliament and of the Council of* 14 *July* 2021 *on a Temporary Derogation from Certain Provisions of Directive* 2002/58/*EC as Regards the Use of Technologies by Providers of Number-Independent Interpersonal Communications Services for the Processing of Personal and Other Data for the Purpose of Combating Online Child Sexual Abuse*, EUR-Lex (Dec. 31, 2021), https://eur-lex.europa.eu/legal-content/EN/TXT/?uri=CELEX%3A32021R1232.

条),另一方面又设置了其诸多维护网络安全和用户个人信息的义务,同时又规定二者分别对应不同的法律责任,但该法缺乏协调上述两种义务的规定。《数据安全法》也存在类似的情形,其在规定有关组织、个人配合公安机关为侦查犯罪之目的调取数据的义务(第35条)并设置相应罚则(第48条)的同时,并未明确其与该组织或个人所承担的其他维护数据安全的义务相冲突时的解决路径。这种两种义务平行式的立法模式事实上造成了企业法律适用上的选择困境。相对而言,《个人信息保护法》有所进步,例如,针对同意原则规定了"履行法定职责或法定义务"之例外情形(第13条);针对知情原则规定了法律或行政法规另有规定、紧急情况(第18条)、妨碍国家机关履行法定职责等例外情形(第35条)。然而,确立形式上的刑事司法义务优先性只是第一步。如前文所述,这种优先性并非毫无边界,也并非仅以泛化的"打击犯罪"为目的即可以取得合法性,而是需要针对具体的刑事司法措施进行合比例的规制,并体现为《刑事诉讼法》的明确规定。① 例如,上文提及的《个人信息保护法》之于知情权的例外规定,放置在刑事司法的语境下,不仅需要《刑事诉讼法》明确另行规定,同时需要建立起切实可行的"紧急情况""妨碍履行职责"等的审查判断和运行机制,否则仍然可能在实质上不当干预公民的基本权利。

对此,美国近些年包括琼斯案、②卡朋特案③等在内的一系列涉及用户信息第三方调取的判例表达了一个清晰的立场,即隐私保护的"第三者条款"并非天然地适用于网络服务提供者;侦查机关向其调取用户数据仍然构成搜查行为并受到美国宪法第四修正案的限制。欧盟的立法与司法实践也表达出类似的态度。欧盟通过2006年的数据存留指令④建立起该地区的数据

① See Allison M. Holmes, *Citizen Led Policing in the Digital Realm: Paedophile Hunters and Article 8 in the Case of Sutherland v Her Majesty's Advocate*, The Modern Law Review, 85, p. 219 – 231 (2022).

② See United States v. Jones, 132 S. Ct. 945 (2012).

③ See Carpenter v. United States 585 U. S. (2018).

④ See Directive 2006/24/EC of the European Parliament and the Council of 15 March 2006 on the Retention of Data Generated or Processed in Connection with the Provision of Publicly Available Electronic Communications Services or of Public Communications Networks and Amending Directive 2002/58/EC.

存留规则法律框架,成员方为实现预防、调查、侦查和起诉严重犯罪之目的,可以通过国内法要求公共电子通信服务提供者将特定类型的非内容数据存留6至24个月,并向适格刑事司法机关提供。该指令从形式上调和了相关网络信息业者协助刑事司法机关义务与保护公民隐私和个人数据义务之间的关系,但由于未能在实质上形成两项义务之间的合比例的平衡,特别是考虑到此类措施不区分具体数据类型、不区分存留期限、措施滥用缺乏有效制约机制等情形,欧盟法院在2014年的裁判中宣布该指令无效,①但是该裁判并非否定数据存留在打击犯罪中的重要性。也正是基于此,欧盟地区数据存留走向了更为细化的制度设计阶段,此后欧盟法院又通过一系列案件逐步明确刑事司法过程中网络信息业者数据存留义务的具体范围和边界。例如,2020年的La Quadrature du Net and others案允许在涉及严重危及国家或公共安全的个案中,概括性地要求网络信息业者存留用户的交互数据和位置数据并向有关机关提供该数据。②

从我国当前的司法实践来看,主要问题并非缺乏形式上的刑事司法义务优先性的法律确认,而是在于具体机制和规则层面的义务协调。以《网络安全法》第28条的协助义务为例,尽管该法条要求网络运营者为侦查犯罪活动提供技术支持和协助,但是一则未明确该技术支持或协助是否仅指向其自身运营的网络以及基于自身业务控制或处理的数据,二则未明确该协助仅限于个案还是可以常规化,三则未明确侦查机关要求协助所对应的具体程序,从而在实践中使犯罪风险专业数据分析和模型开发企业的协助活动处于法律的灰色地带,并且极有可能侵犯其他网络信息业者的数据安全、网络安全和用户个人信息保护。

随着《个人信息保护法》建立起公私通行且具体的个人信息保护制度,这种数据义务间的规则张力进一步强化。以告知义务为例,在侦查机关向

---

① See CJEU Judgement of 8 April 2014, Digital Rights Ireland and Seitlinger and Others, in Joined Cases C – 293/12 and C – 594/12.

② See CJEU Judgement of 6 October 2020, La Quadrature du Net and Others, in joined Cases C – 511/18, C – 512/18 and C – 520/18.

企业调取用户个人信息的场景中,调取方与被调取方均属于"信息处理者",即便将协助执法的企业解释为"受个人信息处理者委托处理个人信息"(第21条第1款),相关规定也并未免除其作为"信息处理者"所承担的各项义务。从这个角度讲,在用户个人信息的调取过程中,无论是作为调取方的侦查机关,还是配合侦查、提供用户个人信息的企业,除例外情形,原则上均应当承担向信息主体的告知义务。《个人信息保护法》针对国家机关处理者规定了义务豁免的两种情形:一是基于法律、行政法规规定应予保密或不需要告知的情形(第18条第1款);二是妨碍履行法定职责(第35条)的情形。考虑到《刑事诉讼法》本身没有类似的规定,同时目前尚不存在刑事诉讼相关行政法规,第一种情形难以适用于刑事诉讼措施。第二种情形是在缺少法律、行政法规依据的情况下的补充机制,该机制虽然可以用于刑事诉讼,但是需要满足相应的条件。第一,该机制的适用需要以明确的刑事诉讼法律规定为依据,即《刑事诉讼法》本身需要授权有关机关以妨碍诉讼为由限制或免除告知义务。可以看到,在刑事诉讼中但凡要以妨碍诉讼为由干预公民的基本权利,均以明确的法律规定为前提,这在侦查中尤为明显。例如拘留之后通知义务的免除(第85条第2款)、特殊犯罪指定监视居住的适用(第75条第1款)、技术侦查中的保密(第154条)等。第二,在具有明确法律依据的前提下,该机制的适用是个案判断,而非概括性地义务豁免,特别是不能以笼统的"侦查秘密原则"限制或免除信息处理者的告知义务。第三,在满足前两个条件时,《刑事诉讼法》也并不必然"一刀切"式地或终局性地免除告知义务,而是往往在妨碍情形消失后恢复对相对人的权益保障,例如针对前述拘留后通知义务的免除,《刑事诉讼法》明确规定"有碍侦查的情形消失后,应当立即通知被拘留人的家属"(第85条第2款),其立法旨趣实际上与《个人信息保护法》第18条第2款规定的紧急情况暂缓告知相类似。①

---

① 《个人信息保护法》第18条第2款规定,"紧急情况下为保护自然人的生命健康和财产安全无法及时向个人告知的,个人信息处理者应当在紧急情况消除后及时告知"。

当前《刑事诉讼法》规定尚无法满足上述3个条件。首先,《刑事诉讼法》没有相关条文涉及调取个人信息限制或免除告知义务的明确授权;其次,在缺少立法授权的情况下,《刑事诉讼法》自然也不会形成判断有碍诉讼情形的适用范围和机制;最后,即便上述两个条件都满足,也并不意味着有关机关完全免除了告知义务,相反地,按照刑事诉讼类似规定的一般逻辑,在妨碍因素消失后,有关机关仍然需要履行告知义务。

进一步讲,由于上述两种豁免告知义务的事由均无法适用于刑事诉讼活动,那么就意味着有关机关无权要求承担协助处理个人信息义务的企业不予告知或延迟告知。在法律规定不明且侦查机关申请调取内容未作限制时,企业无疑面临着现实的合规困境:不告知信息主体可能违反《个人信息保护法》进而引发相应的民事和行政法律责任;告知信息主体可能造成关键证据灭失等妨碍刑事诉讼顺利进行的危害后果。

(二)企业内部审查机制的免责效力

企业内部审查机制的免责效力是义务协同问题的延伸。在承担多重义务的情况下,企业需要通过内部机制予以平衡,而这种平衡又必然伴随着企业针对具体案件的自行审查判断。

以调取数据为例,从当前世界范围内头部互联网企业的实践做法可以看到,大多企业会对侦查机关提出一系列具体要求,主要体现在以下3个方面:一是通过特定平台或联系方式获取信息,其中一种主要方式是设立专门的数据调取在线申请平台,微软[①]、谷歌[②]、推特[③]、爱彼迎[④]、脸书[⑤]均采用了这一方式,除此以外还有电子邮箱、热线电话、纸质信函等方式。无论是何

---

① 微软执法机关在线申请门户网站为 https://leportal.microsoft.com/home。

② 谷歌执法机关在线申请门户网站为 https://lers.google.com/signup_v2/landing。

③ 推特执法机关在线申请门户网站为 http://legalrequests.twitter.com。

④ 爱彼迎执法机关在线申请门户网站为 https://airbnb-legal.force.com/s/login/?language=en_US。

⑤ 脸书执法机关在线申请门户网站为 https://www.facebook.com/records/login/。

种方式,其均伴随一定的身份确认机制,例如,必须通过执法机关的官方邮箱注册并经过身份验证等。二是要求侦查机关提供特定的信息。例如调取请求所依据的法律规定、目标数据的数据主体信息、目标数据类型、调取事由和目的等。三是要求请求具备特定的格式。例如要求申请函需要有官方签章或者使用格式化的申请模板,比如苹果制定了《政府和执法机构信息请求模板》以及《紧急政府和执法机构信息请求表》。

总结世界大型互联网企业的通行做法可以看出,对侦查机关调取数据的请求设置条件并进行审查是普遍现象。根据欧盟 2021 年发布的 SIRIUS 项目第三次报告,当前欧洲各国向企业调取数据的一大障碍即在于响应时间过长,而企业延迟或拒绝配合的理由主要有以下 9 种:(1)缺少法律依据或依据不正确;(2)调取请求中的相对人错误;(3)申请不符合企业要求的程序;(4)申请内容过于宽泛;(5)没有相关数据;(6)申请缺少关于案件性质的必要信息;(7)地域管辖限制;(8)申请缺少有效的身份验证;(9)申请缺少足够信息以确认“紧急情况”。[①]

上述理由典型地反映出企业需要在多重义务之间进行衡量,尽可能避免因协助执法不当而减损用户相关信息权益。这也意味着当企业因遵循合理的内部审查机制而造成协助延迟甚至拒绝协助时,原则上应当能够产生法律责任豁免的效果。诚然,责任豁免的重点在于如何判断“合理”,这也是滴滴案中舆论争议的焦点。

对此需要明确的是,这种协助数据调取义务通常并不指向国家机关以外的主体,其例外需要有相应的法律规定,比较典型的是《个人信息保护法》针对个人信息的提供设置了信息主体同意以外的合法性基础(第 13 条),允许网络信息业者在“紧急情况下为保护自然人的生命健康和财产安全”时处理个人信息。但是,即便在紧急情况下,如果涉及企业对外提供信息,那么

---

① See *SIRIUS EU Digital Evidence Situation Report* (*3rd Annual Report*) 2021, Eurpean Union (Dec. 27, 2021), https://www.eurojust.europa.eu/sites/default/files/assets/sirius_eu_digital_evidence_situation_report_2021.pdf.

接收对象原则上仍然应当是特定国家机关而非个人。这意味着一方面企业必须设置相应机制以判断调取者是否为国家机关,除非双方已经建立起相对稳定、安全、集中的联络和数据传输路径;另一方面企业原则上对个人提出的他人信息调取请求并不承担响应义务。

四、数字合规困境之二:国际法律义务冲突

如果说国内法义务冲突造成的合规困境虽棘手,但仍然可以通过完善国内法予以化解,那么更具有挑战性的合规困境是源于国际层面的法律义务冲突。当前犯罪治理面临的普遍现象是刑事案件证据的数字化、云端化以及全球化。

刑事诉讼特别是侦查取证的跨境需求越来越普遍,在各国或地区强化其国际执法管辖权的背景下,企业面临的国际层面法律义务冲突亦同步升级,尤为典型的是体现在一国刑事诉讼特别是侦查取证措施与另一国相关网络信息法律义务之间的冲突。

对此,典型的案例是2019年中国3家银行被罚案。该案中,美国法院基于犯罪侦查需求,要求3家在美国设立分支机构的中资银行提供指定客户的账户资金材料,3家银行以该协助违反中国法律中规定的银行保密义务为由拒绝合作,并提出美国可以通过司法协助途径获取相关材料。美国法院认定该行为构成藐视法庭罪,进而对3家银行施加高达每日5万美元的罚金。[①] 其他国家也面临类似的情况,例如在2015年,微软员工为遵守美国禁止合作的规定,拒绝遵守巴西执法机关的数据披露要求,进而被巴西政府逮捕。[②] 可以看到的是,网络信息技术导致的网络空间弱地域性与刑事管辖强地域性的冲突一方面催生了各国扩张刑事立法、司法与执法管辖权的现实

① See In re: Sealed Case, https://www.cadc.uscourts.gov/internet/opinions.nsf/6E2FAD8DB-7F6B3568525844E004D7A26/$file/19-5068-1800815.pdf, Accessed 24 December 2021.

② See Brad Smith, *In the Cloud We Trust*, https://news.microsoft.com/stories/inthecloudwetrust.

需求,另一方面又不断地强化数字国家主义(digital nationalism)在世界范围内的广泛推行,[①]而这种需求和意愿进一步导致企业、组织或者个人越来越多地处于多国法律适用的交叉乃至冲突的范围之中。[②] 总体而言,当前企业在国际层面面临的刑事数字合规义务困境主要集中于犯罪侦查领域,具体体现在3个方面:(1)侦查取证活动与企业跨境自愿协助之间的规则冲突;(2)侦查取证活动与企业用户个人信息保护之间的规则冲突;(3)侦查取证活动与企业跨境数据流动之间的规则冲突。以下分别从这3个方面予以分析。

(一)跨境数字侦查与企业自愿协助

网络犯罪的弱地域性使得侦查机关跨越国(边)境收集提取境外数据的现象越来越普遍,而这种收集提取措施的主要实施路径之一是向控制或占有该数据的企业进行调取。[③] 从侦查机关的角度来看,是否允许该机关直接调取境外数据属于一国国内法规定范围,但作为相对人的企业能否协助调取境外数据,则通常需要通过国际、多边或双边协议等授权,典型的例

---

① See Jennifer Daskal & Justin Sherman, *Data Nationalism on the Rise: The Global Push for the State Control of Data*, issued in June 2020, Data Catalys (Jan. 24, 2021), https://datacatalyst. org/wp-content/uploads/2020/06/Data-Nationalism-on-the-Rise. pdf.; See Nigel Cory, *The False Appeal of Data Nationalism: Why the Value of Data Comes from How It's Used, Not Where It's Stored*, issued in April 2019, Information Technology and Innovation Foundation (Jan. 24, 2021), https://itif. org/publications/2019/04/01/false-appeal-data-nationalism-why-value-data-comes-how-its-used-not-where.; See Anupam Chander, *Data Nationalism*, Emory Law Journal, 64(3), p. 677(2015).

② See Internet & Jurisdiction Policy Network, *We Need to Talk about Data: Framing the Debate around Free Flow of Data and Data Sovereignty*, Internetjurisdiction (Jan. 2, 2022), https://www. internetjurisdiction. net/uploads/pdfs/We-Need-to-Talk-About-Data-Framing-the-Debate-Around-the-Free-Flow-of-Data-and-Data-Sovereignty-Report-2021. pdf.

③ 在传统刑事司法框架下,跨境数据调取的常规机制是国际刑事司法协助,但该机制存在诸多弊端,无法应对网络信息时代数据调取的现实需求,因此催生出向网络信息业者跨境调取数据的新型路径。相关探讨参见裴炜:《向网络信息业者取证:跨境数据侦查新模式的源起、障碍与建构》,载《河北法学》2021年第4期。

证是网络犯罪《〈布达佩斯公约〉第二附加议定书》[①]和美国云法案的配套协议[②]。

从当前国际实践情况来看，上述机制适用的范围较为有限，跨境数据直接调取更多地依赖于企业的自愿配合。[③] 问题在于，企业对境外执法机关的自愿协助面临着合法性方面的挑战，这背后体现的是以地域性为核心的国家主权体系对于网络空间的适应困难，特别是在一国明令禁止本国企业自愿协助境外执法机关的情况下，该企业直接面临着一方强制协助取证与另一方禁止提供数据的窘境。这也是我国当前在跨境数据直接调取问题上面临的情形。我国《国际刑事司法协助法》明确禁止境内机构、组织和个人未经主管机关许可向外国提供证据材料（第 4 条第 3 款），[④]基本上阻断了企业自愿协助境外执法机关的路径。欧盟在 SIRIUS 项目 2021 年的报告中特别就成员方相关立法进行了调研，结果表明，有 16.7% 的成员方明令禁止线上服务提供者（OSPs）主动配合外国执法机关，仅有 4.2% 的成员方明令允许。在大多数没有明确规定的成员方中（79.2%），45.9% 的成员方表示原则上允许此类自愿协作。[⑤]

对企业自愿协助境外刑事司法活动特别是侦查取证的禁止，在一定程度上削弱了网络犯罪治理的效能。欧盟在制定 2021 年打击儿童网络色情条例时明确指出，"对个人尊严、身体及精神健全相关基本权利被严重侵犯的

---

① See Cybercrime Convention Committee (T-CY), *Second Additional Protocol to the Convention on Cybercrime on Enhanced Co-operation and Disclosure of Electronic Evidence*, approved on 17 November 2021, COE (Dec. 20, 2021), https://search.coe.int/cm/pages/result_details.aspx?objectid=0900001680a48e4d.

② 2021 年美国与澳大利亚签署敏感数据跨境执法双边协议。

③ See SIRIUS EU Digital Evidence Situation Report (3rd Annual Report) 2021, available at https://www.eurojust.europa.eu/sites/default/files/assets/sirius_eu_digital_evidence_situation_report_2021.pdf. Accessed 27 December 2021.

④ 需要注意的是，国际刑事司法协助法第 4 条采用的表述是"境内"而非"本国"，这意味着该规定不仅适用于中国企业，也适用于中国境内的境外企业。

⑤ See *SIRIUS EU Digital Evidence Situation Report* (*3rd Annual Report*) 2021, Eurpean Union (Dec. 27, 2021), https://www.eurojust.europa.eu/sites/default/files/assets/sirius_eu_digital_evidence_situation_report_2021.pdf.

被害人而言,网络服务提供者的自愿监测、评估和报告行为具有重要的识别和保护功能”。[①] 之所以需要强调企业的自愿协助,重要原因在于一国执法措施即便有国内法授权,其效力也受限于地理边界而无法延伸至境外。在网络犯罪产业化并且其链条向境外扩散的背景下,企业特别是网络信息业者主动、自愿协助是网络犯罪国际协同治理的关键环节之一。

基于该背景,我们可以看到当前国际层面向网络信息业者跨境调取数据的制度发展呈现出两种方向相反甚至彼此冲突的趋势:一方面强化本国刑事司法机关境外执法的能力,典型的方式是创新境外企业在境内的属地联结点,并在此基础上实质性地扩展执法管辖权;[②]另一方面强化数据分割与控制,特别是通过数据主权、数据本地化等对数据流动设置地域边界。[③]这种宏观层面的立法趋势冲突直接引发的是微观层面企业在具体案件中的合规困境。从前文提及的中国3家银行案可以看出,单纯以国内外法律规定冲突为由已经难以有效阻却后续法律责任的追究。

(二)跨境数字侦查与个人信息保护

网络信息革命引发的公民权利保障方面的重要发展之一是个人信息保护制度在全球范围内的广泛建立,围绕着个人信息不仅形成了诸如被遗忘权、可携带权等新型权益,个人信息受法律保护也在整体位阶上被广泛地提升至基本权利的高度。我国在2021年出台的《个人信息保护法》特别提到“根据宪法制定本法”,体现出其区别于《网络安全法》《数据安全法》等主要

---

① See *section* 7 *of the Regulation* (*EU*) 2021/1232 *of the European Parliament and of the Council of* 14 *July* 2021 *on a Temporary Derogation from Certain Provisions of Directive* 2002/58/*EC as regards the Use of Technologies by Providers of Number-Independent Interpersonal Communications Services for the Processing of Personal and Other data for the Purpose of Combating Online Child Sexual Abuse*, Eurpean Union (Dec. 31, 2021), https://eur-lex. europa. eu/legal-content/EN/TXT/? uri = CELEX%3A32021R1232.

② 参见裴炜:《论网络犯罪跨境数据取证中的执法管辖权》,载《比较法研究》2021年第6期。

③ See Dan Svantesson, *Data Localisation Trends and Challenges*: *Considerations for the Review of the Privacy Guidelines*, OECD Digital Economy Papers No. 301, issued in December 2020, OECD (Dec. 29, 2021), dx. doi. org/10. 1787/7fbaed62 - en.

数字立法的重视程度。在个人信息保护的整体架构中,企业特别是网络信息业者作为用户信息处理者无疑是主要的规制对象,这使得个人信息保护的诸多义务直接指向网络信息业者,并且相关保护义务的强度也在不断地提升。

如前文所述,即便在国内或区域内通行的法律框架下,上述个人信息保护义务与协助刑事司法活动之间也存在着紧张关系,这也是欧盟在制定《通用数据保护条例》时专门针对刑事司法中的个人信息保护制定单独的2016/680号指令的原因之一。在跨境数字侦查的语境下,这种紧张关系进一步凸显。

首先,不同国家或地区的个人信息保护制度在适用范围、分类标准、义务主体等多方面存在差异,这些差异直接导致即便在相同的概念名称之下,具体协助义务的范围和适用条件也可能存在差异。例如,网络犯罪布达佩斯公约委员会在起草第二附加议定书时面临的一个重要争议即在于IP地址是否属于该公约中的"注册人信息"。①

其次,即便在相同的个人信息保护规定之下,不同国家或地区的刑事诉讼制度也存在较大差异。② 例如,针对个人电子设备内部数据进行收集提取,一些国家或地区将其归入搜查措施并要求提供司法机关出具的令状,另外一些国家或地区则允许侦查机关自行决定。事实上,当前跨境数据侦查取证的主要障碍来自刑事程序法而非实体法,欧洲刑警组织SIRIUS项目第三次报告也指出,拒绝或延迟提供数据的重要原因之一是法律依据缺失或错误,而错误的主要情形是执法机关仅提供刑事实体法的法律依据,而没有

---

① See *EuroISPA's Comments on the Provisional Text of the 2nd Additional Protocol to the Budapest Convention on Cybercrime*, COE(Jan. 2,2022),https://rm. coe. int/euroispa-s-comments-to-draft-provisions-2nd-add-protocol-final/168098bcab.

② 关于欧盟与美国相关制度对比,See Jessica Shurson,*Data Protection and Law Enforcement Access to Digital Evidence: Resolving the Reciprocal Conflicts between EU and US Law*, International Journal of Law and Information Technology,28,p.167 - 184(2020).

提供侦查机关调取数据所依据的刑事程序法依据。①

最后,即便忽略刑事诉讼制度上的差异,不同国家或地区在刑事司法与个人信息保护的制度衔接上也存在诸多区别之处,例如是否及如何贯彻最少收集原则、是否以及以何种方式对知情原则进行限缩、是否对不同诉讼主体的个人信息处理加以区分、是否允许为预防或打击犯罪之目的大规模数据收集或监控(bulk collection/interception)、是否对个人信息存留设置期限等。

上述在国际层面存在的制度差异造成了企业在平衡用户个人信息保护与协助执法两项义务中的诸多挑战,二者失衡不仅可能降低企业在全球范围内个人信息保护的整体能力和水平,也可能因不当干预公民基本权利而减损目标数据的证据能力,②最终形成双输的局面。更重要的是,在缺乏必要的国际条约、多边协议、双边协议等法律依据和机制的情况下,企业无论是否协助一国刑事司法机关获取境外用户个人信息,均有可能引发后续不同类型的法律责任。正是由于国际层面数字治理规则的复杂性,一些大型国际互联网企业在面对跨境数据侦查取证时多设置高于国内协助机制的审查门槛。例如,WhatsApp 在其面向执法机关的说明信息中特别提及,针对国际层面提出的数据请求,WhatsApp 除遵守自身服务条款和可适用的法律依据外,还会进一步审查相关请求是否"与国际公认的人权保障、正当程序和法治要求相一致"。③

(三)跨境数字侦查与数据出境

企业在国际层面面临的第三类合规困境主要源于数据出境规则的限

---

① See *SIRIUS EU Digital Evidence Situation Report* (*3rd Annual Report*) 2021, Eurpean Union (Dec. 27, 2021), https://www.eurojust.europa.eu/sites/default/files/assets/sirius_eu_digital_evidence_situation_report_2021.pdf.

② 参见冯俊伟:《境外电子数据的取得与运用——基于第 67 号检察指导性案例的展开》,载《国家检察官学院学报》2021 年第 4 期;冯俊伟:《跨境取证中非法证据排除规则的适用》,载《暨南学报(哲学社会科学版)》2020 年第 3 期。

③ See WhatsApp, *Information for Law Enforcement Authorities*, Whatsapp (Jan. 5, 2022), https://faq.whatsapp.com/general/security-and-privacy/information-for-law-enforcement-authorities/?lang=en.

制。虽然网络空间是弱地域性的,但是网络空间的规则体系却是强地域性的,上文提及的数字国家主义即是典型例证。特别是将以地域性为核心属性的主权概念适用于网络空间中的数据流动时,不可避免地会形成一系列制度和机制调和上的挑战:一方面可能通过数据本地化等要求直接阻碍涉犯罪数据向境外执法机关提供;另一方面即便允许数据出境,也可能通过出境前的安全审查等机制极大延后出境流程,进一步损及打击犯罪的效率。世界经济与合作组织(OECD)在其2020年的报告中指出,近年来在全球范围内,数据本地化以及限制数据跨境流动的措施有不断扩张的趋势,而一国推动数据本地化立法的重要动因之一即在于协助执法机关和国家安全机关获取数据,减少网络犯罪并服务于犯罪侦查。①

我国自2017年通过《网络安全法》初步建立起特定类型数据境内存储的制度框架以来,不断地细化数据跨境流动的规则,并集中体现在2021年制定的《数据安全法》之中。但是,该法中的诸多规则与当前刑事司法跨境数据取证的现实需求存在紧张关系,可能会直接引发承担数据安全保障义务的企业的数字合规困境。

首先,数据出境限制与高效协助执法义务之间存在矛盾。这一点直接体现在数据出境的安全审查义务之中。第一,《网络安全法》第37条要求关键信息基础设施运营者在因业务需要向境外提供中国境内收集和产生的个人信息和重要数据时,需要对该数据出境进行安全评估(第37条);《数据安全法》第31条在延续《网络安全法》有关关键信息基础设施运营者的规定的同时,进一步将重要数据的出境安全审查义务扩展至其他数据处理者。但是,该规定并未明确规定运营者因协助侦查取证需要向境外提供个人信息和重要数据时是否需要进行安全评估,进而导致《数据安全法》第31条所适用的数据出境事由范围不明。第二,在数据出境安全评估的主体方面,在主管机关批准向外国司法或执法机构提供数据的情况下,协助执法的网络信

① See Dan Svantesson, *Data Localisation Trends and Challenges: Considerations for the Review of the Privacy Guidelines*, OECD Digital Economy Papers No. 301, OECD(Jan. 5, 2022), https://dx.doi.org/10.1787/7fbaed62-en.

息业者是否仍然需要开展独立的数据出境安全评估,当前规定同样语焉不详。第三,在数据出境安全评估的流程方面,参考2017年发布的《信息安全技术:数据出境安全评估指南(征求意见稿)》可以看到,该流程除包含网络信息业者的自评估外,还可能需要征得国家网信部门、行业主管部门同意,这一流程本身相对复杂和烦冗,从而产生与传统刑事司法协助机制类似的阻碍高效跨境数据取证的弊端。①

其次,一国网络信息业者以遵守本国数据安全保障规定为由,拒绝协助执行他国刑事司法机关取证命令时,该事由往往难以成为有效的外国法上的免责事由。这意味着当我国网络信息业者以《数据安全法》第36条之规定为由拒绝向外国侦查机关提供数据时,仍然可能因拒不合作而引发外国法律责任;而外国网络信息业者同样可能面临类似的风险,例如根据我国《数据安全法》第35条的规定,有关组织或个人有义务配合公安机关侦查犯罪的调取数据活动,该义务主体并不限于我国组织或个人,而拒不配合数据调取可能进一步引发该法第48条项下的行政处罚。

可以看到,与个人信息保护类似,数据出境安全保障义务与协助跨境数据取证义务之间的冲突如果无法得到有效调和,可能会直接减损犯罪治理效果,例如国际金融协会(Institute of International Finance,IIF)在其2020年的报告中指出"数据本地化可能严重削弱洗钱犯罪的预防和打击"。② 同时上述义务冲突还有可能将企业置于两难境地。如果说在个人信息保护义务方面企业还有更多裁量的空间,那么数据跨境流动相关义务往往因其与国家主权、安全等方面的紧密联系而具有更强的强制性,与跨境取证之间的冲突也愈发激烈,特别是在涉及可能危及个人重大人身、财产权益的紧急情况下,缺乏必要的跨境数据义务协调机制将不可避免地扩大犯罪损害结果。

---

① 参见裴炜:《刑事跨境取证中的数据安全风险及其应对》,载《国家检察官学院学报》2021年第6期。

② See Institute of International Finance, *Data Localization: Costs, Tradeoffs, and Impacts Across the Economy*, IIF(Jan. 3, 2022), https://www.iif.com/Portals/0/Files/content/Innovation/12_22_2020_data_localization.pdf.

事实上,考虑到刑事诉讼程序中数据出境情形的独特特征,其并不适宜与商业数据等采用同一套数据安全与出入境规则体系。①

五、数字合规困境之三:义务履行成本失衡

上述两方面刑事数字合规困境的成因主要是从企业作为数字法治义务主体的角度出发,而第三类困境则回归到企业的商业主体身份,考察其协助刑事数字执法与司法过程中承担的超出合理范围的经济成本。这一层面合规困境考察的重心是合规成本的合理性与正当性,主要涉及3个事项:一是协助执法的费用及报销或补偿;二是技术支持过程中的网络与数据安全保障;三是关键生产资源或资料的保护。

(一)刑事协助费用的补偿

案外人协助刑事司法权力机关开展诉讼活动,究其本质是其为打击犯罪这一公共事务所承担的在一般纳税负担以外的额外负担,通常其构成国家补偿义务的正当性基础。企业在为刑事司法机关提供数据或技术协助时,无论是建立起常规性的协助机制以及时接收、审查和响应诉讼要求,还是在个案中配合具体诉讼措施,均会引发相应的协助成本。例如,面对公安机关的数据冻结措施,网络信息业者需要采取符合特定技术和法律要求的措施以防止电子数据增加、删除或修改,其协助成本包括但不限于存储数据所需占用的数据存储资源、保障数据与网络安全相关措施的额外成本以及冻结数据本身可能对其正常经营服务业务的影响。

世界主要网络服务提供者每年收到大量执法机关调取数据的请求,并且需要对各份请求进行个案判断以确定配合方式和执行程度,这种接受、评

① 参见裴炜:《刑事跨境取证中的数据安全风险及其应对》,载《国家检察官学院学报》2021年第6期。

估、处理、回应本身就会形成企业负担。[①] 对于中小型网络信息业者而言，这种协助执法所造成的成本将更为沉重。欧洲刑警组织在2021年SIRIUS项目第三次报告中也指出，尽管费用报销体系对于数据提供的影响尚不明显，但随着数据调取的普遍化，该体系在未来可能会深度影响调取措施。[②]

鉴于协助负担可能不断强化的整体趋势，许多世界大型互联网企业明确在其协助执法说明中提及费用报销，例如：脸书明确提出可能要求执法机关报销回应信息请求所产生的费用，并且当请求较为特殊和复杂时，有可能收取额外费用；WhatsApp表明其可能对每一次数据调取请求要求执法机关报销相关费用，并且像脸书一样，可能就特殊或任务繁重的请求加收费用，但是表示可能在涉及危害儿童、自身客户以及紧急情况时免除相关费用等。[③] 与之相对应，世界许多国家或地区规定或提倡对协助执法的企业予以必要的费用补偿或报销，例如，国际商会（International Chamber of Commerce，ICC）在2012年提出的针对传统司法协助协议机制提出的10条改革建议中就涉及“明确规定费用分配和报销程序”；[④]欧盟《刑事电子证据收集和保全令条例（草案）》专门规定了网络信息业者可申请费用报销；[⑤]美国联邦法律也规定政府部门在向个人或组织获取通信内容记录或其他特定

---

① 参见裴炜：《针对用户个人信息的网络服务提供者协助执法义务边界》，载《网络信息法学研究》2018年第1期。

② See *SIRIUS EU Digital Evidence Situation Report* (*3rd Annual Report*) 2021, European Union (Dec. 27, 2021), https://www.eurojust.europa.eu/sites/default/files/assets/sirius_eu_digital_evidence_situation_report_2021.pdf.

③ See WhatsApp, *Information for Law Enforcement Authorities*, WhatsApps (Jan. 6, 2022), https://faq.whatsapp.com/general/security-and-privacy/information-for-law-enforcement-authorities/?lang=en.

④ See ICC, *Using Mutual Legal Assistance Treaties* (*MLATs*) *to Improve Cross-Border Lawful Intercept Procedures*, ICC (Jan. 7, 2022), https://cdn.iccwbo.org/content/uploads/sites/3/2012/09/ICC-policy-statement-on-Using-Mutual-Legal-Assistance-Treaties-MLATs-To-Improve-Cross-Border-Lawful-Intercept-Procedures.pdf.

⑤ See *Proposal for a Regulation of the European Parliament and of the Council on European Production and Preservation Orders for Electronic Evidence in Criminal Matters*, (Jan. 3, 2022), https://data.consilium.europa.eu/doc/document/ST-8110-2018-INIT/en/pdf.

信息时,应当支付合理的信息搜索、收集、分析等费用。[①]

从我国《刑事诉讼法》相关规定来看,报销或补贴制度的适用范围较为有限,其主要针对的是证人因履行作证义务而产生的费用(第65条)。企业作为协助数据调取的主体,其诉讼身份难以直接归入证人范畴,因此在适用《刑事诉讼法》第65条规定时存在困难。在司法实践中,逐渐衍生出一类以服务国家机关数据收集、分析为主营业务的网络信息业者,二者之间通过合同方式确立权利义务并支付相关服务费用,并非典型意义上的刑事诉讼法律关系,不过其合法性依据需要相关立法进一步予以明确。

(二)网络信息安全的保障

《网络安全法》特别提及网络运营者为公安机关侦查犯罪活动提供技术支持的义务(第28条),这也是除数据调取外另一项可能加重企业协助负担的义务类型,其核心在于协助义务与企业通过加密等方式保障网络与数据安全之间的冲突。一方面,以加密技术为代表的安全保障机制在网络信息产业中被广泛应用并且不断强化;另一方面该技术不可避免地阻碍刑事案件的侦查取证活动,二者之间的紧张关系日益凸显。[②] 这在2016年及2020年苹果公司与美国FBI之间就是否为特定案件侦查取证开设系统后门的争议中即有典型体现:苹果公司表示一方面这种后门设置将需要调整IOS系统进而会影响所有用户;另一方面后门一旦存在,将不可避免地为犯罪分子所利用。[③]

除加密技术外,网络信息业者也广泛地通过限制用户数据的存留期来提升数据的安全性和保障用户的隐私及个人信息,例如,钉钉"密聊"、支付

---

① See 18 U. S. C. §2706.

② See Orin S. Kerr & Bruce Schneier, *Encryption Workarouds*, The Georgetown Law Journal, 106 (2018), p. 990 – 991 (2018).

③ See Daniel Howley, *Apple's Tim Cook defends decision to fight DOJ on iPhone "backdoor"*, Yahoo Finance, Yahoo (Feb. 27, 2020), https://finance.yahoo.com/news/apple-tim-cook-doj-backdoor-iphone-214520728.html.

宝"悄悄话"等通信应用直接采用阅后即焚模式,苹果手机等则为用户提供了连续错误输入密码后的数据清除功能。同时,一些国家或地区的相关立法严格限制网络信息业者的数据存留目的与期限,上文论及的被欧洲法院宣布无效的数据存留指令即是典型例证,而《通用数据保护条例》生效后的一个附带后果是欧洲公民无法登陆美国的一些新闻网站。① 在实践中,面对超出其常规数据存留机制的刑事数据调取需求,网络信息业者常见的一种处理方式是直接表明目标数据不存在,②例如,即时通信服务提供者WhatsApp采用的是用户端对用户端的通信加密模式,其对外表示无法直接获取和对外提供相关内容数据。③ 与之类似的是,2013年至2021年,在微软公司收到的所有数据调取请求中,"未找到相关数据"的比例一直徘徊在15%到18%之间,2019年上半年这一数字更是高达26.76%,2021年回落至17.71%。④

这些关于数据获取功能的设置或调整不可避免地与刑事诉讼中证据保全等需求相矛盾。即便不考虑前文所述两个层面上法律义务冲突可能导致的合规困境,单从技术层面而言,企业为协助刑事司法活动之目的存留原本应当被清除或处理的数据,本身也需要在其常规的数据留存及处理机制之外设置例外路径,这样不仅可能提升其履行刑事诉讼义务的成本,同时可能对原有机制的技术完整性有所减损。

---

① See Internet & Jurisdiction Policy Network, *We Need to Talk about Data: Framing the Debate around Free Flow of Data and Data Sovereignty*, Internetjurisdiction (Jan. 2, 2022), https://www.internetjurisdiction.net/uploads/pdfs/We-Need-to-Talk-About-Data-Framing-the-Debate-Around-the-Free-Flow-of-Data-and-Data-Sovereignty-Report-2021.pdf.

② See Europol & Eurojust, *First Report of the Observatory Function on Encryption, issued in January* 2019, European Union (Jan. 7, 2021), https://www.europol.europa.eu/publications-documents/first-report-of-observatory-function-encryption.

③ See e. g., James Titcomb, *WhatsApp's encryption keeps us safe: attacking it is wrong*, The Telegraph, March 27, 2017, The Telegraph (March. 27, 2017), https://www.telegraph.co.uk/technology/2017/03/27/whatsapps-encryption-keeps-us-safe-attacking-wrong/.

④ See *Microsoft law enforcement requests report*, Microsoft (Jan. 7, 2022), https://www.microsoft.com/en-us/corporate-responsibility/law-enforcement-requests-report.

(三)关键生产资料的保护

如果说以上两项成本层面的义务冲突还存在一定程度的调和空间,那么在一些案件中,企业可能面临关键生产资料或资源受损甚至危及正常经营的困境。对此,较为典型的两种情形分别是电子证据载体的扣押封存与商业秘密公开。

针对电子证据载体的扣押封存,当前我国电子证据的取证措施和保全措施往往伴随着载体的同步扣押或封存,这在2016年"两高一部"制定的电子数据规定和2019年公安部的电子取证规则中体现得尤为明显。① 对于部分特别是中小型互联网企业而言,作为其主营业务关键资源的服务器一旦被扣押或封存,将可能直接导致其业务中断。在当前的电子证据相关法律框架之下,上述情形可以大致分为两类,一类是针对企业自身占有或控制的数据取证,另一类是针对其他主体占有或控制的数据取证。

就第一类情形而言,企业自身往往是案件的犯罪嫌疑人或被告人,刑事诉讼制度对于此类主体设置的配合义务更重、相关措施的强制性更高,但其配合义务仍应控制在合理、正当的范围内,而不应实质性地损害企业的合法权益。以"北京比特时代科技有限公司申请湖南省长沙市望城区公安局刑事违法扣押国家赔偿案"为例,在该案中,公安机关查封扣押了企业用于经营的电脑、服务器等设备物品,其措施范围之广已经"实质上造成比特公司的停产停业",对此公安机关应当就造成的损失承担赔偿责任。②

就第二类情形而言,此时企业实际上承担的是作为第三方协助侦查取证的职能。例如,针对开展服务器等网络基础设施租赁业务的企业而言,其

---

① 关于我国当前电子证据取证中的载体扣押制度的探讨,参见裴炜:《论刑事电子取证中的载体扣押》,载《中国刑事法杂志》2020年第4期。

② 相关案情参见湖南省高级人民法院赔偿委员会(2017)湘委赔提1号国家赔偿决定书。该案为最高法2019年发布的国家赔偿和司法救助10大案例之一。参见《人民法院国家赔偿和司法救助典型案例》,载最高人民法院网2019年12月19日,http://www.court.gov.cn/zixun-xiangqing-211061.html。

本身并非案件当事人，但侦查机关对该服务器中的涉案数据进行收集或保全时，不可避免地会需要出租方的配合，包括但不限于禁止清空服务器内存、暂停服务器部分或全部使用、暂停后续出租业务等。如果说前文所述的协助执法成本尚可以通过费用补偿等方式予以缓解，那么此种情形下对于服务器的使用限制事实上已经实质性地妨碍到企业的正常运营。

针对商业秘密的公开，其主要涉及的是企业通过算法模型协助刑事司法机关开展犯罪风险或社会危害性预测、线索分析、大数据证据收集提取等活动。一方面，在数字语境下，上述活动越来越多地需要借助企业的数据资源和技术支持，其所牵涉的原始数据和算法尽管对于生成有效的犯罪线索或证据材料、支撑刑事司法机关决策至关重要，但无论是从证据的审查判断还是从辩护权的有效性角度来看，都有公开相关算法以便于外部审查和质证的必要性。另一方面，上述算法可能构成相关企业的商业秘密而需要保密，从而与上述公开需求形成冲突。在国际方面已经出现了一些相关案例，其中一些提供技术支撑的企业以涉及商业秘密为由拒绝向辩方进行算法开示。①

商业秘密公开与否的矛盾在我国刑事诉讼中尚不明显，并非企业因为提供算法与数据协助不涉及商业秘密。事实上，2019 年新修订的《反不正当竞争法》将“商业秘密”的范围从“技术信息、经营信息”扩大到“技术信息、经营信息等商业信息”，同时实践中已经有相关案例将数据信息及算法认定为商业秘密并加以保护。② 更深层次的原因在于，当前犯罪治理活动在越来越广泛地应用第三方算法的同时，刑事诉讼制度尚未形成必要的数字化转型，包括辩护权在内的诉讼程序仍然遵循的是物理场域的规制逻辑，在一定程度上形成了相关领域的制度缺位或错位。随着刑事司法体系智慧化、数

---

① See e. g. , Petition for Review Filed by Defendant Michael Robinson at 4, Robinson v. Commonwealth, No. 25 WDM 2016 (Pa. Super. Ct. Mar. 7, 2016).

② 例如，深圳市理邦精密仪器股份有限公司、深圳迈瑞生物医疗电子股份有限公司侵害技术秘密纠纷二审民事判决书，案号：(2014)粤高法民三终字第 831 号，该案认定迈瑞生物的心电算法属于商业秘密。

字化转型的不断深入，上述问题必然会逐步凸显出来。

六、代结语：困境的出路

当我们识别出上文所述企业面临的刑事数字合规困境类型及其成因时，事实上也已经寻找到了化解困境的大致方向。综合本节分析可以看出，具体的困境化解措施需要建立在三个基本认知的基础之上。

首先，所谓刑事合规不能仅关注实体法层面，还要关注程序法层面；对于程序法的关注不能仅限于工具论的视角，相反地，从合规概念的内涵出发，更需要关注的是刑事诉讼制度对企业设置的义务本身。在社会整体数字化转型的时代背景之下，新的数字法律关系快速涌现，国内外法律制度因为网络空间的弱地域性而空前交织，一系列长期以来被视为理所当然的刑事程序法律义务无论在其正当性抑或必要性或者合比例性上均受到冲击，直接表现为义务主体面临着多种义务冲突，进而形成数字合规的现实困境。刑事诉讼法对于这种困境的忽视不仅可能将相关企业逼入普遍性违法的境地，而且最终可能导致企业刑事数字合规机制陷入 Lauren B. Edelman 所称的"符号结构驱动"(mobilization of symbolic structures)路径之中，通过采用符号、流程、程序、政策等方式使合规标准(compliance metric)取代法律程序，进而使得法律原先设定的实质目标无法达成。[①] 这恰恰是刑事诉讼制度需要避免的。可以预见的是，企业在犯罪治理中承担的数字协助义务会不断强化，而要真正发挥其预防和打击犯罪的功能，需要避免其因承担刑事司法义务而陷入两难境地的情形。

其次，数字合规困境的形成不仅源于刑事诉讼制度自身的应对迟滞，也源于新型数字法律制度建设中的视野偏差。正如 Salome Viljoen 在其研究中观察的那样，当前数据治理架构主要是从个人主义(individualism)视角出

---

① See L. B. Edelman, *Working Law: Courts, Corporations, and Symbolic Civil Rights*, University of Chicago Press, 2016, p. 153.

发,而忽略了其中的社会性问题(sociality problems)。[①] 这种视野上的偏差在刑事司法领域体现得尤为明显,例如,我国网络信息领域的最新立法在不着重区分公私领域的同时,又基本上忽略了犯罪治理的特殊性,二者存在着多重衔接不畅之处。[②] 更重要的是,在个人信息保护等新型权益的法律地位不断抬升的背景下,上述衔接不畅已经开始明显地侵蚀犯罪治理中的公私合作机制,许多数字侦查措施尽管为打击犯罪所必须,但因其缺乏与新型数字权益兼容的法律框架而处于灰色地带,不仅无助于刑事司法相关法律规定的数字化转型,也可能在实质上减损新型数字权益本身,进而整体性地减损刑事诉讼的数字正义。

最后,刑事数字合规困境反映出了网络信息时代国内法的国际溢出效应的不断强化。在地域边界消失的网络空间,我们很难再说某一行为仅适用于某个具体国家或地区的法律,同时一国自身的数字立法也难以将其效力仅及于本国境内,更毋庸提在国际普遍出现的利用网络空间扩展本国立法与执法管辖权的趋势。在此背景下,网络空间的犯罪治理无法忽略其他法域的相关法律制度,对国际对话与协作的需求空前高涨。一方面,单向性协助刑事司法义务的设置或强化可能直接与其他国家或地区的法律规定相冲突,增加犯罪治理的制度障碍;另一方面,国际规则特别是权利保障机制的不平衡以及诉讼程序的衔接不畅既可能造就犯罪分子逃避刑事追诉的避风港,也可能形成规避公民权利保障机制的正当程序洼地。此外,网络信息产业自身天然的全球拓展属性意味着国际规则的冲突会不可避免地阻碍本国企业的国际业务拓展和竞争力的提升。

基于上述3个方面的基本认知,我们进一步审视当前企业面临的3重刑

---

① See Salome Viljoen, *A Relational Theory of Data Governance*, The Yale Law Journal, 131, p. 573 (2021).

② 例如,个人信息保护制度与刑事诉讼的衔接问题已经受到越来越多的关注。参见郑曦:《刑事诉讼个人信息保护论纲》,载《当代法学》2021年第2期;程雷:《刑事司法中的公民个人信息保护》,载《中国人民大学学报》2019年第1期;裴炜:《个人信息大数据与刑事正当程序的冲突及其调和》,载《法学研究》2018年第2期。

事数字合规困境，其化解需要至少从以下 3 个方面予以突破。

第一，加强数字法治建设与刑事司法的对话和衔接。之所以强调对话，在于两者间制度衔接的双向性，即不仅强调刑事诉讼制度的数字化转型，也需要强调数字法治建设对刑事诉讼价值与目标的适应。在具体的衔接机制尚未成熟之时，至少可以在相关网络信息立法中对刑事司法活动设置必要的例外，缓解义务叠加下企业的合规挑战。

第二，加强网络空间国际治理规则的对接和合作机制的探索。单方刑事诉讼措施的域外适用需要考虑到该措施对于本国网络信息业者可能造成的负面影响，一方面继续积极推进当前联合国正在开展的新网络犯罪公约的起草和谈判工作，尽可能地为跨境开展犯罪治理活动寻找国际法依据；另一方面通过借助国际多边、双边等机制，形成国际或区际跨境刑事数据侦查取证的通道。

第三，关注网络信息业者履行法律义务的可行性与合比例性。单位、组织、个人尽管有协助刑事诉讼活动的法律义务，但是这种协助并非没有边界、不计成本。相关义务的设置，一是不应当实质性地损及网络信息业者的正常运营活动；二是需要对超出合理边界的协助义务设置必要的补偿机制；三是需要考虑特殊侦查取证措施与网络和数据安全的协同。

SECTION 04

第四节

粤港澳大湾区企业个人信息合规处理相关法律问题研究

王　欣*

2019年2月18日，中共中央、国务院发布《粤港澳大湾区发展规划纲要》(以下简称《纲要》)，提出“建设粤港澳大湾区”要“积极发展数字经济和共享经济，促进经济转型升级和社会发展”，实现穗港澳数字经济规则对接机制基本完善，数字经济创新要素在穗港澳充分汇聚、顺畅流动、深度应用。① 相较于其他区域一体化安排，粤港澳大湾区(以下简称大湾区)的特殊性在于“一国两制”——大湾区不适用相同的数字治理体系，且三套体系之间缺乏制度化的协调机制。② 缺乏规则衔接增加了大湾区企业的合规负担与违规风险，进而影响“数据资源潜

---

* 王欣，广东外语外贸大学法学院讲师，法学博士。研究方向：国际贸易法、国际仲裁与WTO争端解决。

① 参见《广州市建设国家数字经济创新发展试验区实施方案》(穗府〔2021〕10号)。

② 参见陶宁：《粤港澳大湾区个人信息跨境治理的困境及其应对》，载《广州市公安管理干部学院学报》2021年第1期；陈德锋：《横琴深合区个人信息跨境规制研究》，载《澳门法学》2021年第3期；叶湘：《阿里云在大湾区的个人信息跨境合规：管辖权竞合视角》，载《中国流通经济》2021年第7期。

在价值的挖掘和释放。”[①]本节将审视粤港澳三地个人信息保护的相关法律规则，把握其中个人信息、保护标准及跨境流动等关键规则的差异，在此基础上提出促进三地个人信息合规处理的建议，并协调三地规则的制度方案，为大湾区企业个人信息合规处理提供参考。

一、企业个人信息合规处理的“三难困境”及其纾解

（一）企业个人信息合规处理的“三难困境”

企业运营行为合规的目的是通过“对内部事前管理形式性、程序性地规制”来避免法律制裁。企业建设个人信息处理合规管理体系需内化法律法规关于数据保护的规范性要求。[②] 个人信息跨法域处理涉及个人信息保护、跨境数据流动与规制管辖权三个维度，并分别对应个人权利保护、经济利益与国家安全三大价值。这三个维度往往彼此之间存在紧张关系，从而形成“三难困境”：数据治理主体通常只能较好地实现两类价值，而无法同时兼顾三者。[③] 因此，企业需要审慎地选择个人信息处理的合规方案，设计运行合规和受制度保障的个人信息保护模式。

首先，强化保护国家安全通常会减损个人权利或经济利益。在 2020 年的 Data Protection Commissioner v. Facebook Ireland Limited 案中，欧洲法院（European Court of Justice）认为本案中美国为保护国家安全而新设的监控机制会对个人权利构成不合比例的侵扰，而欧盟—美国“隐私盾”（Privacy

---

① 《国务院关于印发促进大数据发展行动纲要的通知》（国发〔2015〕50 号）。

② 参见裴炜、陈鹏主编：《数据合规实务全指引——关键场景与典型行业》，法律出版社 2022 年，第 44 页；陈瑞华：《企业合规的基本问题》，载《中国法律评论》2020 年第 1 期；曹兴权：《合规管理：形成中的公司治理习惯？》，载《上海大学学报（社会科学版）》2022 年第 6 期；奚玮：《企业合规视角下合同相对方选择的自由与限制》，载《湖北大学学报（哲学社会科学版）》2022 年第 5 期。

③ See Guan Zheng, *Trilemma and Tripartition: The Regulatory Paradigms of Cross-Border Personal Data Transfer in the EU*, the U. S. and China, 43 Computer Law & Security Review (2021)；黄宁、李杨：《“三难选择”下跨境数据流动规制的演进与成因》，载《清华大学学报（哲学社会科学版）》2017 年第 5 期。

Shield)无法保证提供与欧盟《通用数据保护条例》(General Data Protection Regulation,GDPR)相等的保护。[①]

其次,追求经济利益趋向于降低国家监管范围、强度和个人信息保护标准。尽管美国与欧盟均会就企业违反个人信息处理的行为进行调查和处罚,但美国的执法目的是保障市场公平竞争,而欧盟的目的在于保护个人权利。因此,美国对于非恶意和初次违反个人信息保护法律规则的行为,往往在处理上给予宽宥,[②]而欧盟针对违反个人信息保护法律规则行为的处罚则更为严厉,更少地考虑行为人的主观意图和是否为初犯。[③]

最后,个人权利保护会在一定程度上影响经济利益最大化与保障国家安全。例如,强调网络言论自由需要国家不对信息内容进行审查,避免侵扰个人权利,但实践表明,降低国家的控制力度并不必然会使个人权利得到更好的保护。[④] 再例如,2021 年 7 月 16 日,德国通过《企业供应链尽职调查法案》(The Act on Corporate Due Diligence Obligations in Supply Chains),要求在德国的企业建立风险管理系统(risk management system)以识别、预防或减少其自身、商业伙伴与供应商的商业行为出现违反人权和损害环境的情形。[⑤] 有研究显示,《企业供应链尽职调查法案》会增加供应链关系管理费

---

① 参见 Data Protection Commissioner v. Facebook Ireland Limited, Maximillian Schrems, Case C-311/18, ECLI:EU:C:2020:559, Judgment of 16 July 2020, 第 181 段.

② 比如,在美国联邦通信委员会(Federal Communications Commission, FCC)对 Q Link 有关"未经授权访问消费者专有信息"(unauthorized access to consumer proprietary information)的没收通知中,FCC 认为存在"明显故意并多次违反委员会命令"的情形。See Federal Communications Commission, *Notice of Apparent Liability for Forfeiture*, DA 22-825, adopted 5 August 2022.

③ See *Data Security and Individual Rights: FREE Fined* 300,000 *Euros*, CNIL (8 December 2022), https://www.cnil.fr/en/data-security-and-individual-rights-free-fined-300000-euros.

④ See Hélène Ruiz Fabri, *Human Rights and State Sovereignty: Have the Boundaries been Significantly Redrawn?*, in Philip Alston & Euan MacDonald, eds., Human Rights, Intervention, and the Use of Force, Oxford University Press, 2008.

⑤ See Section 3 (Due Diligence Obligations), *Act on Corporate Due Diligence Obligations* in Supply Chains of July 16, 2021.

用，进而促使企业通过分立公司等方式规避合规义务，增加违法风险。①

（二）企业个人信息合规处理“三难困境”的纾解路径

由于历史传统、法律体系、社会经济发展上的显著差异，不同的法域在个人信息保护立法方面平衡国家安全、经济社会发展与个人权利保护等价值上各有其特点。② 不同法域的差异化规定增加了企业个人信息合规处理的法律风险。在 2020 年的“TikTok”集体诉讼（class action）案中，伊利诺伊州北区的美国地区法院认为字节跳动的应用程序不经用户同意收集青少年隐私信息与大量敏感个人信息，违反了伊利诺伊州的个人信息保护法律。③ 尽管该案最终通过和解解决，但字节跳动支付了 9200 万美元的和解费用。④

创新制度安排是解决“三难困境”的重要方式。制度安排可以保障企业最大程度地利用“数字经济”“整合/网络化”（integration/internetworking）的特点，通过自由传输包括个人信息在内的数据扩大市场范围，参与全球供应链。⑤ 比如，欧盟委员会（European Commission，EC）通过发布有关第三国“适当性决定”（adequacy decision）方式的内容，形成规则互认机制，以便减轻企业合规管理负担。然而，除非“个人信息”在两个法域中的内涵外延相

---

① Gabriel Felbermayr et al., *Opportunities and Risks of a Due Diligence Law: Final Report*, Kiel Institute for the World Economy (2021), https://www.ifw-kiel.de/fileadmin/Dateiverwaltung/IfW-Publications/Gabriel_Felbermayr/Chancen_und_Risiken_eines_Sorgfaltspflichtengesetzes/Opportunities_and_risks_of_a_due_diligence_law_IMPULS_August_2021.pdf.

② 参见宁凯惠：《论法律规范的发生机制——基于社会认知的视角》，载《法学评论》2021 年第 6 期。

③ See In Re: TikTok, Inc., Consumer Privacy Litigation, MDL No. 2948, 20 - cv - 4699. United States District Court for the Northern District of Illinois, para. 220.

④ See Judge Approves $92 Million TikTok Settlement, *With Illinois Claimants Receiving Biggest Share*, NBCChicago (August 24, 2022), https://www.nbcchicago.com/news/local/judge-approves-92-million-tiktok-settlement-with-illinois-claimants-receiving-biggest-share/2921881/.

⑤ See Don Tapscott, *The Digital Economy: Rethinking Promise and Peril in the Age of Networked Intelligence*, McGraw-Hill Education, 2015, p. 64 - 66.

同且规制标准相同，否则不同法域之间难以形成互认制度安排。[①] 欧盟委员会在有关日本的“适当性决定”中载明，虽然日本的个人信息保护法律制度与欧盟法律并不完全相同，但日本的《个人信息保护法》包含了与欧盟的《通用数据保护条例》（General Data Protection Regulation，GDPR）类似的规定，因而承认日本为欧盟《通用数据保护条例》下个人数据保护充分性决定的司法管辖区。[②] 但欧盟与日本的互认制度安排并非国际上的普遍实践。在缺乏制度安排的情况下，企业内化不同法域的法律规定，建立个人信息管理制度并通过标准合同、认证等方式使用、传输数据是解决“三难困境”的“次优”选择。

二、粤港澳三地规则中“个人信息”内涵的差异

本节将对《个人信息保护法》、[③]香港特区《个人资料（私隐）条例》[④]与澳门特区《个人资料保护法》[⑤]中“个人信息”的内涵与外延进行比较分析。从形成时间上来看，香港特区《个人资料（私隐）条例》制定于 1995 年，为亚洲首部综合性数据隐私保护法。[⑥] 澳门特区《个人资料保护法》以欧盟第 95/46 号《个人数据保护指令》为蓝本，制定于 2005 年。[⑦]《个人信息保护法》于 2021 年 11 月 1 日生效，而在此之前，内地个人信息保护的规定散见于各部

---

① See Simon B. C. Lacey, *Reality Check: The Lack of Consensus on New Trade Rules to Govern the Digital Economy*, 54 Journal of World Trade 199, p. 216 (2020).

② Commission Implementing Decision (EU) 2019/419 of 23 January 2019 pursuant to Regulation (EU) 2016/679 of the European Parliament and of the Council on the adequate protection of personal data by Japan under the Act on the Protection of Personal Information (notified under document C(2019) 304), L. 76/1 (2019 年 3 月 19 日).

③ 依据《立法法》第 8 条的规定，由于“个人信息”的内涵外延涉及民事基本制度，故地方一级就此事项并无立法权限。

④ 参见香港《个人资料（私隐）条例》第 486 章。

⑤ 澳门特别行政区第 8/2005 号法律。

⑥ See Mohan Bharwaney & Azan Marwah, *Personal Data Privacy in the Digital Age*, 43 Hong Kong LJ 801(2013).

⑦ 参见凌伟豪：《澳门个人资料保法的修法思考》，载《澳门法学》2022 年第 1 期。

门法律法规中。

(一)"个人信息"的内涵

与内地的法律直接使用"个人信息"这一名词不同,我国香港特区和澳门特区的个人信息保护立法以"个人资料"指示"个人信息"这一概念。但"个人资料"与"个人信息"所指向的内容并无差别(见表1-4-1):[①]

表1-4-1　三地法律中的"个人信息"

《个人信息保护法》(第4条)	……以电子或者其他方式记录的与已识别或者可识别的自然人有关的各种信息,不包括匿名化处理后的信息
香港《个人资料(私隐)条例》(第1部第2条)	个人资料(personal data)指符合以下说明的任何资料 (a)直接或间接与一名在世的个人有关的 (b)从该资料直接或间接地确定有关的个人的身份是切实可行的 (c)该数据的存在形式令予以查阅及处理均是切实可行的
澳门《个人资料保护法》(第4条)	……与某个身份已确定或身份可确定的自然人("数据当事人")有关的任何信息,包括声音和影像,不管其性质如何以及是否拥有载体。所谓身份可确定的人是指直接或间接地,尤其透过参考一个识别编号或者身体、生理、心理、经济、文化或社会方面的一个或多个特征,可以被确定身份的人

根据表1-4-1列举的法条可知,三地法律均采用"可识别性"作为"个人信息"的判断标准。但《个人信息保护法》没有明确"可识别性"是否包含"间接识别"。部分学者认为《个人信息保护法》中的"可识别性"包含(准)"间接识别"。[②] 实践中,"个人信息"的认定也并无完全排除"间接识别"。比如,在2019年的"凌某某诉北京微播视界科技有限公司隐私权、个人信息权益网络侵权责任纠纷案"以及同年的"黄某诉腾讯科技(深圳)有限公司等隐

① 参见唐晓晴、吴奇琦:《澳门特区民法上个人信息保护权的体系定位》,载《国家检察官学院学报》2021年第5期。

② 参见苏宇、高文英:《个人信息的身份识别标准:源流、实践与反思》,载《交大法学》2019年第4期;苏今:《〈民法总则〉中个人信息的"可识别性"特征及其规范路径》,载《大连理工大学学报(社会科学版)》2020年第1期。

私权、个人信息权益网络侵权责任纠纷案”中,[①]法院均认为“不应机械、割裂地对每一个单独的信息进行判断……以信息处理者处理的相关信息组合进行判断”,而应根据场景以及关联性判断“可识别性”。并且,“可识别性”在澳门特区与香港特区的实践中与内地采用的标准类似,即个人信息是“合理识别出有关自然人的身份资料”。[②]

(二)三地“个人信息”的内涵差异

粤港澳三地立法中的“敏感个人信息”范畴存在差异。首先,香港特区《个人资料(私隐)条例》中未包含与“敏感个人信息”相关的规定。实践中,生物识别数据(biometric data)、香港公民的身份证号码、犯罪记录与信用卡CVV2码或构成“敏感个人信息”。[③] 比如,在2011年香港特区高等法院裁判的一起行政案件中,上诉人(警务处处长)认为“犯罪记录视为敏感个人信息……”法官对此表示认可。[④] 其次,澳门特区《个人资料保护法》与《个人信息保护法》中的“敏感个人信息”范围类似,但两者存在两方面的差别:一是“与世界观或政治信仰、政治社团或工会关系有关的个人资料”不构成《个人信息保护法》中的“个人敏感信息”;[⑤]二是澳门特区《个人资料保护法》使

---

① 参见北京互联网法院民事判决书,(2019)京0491民初6694号;北京互联网法院民事判决书,(2019)京0491民初16142号。

② A有限公司与个人资料保护办公室主任案,载Processo n.° 483/2021,2021年12月16日,https://www.court.gov.mo/sentence/pt-77a21ccf468868b6.pdf;《立法会十八题:电邮地址》,载香港特区政府新闻公报1999年6月2日,https://www.info.gov.hk/gia/general/199906/02/0602120.htm。

③ See Rebecca Ong, *Hong Kong's Data Breach Notification Framework — Inadequacies and Corrective Actions Required*, 28 Asia Pacific Law Review 90 (2020); Guidance on Collection and Use of Biometric Data, *Office of the Privacy Commissioner for Personal Data*, Hong Kong (Aug. 2020), https://www.pcpd.org.hk/english/resources_centre/publications/files/GN_biometric_e.pdf.

④ See CACV 229/2011, legalref.judiciary (2011), https://legalref.judiciary.hk/lrs/common/search/search_result_detail_frame.jsp?DIS=82270&QS=%28%22sensitive%2Bpersonal%2Bdata%22%29&TP=JU.

⑤ 参见重庆市开县人民法院民事判决书,(2020)渝0154民初5749号;澳门特别行政区中级法院合议庭判决书,上诉案第504/2019号。

用了“私人生活”这一内涵和外延比较广泛的概念，存在较大的解释空间。

不同的法理基础是造成三地“个人信息”内涵差异的根本原因。香港特区《个人资料（私隐）条例》将个人信息保护等同于隐私权保护，因而“个人信息”的范围相对限缩。[①] 相较之下，《个人信息保护法》和澳门特区《个人资料保护法》将个人信息保护视为人格权保护，故其范围较为宽泛。[②]《个人信息保护法》和澳门特区《个人资料保护法》中“个人敏感信息”的差异表明，内地和澳门特区不同的历史、文化背景使得信息主体对泄露风险的合理期待与容忍度亦有所差异。[③]

三、粤港澳三地个人信息处理标准

本节从“个人信息”采集标准、主体权利、跨境数据传输规定与监管四个维度分析三地的个人信息处理标准。

（一）个人信息处理行为的基础：同意与公共利益

《个人信息保护法》、《个人资料（私隐）条例》与《个人资料保护法》均规定企业在处理个人信息前需获得信息权利主体的“同意”（consent）。但“同意”的例外在三地的法律中存在差异。第一，香港特区《个人资料（私隐）条例》根据不同场景规定“同意”的例外。比如，《个人资料（私隐）条例》第8部（豁免）规定了在雇佣、维持社会治安需要等情况下可不经同意处理个人信息，但该规定的处理范围仅限定于除收集以外的查阅、使用等行为。根据香港特区《个人资料（私隐）条例》，只有在执行司法职能和家居用途时可以

---

① See Mohan Bharwaney & Azan Marwah, Personal Data Privacy in the Digital Age, 43 Hong Kong Law Journal 801, 809 - 813 (2013).

② 参见王利明：《论数据权益：以“权利束”为视角》，载《政治与法律》2022年第7期。

③ 参见谢耿亮：《法律移植、法律文化与法律发展——澳门法现状的批判》，载《比较法研究》2009年第5期；参见赵祖斌：《从静态到动态：场景理论下的个人信息保护》，载《科学与社会》2021年第4期。

不经“同意”采集个人信息。这一规定与《个人信息保护法》第72条“自然人因个人或者家庭事务处理个人信息的,不适用本法”类似,但澳门特区《个人资料保护法》并未包含“家居用途”的例外。香港“家居用途”的例外在适用中存在限制条件。例如,在“马子乐被控在公众地方管有攻击性武器”一案中,法官认为若将辣椒与酒精分别单独使用于日常生活,那么这属于对生活用品的日常使用范围。但若将二者混合使用,即将存在于辣椒中的辣椒素、二氢辣椒素和酒精中的异丙醇混合在一起装在喷雾瓶内,并意图把它喷射至一段距离,那么此时喷射该混合物的行为便不再适用香港特区《个人资料(私隐)条例》中有关“家居用途”的规定。[①]

第二,澳门特区《个人资料保护法》与《个人信息保护法》的“同意”例外存在范围重叠。两者均规定,在履行合同、法定职责或义务、保护公共利益和保护自然人重大利益之必需时可以不经“同意”处理个人信息。就整体而言,二者规定的内容并无二致,但澳门特区《个人资料保护法》与《个人信息保护法》采取的私权利保护路径不同。澳门特区《个人资料保护法》强调防止公权力限缩私权利。根据澳门特区《个人资料保护法》第8条第3款,“基于刑事侦查目的而处理个人资料,应仅限于预防一具体的危险或阻止一特定违法行为……”,此条款将“预防一具体的危险或阻止一特定违法行为”作为前提条件,表明只有当实践中明确存在具体的危险或违法行为时,公权力才可以不经私主体同意收集使用信息。再如,根据澳门特区《个人资料保护法》第8条第2款的规定,只有在“数据当事人的权利、自由和保障不优先”的情况下,“得对关于怀疑某人从事不法行为、刑事或行政违法行为,以及判处刑罚、保安处分、罚金或附加刑决定的个人资料进行处理”。相较之下,《个人信息保护法》强调公权力应发挥积极保护义务。[②] 比如,《个人信息保护法》设立了个人信息保护公益诉讼机制,即“个人信息处理者违反本法规定处理个人信息,侵害众多个人的权益的,人民检察院、法律规定的消费者

---

① 香港特别行政区东区裁判法院,刑事案件2019年第2410号。

② 参见吴文芳:《个人信息保护法的社会法属性及其法律意义》,载《法治研究》2022年第5期。

组织和由国家网信部门确定的组织可以依法向人民法院提起诉讼”。① 再如,《个人信息保护法》规定,在订立集体合同、处理公共卫生事件、为公共利益实施新闻报道或舆论监督时可以不经“同意”处理个人信息。但澳门特区《个人资料保护法》中并无相关例外。

(二)信息主体的权利

三地法律均规定信息主体享有知情权、决定权、拒绝权、查阅权、更正权与删除权,但存在三方面的差异:首先,香港特区《个人资料(私隐)条例》第四原则“储存该数据的设备所包含(无论是借助自动化方法还是其他方法)的保安措施”的规定表明香港特区法律并未区别对待自动化决策处理个人信息的问题,未将不受自动化决策约束视为一种权利。

其次,《个人信息保护法》与澳门特区《个人资料保护法》在拒绝自动化决策的标准存在不同。澳门特区《个人资料保护法》第 13 条第 1 款“任何人有权不受对其权利义务范围产生效力或对其有明显影响并仅基于对资料的自动化处理而作出的决定的约束”的规定表明,信息主体在澳门特区以“不受约束”自动化决策为原则,“受约束”为例外。② 相较之下,根据《个人信息保护法》第 24 条第 1 款规定可知,我国内地采取与澳门特区相反的做法。《个人信息保护法》隐含要求说明和拒绝自动化决策需以“对个人权益有重大影响”为前提,但澳门特区《个人资料保护法》行使“申述权和表达权”并不以此为前提。

最后,香港特区《个人资料(私隐)条例》与澳门特区《个人资料保护法》没有与《个人信息保护法》中“(准)个人信息可携带权”相似的规定。“(准)个人信息可携带权”的规定可明确见于《个人信息保护法》第 45 条第 3 款的

---

① 《个人信息保护法》第 70 条。

② 《个人资料保护法》第 13 条第 1 款规定,任何人有权不受对其权利义务范围产生效力或对其有明显影响并仅基于对资料的自动化处理而作出的决定的约束,且有关资料仅用作对该人人格某些方面,尤其是专业能力、信誉、应有的信任或其行为方面的评定。

相关规定。[①] "(准)个人信息可携带权"以欧盟《通用数据保护条例》第20条为蓝本并进行了一定程度的"本土化"。根据《个人信息保护法》,个人信息主体行使"(准)个人信息可携带权"需"基于请求"与"符合国家网信部门规定条件"。

(三)个人信息跨境流动

三地法律有关个人信息跨境传输的规定存在较大差异。首先,澳门特区《个人资料保护法》与香港特区《个人资料(私隐)条例》均以是否达到适当保护目的作为判断标准,并载明由专员依个案进行裁量。但两者在实践中存在较大差异。目前,香港尚未对个人信息跨境传输进行限制,而是以"软法"的形式补充与细化《个人资料(私隐)条例》。比如,2022年5月12日,香港个人资料私隐专员公署发布《跨境个人数据推荐模范合同条款指引》(Guidance on Recommended Model Contractual Clauses for Cross-Border Transfer of Personal Data),其中列举的"个人—个人"与"个人—数据处理者"两类场景的合同条款作为"可纳入数据传输方和数据受让人间一般商业协议"的"独立条款"(free-standing clauses),以此作为达到适当保护目的的判断标准。[②] 而澳门的个人信息跨境传输实际上采取"事前许可"的方式。根据澳门个人资料保护办公室于2018年发布的第0016/P/2018/GPDP号意见书可知,在澳门个人资料保护办公室尚"不具备条件评估并决定香港特区属于《个人资料保护法》第19条规定的具有适当保护程度的地区"的情况下,企业可通过"同意+通知个人资料保护办公室"或"向个人资料保护办公室申请许可"的方式从澳门向除澳门以外的其他地方转移个人信息。澳门个人资料保护办公室会在对信息接受者的运营情况(包括物理隔绝情况、具

---

① 《个人信息保护法》第45条第3款规定,"个人请求将个人信息转移至其指定的个人信息处理者,符合国家网信部门规定条件的,个人信息处理者应当提供转移的途径"。

② PCPD Issues Guidance on Recommended Model Contractual Clauses for Cross-Border Transfers of Personal Data,香港个人资料私隐专员公署,2022年5月12日,https://www.pcpd.org.hk/english/news_events/media_statements/press_20220512.html。

体营运者以及安全与保密情况）与接受者是否会进行数据跨境转移进行分析后作出可行性决定。①

与香港和澳门不同，内地根据信息控制者或处理者的类别、个人信息的类别与数量判断是否可以跨境传输以及传输方式（见表1－4－2）：

表1－4－2　内地跨境个人信息传输规定

种类	规范
禁止跨境传输	网约车平台公司采集的个人信息
	人口健康信息
安全评估	国家机关处理的个人信息
	（1）关键信息基础设施运营者收集和产生的个人信息；（2）处理100万人以上个人信息的数据处理者；（3）自上年1月1日起累计向境外提供10万人个人信息或者1万人敏感个人信息的数据处理者[1]
其他	（1）按照国家网信部门的规定经专业机构进行个人信息保护认证；[2]（2）按照国家网信部门制定的标准合同与境外接收方订立合同，约定双方的权利和义务；[3]（3）法律、行政法规或者国家网信部门规定的其他条件

〔1〕参见《数据出境安全评估办法》（国家互联网信息办公室令第11号）第4条。

〔2〕参见《关于实施个人信息保护认证的公告》，载中国网信网2022年11月18日，http://www.cac.gov.cn/2022－11/18/c_1670399936658129.htm。

〔3〕参见《国家互联网信息办公室关于〈个人信息出境标准合同规定（征求意见稿）〉公开征求意见的通知》，载中国网信网2022年6月30日，http://www.cac.gov.cn/2022－06/30/c_1658205969531631.htm。

根据表1－4－2所列信息可推知，“非关键信息基础设施运营者”、“处理个人信息不满100万人的”、“自上年1月1日起累计向境外提供未达到10万人个人信息的”与“自上年1月1日起累计向境外提供未达到1万人敏感个人信息的”数据控制者或处理者可通过订立标准合同进行跨境个人信息传输。② 然而，这种“领域＋风险”的判断标准依赖于对“关键基础设施运营者”与“非关键基础设施运营者”的精准区分，但现实中两者间常存在界限不

---

① 参见《意见书（第0016/P/2018/GPDP号）》，载澳门特别行政区政府个人资料保护办公室，https://www.gpdp.gov.mo/file/Opinion/0016－P－2018－GPDP-TC.PDF。

② 参见《个人信息出境标准合同规定（征求意见稿）》第4条。

明的情况,这无疑会导致“安全评估”与“标准合同”适用不明确的问题。[①] 目前,跨境个人信息传输开始在大湾区逐步实现“有条件”“分领域”的自由流动。[②] 比如,除了部分金融机构间金融数据的自由流动以外,[③]根据《横琴粤澳深度合作区发展促进条例》,[④]合作区将在“国家数据跨境传输安全管理制度框架下”,“开展数据跨境传输安全管理试点,建设固网接入国际互联网的绿色通道”,“支持合作区、澳门相关高等学校、科研机构在确保个人信息和重要数据安全前提下,实现科学研究数据依法跨境互联互通”。[⑤]

(四)监管与司法救济

三地个人信息监管和执法的模式与范围存在三方面的差异。

首先,三地个人信息的监管模式不同。香港和澳门的个人信息监管机构分别为香港个人资料私隐专员公署[Office of the Privacy Commissioner for Personal Data, Hong Kong (OPCPD)]与(澳门)个人资料保护办公室[The Office for Personal Data Protection (OPDP)]。内地以行业为划分,在国家互联网信息办公室(以下简称网信办)的协调下,通过包括工业和信息化部、中国人民银行、公安部和国家市场监督管理总局等在内的国家机关行使个人

---

① 《关键信息基础设施安全保护条例》第2条规定,“本条例所称关键信息基础设施,是指公共通信和信息服务、能源、交通、水利、金融、公共服务、电子政务、国防科技工业等重要行业和领域的,以及其他一旦遭到破坏、丧失功能或者数据泄露,可能严重危害国家安全、国计民生、公共利益的重要网络设施、信息系统等”。

② 参见《广州市数字经济促进条例》(广州市第十六届人民代表大会常务委员会公告第1号);《深圳经济特区数字经济产业促进条例》(深圳市第七届人民代表大会常务委员会公告第65号);国家发展改革委、商务部《关于深圳建设中国特色社会主义先行示范区放宽市场准入若干特别措施的意见》(发改体改〔2022〕135号)。

③ 参见《商业快递/跨境金融数据互认》,载大公报2021年12月5日,http://www.takungpao.com/news/232108/2021/1205/662504.html;《微众银行助力粤港澳大湾区首个跨境数据验证平台上线》,载中国经济网2022年3月25日,http://finance.ce.cn/home/jrzq/dc/202203/25/t20220325_37435335.shtml。

④ 广东省第十四届人民代表大会常务委员会公告第1号,发布日期:2023年2月8日;施行日期:2023年3月1日。

⑤ 《横琴粤澳深度合作区发展促进条例》第55条。

信息保护的职责。[①] 集中行使监管权对于个人信息保护有着十分重要的意义,能够显著强化保护水平,同时确保各领域间的公平执法。分散的监管体系则存在明显的缺陷,分散监管使得有些领域的个人信息得到保护,而相当多的领域却缺乏应有的监管。

其次,三地的执法模式不同。香港与澳门强调事前管理并依投诉进行调查执法。根据香港特区《个人资料(私隐)条例》和澳门特区《个人资料保护法》相关规定,专员或公共当局应当通过登记或核准个人信息处理的行为准则等内容为企业个人信息处理提供指引,从而实现对企业的事前合规管理。[②] 但内地执法部门往往对个人信息控制者与处理者采取主动执法的方式。[③]

最后,香港与澳门不倾向于采用刑事手段规制个人信息处理中的违法行为。自 1995 年香港特区《个人资料(私隐)条例》生效以来,仅有 6 起侵犯个人信息的刑事案件。直至 2021 年 10 月 8 日,香港才开始实施有关"人肉搜索"为刑事犯罪的规定。[④] 尽管澳门的入罪标准低于香港,但实践中澳门有关个人信息犯罪的案件数量同样较少,并且涉案原因也较为单一,主要集中在提供虚假个人信息、不当查阅个人信息、不当获取及使用电脑数据与违反保密义务等领域。[⑤] 此类情形说明香港与澳门均倾向于采用刑事激励的方式,对首次违反且在调查期间给予配合的企业免于追诉刑事责任。比如,

---

① 参见国家互联网信息办公室秘书局、工业和信息化部办公厅、公安部办公厅、国家市场监督管理总局办公厅《关于印发〈App 违法违规收集使用个人信息行为认定方法〉的通知》(国信办秘字〔2019〕191 号)。

② 参见《个人资料(私隐)条例》第 3 部(实务守则);《个人资料保护法》第七章(行为守则)。

③ 参见《关于 35 款 App 存在个人信息收集使用问题的通告》,载中华人民共和国互联网信息办公室 2022 年 11 月 17 日,http://www.cac.gov.cn/2020-11/17/c_1607178245870454.htm。

④ See Yuet Ming Tham, Linh Lieu & Lester Fung, *The Privacy, Data Protection and Cybersecurity Law Review: Hong Kong*, The Law Reviews (Oct. 27, 2022), https://thelawreviews.co.uk/title/the-privacy-data-protection-and-cybersecurity-law-review/hong-kong.

⑤ 典型案例有:上诉案第 361/2013 号,澳门特别行政区中级法院,2015 年 3 月 5 日;上诉案第 504/2019 号,澳门特别行政区中级法院,2020 年 7 月 16 日;上诉案第 821/2019 号,澳门特别行政区中级法院,2022 年 2 月 17 日;上诉案第 372/2021 号,澳门特别行政区中级法院,2021 年 11 月 25 日;上诉案第 860/2020 号,澳门特别行政区中级法院,2021 年 10 月 28 日。

在2020年的一起“地产公司没有尊重市民的查阅权及反对权”调查案件中，某地产公司不顾投诉人反对，继续使用投诉人的个人信息用作推销。澳门个人资料保护办公室因考虑到受影响人数、数据种类、A地产公司的合作态度等因素仅对该地产公司作出罚款的决定。[①] 相较之下，内地的个人信息刑事犯罪案件数量远超香港与澳门，且犯罪内容多以“利用大量个人信息非法牟利”为主。

(五)小结

综上文所述，三地法律存在3方面差异：一是个人信息保护标准不同；二是三地有关跨境传输个人信息要求不同；三是规制模式不同。结合“三难困境”的分析框架，内地《个人信息保护法》最为强调国家安全，个人信息保护和跨境数据自由流动次之；澳门特区《个人资料保护法》最为强调个人信息保护，国家安全和跨境数据自由流动次之；香港特区《个人资料(私隐)条例》最为强调跨境数据自由流动，个人信息保护次之，国家安全再次。因此，香港的个人信息法律制度最利于促进经济利益，但对个人信息保护与国家安全的保护不够。最典型的例证即是未区别对待广泛应用的自动化决策。实践中，由于技术本身的复杂性以及媒体机构、技术公司的排他性商业政策，算法犹如一个未知的“黑箱”，用户并不清楚算法的目标和意图，也无从获悉算法设计者、实际控制者以及机器生成内容的责任归属等信息，更谈不上对其进行评判和监督。在此基础上，不对自动化决策进行规制无异于侵蚀信息主体的权利(力)以及信息主体未来决策的方式，这将减损信息主体的自主性。相较之下，澳门的法律制度则强调个人信息保护。[②] 同时，澳门特区

① 参见澳门特别行政区政府个人资料保护办公室：《地产公司没有尊重市民的查阅权及反对权》，载澳门特别行政区政府个人资料保护办公室，https://www.gpdp.gov.mo/zh_tw/abstract_detail/article/l13bv8t7.html。

② See Kerry E. Kleiman, *Keeping Casinos Clean: The Problem with Dirty Money and International Differences in Anti-Money Laundering Regulations for Casinos*, 6 UNLV Gaming LJ 81 (2015).

对跨境个人信息传输的"事先评估"制度亦为国家安全提供了保障。而我国内地采国家安全优先的规制策略,且意图平衡个人信息保护与经济利益间的矛盾。比如,参照欧盟《通用数据保护条例》设计的"个人信息可携带权",一方面可以通过增强信息主体的自主权以及对信息的控制权,①实现信息主体与信息控制者(处理者)间的权力(利)重新分配;②另一方面有助于促进市场竞争,促进个人数据的流动以及对其进行高质量的结构化使用。③

四、粤港澳大湾区企业个人信息合规处理的法律框架构建

针对上述三地法律的差异,三地企业需根据三地法律的个性与共性建立内部合规制度以符合三地的不同要求。首先,企业应明确决策层、经理层与执行层的个人信息合规管理职责,并建立协调沟通机制。决策层应为个人信息合规管理的第一责任人,向经理层提供足够的资金和人力资源制度的具体合规方案。④ 其次,执行层应细化设计符合三地运营标准的合规管理体系。比如,澳门对"个人敏感信息"的规定较宽泛,故企业应先确定日常采集个人信息是否会触及澳门地区特有的"敏感信息"类别。若企业收集的信息属于"敏感信息",那么应提前明示告知用户,并设计"择出"机制(opt-out),允许信息主体拒绝信息控制者与处理者采集某类信息。在实践中,大型数字企业已达到这一标准。比如,适用于内地的微信《隐私政策》载明微

① See Article 29 Data Protection Working Party, *Guidelines on the right to "data portability"* (*wp242rev.* 01), 2017; Inge Graef, Martin Husovec & Nadezhda Purtova, *Data Portability and Data Control: Lessons for an Emerging Concept in EU Law*, 19 German LJ 1359 (2018).

② 参见王锡锌:《个人信息可携权与数据治理的分配正义》,载《环球法律评论》2021 年第 6 期。

③ See Orla Lynskey, *Article* 20 *Right to Data Portability*, in Christopher Kuner, Lee A. Bygrave & Christopher Docksey, eds., The EU General Data Protection Regulation (GDPR): A Commentary, Oxford University Press, 2020.

④ 裴炜、陈鹏主编:《数据合规实务全指引:关键场景与典型行业》,法律出版社 2023 年版,第 57 页。

信可使用个人信息来提供营销服务，但信息主体可选择不接收此类信息。①同时，微信《补充条款特定司法管辖区附录》也载明，在香港特区“您还可以行使……停止将个人数据用于直接营销目的的权利。”②然而，大湾区的多数中小企业仍采取仅能大致符合境内处理个人信息标准的合规管理体系。比如，海闻科技有限公司③的“财税智享云平台”的隐私政策并未载明其具体收集何种个人信息、是否会收集“敏感个人信息”以及是否会对个人信息进行跨境转移等。④ 最后，企业内部还需设置“隐私专员”监督与处理企业个人信息处理合规事项的投诉。比如，在大湾区三地均设立机构的 CORNING 公司内部就设有“全球数据隐私办公室”，来专门负责处理个人信息投诉等事务。⑤

由于许多企业存在以业务运营代替安全防控作为合规的情形，单纯要求企业通过内部进行合规处理或束缚企业发展，⑥无法完全激发大湾区数字经济产业的活力。因此，在强调企业内部治理的同时，应考虑形成制度衔接与一体化的外部规制环境。首先，三地制度衔接应以完善《内地与香港关于建立更紧密经贸关系的安排》、《内地与澳门关于建立更紧密经贸关系的安排》与《香港特别行政区与澳门特别行政区关于建立更紧密经贸关系的安排》（以下简称 CEPA）为切入点。CEPA 是大湾区建设促进生产要素自由流动与一体化的制度工具，⑦但目前 CEPA 中尚无与数据流动和个人信息保护

---

① 参见《WECHAT 隐私政策》，载 Wechat 2022 年 9 月 9 日，https://www.wechat.com/zh_cn/privacy_policy.html。

② 参见《Wechat 补充条款——特定司法管辖区附录》，Wechat 2021 年 12 月 31 日，https://us.wechat.com/zh_CN/jurisdictions.html。

③ 该公司被授予“2022 年广东省‘专精特新’中小企业”称号。

④ 参见《海闻财税智享云（企业版）网站服务协议》，载票靓企业用户中心网，https://usercenter.cmb360.net/file.html。

⑤ 参见《公司约束规则》，载 CORNING 网站，https://www.corning.com/cn/zh/privacy-policy/binding-corporate-rules.html。

⑥ 参见何航：《企业数据安全合规治理的关键问题与纾解》，载《贵州社会科学》2022 年第 10 期。

⑦ 参见钟立国：《CEPA 框架下粤港澳大湾区建设法律制度的协调与完善》，载《广东财经大学学报》2020 年第 5 期。

相关的规定。尽管CEPA中有关服务贸易电信的规定可适用于电信行业数据传输事项,但世贸组织规则的经验已然表明服务贸易规则不足以满足网络空间规制的需求。因此,本节认为可先行借鉴《区域全面经济伙伴关系协定》(Regional Comprehensive Economic Partnership, RCEP)的做法,[①]在CEPA中增加有关数字贸易的内容,用概括性的语言规定个人信息保护和数据流动的事项。

其次,应设立三地监督主体协同机制,并在内地形成政企首席数据保护官联络点。由于内地与香港澳门对个人信息的规制标准不同,故行政机构间的协同机制将是保障企业合规的关键。当前,大湾区包括广州市、深圳市与珠海市等各地均试点首席数据官制度,负责统筹数据管理工作、协助推进数字政府建设、实施常态化指导监督与加强数据运营支撑。[②] 由于该制度可协调不同行业的数据管理工作并推进跨部门协同,因此可通过该制度首先实现内地跨地区跨部门协同,再通过在网信部门设立协调机制,与香港个人资料私隐专员公署以及澳门个人资料保护办公室进行信息共享,并在发生数据泄露事件后相互通报,从而促进三地监督执法协同,实现规制互认。同时,应在内地(广东省)设立政企首席数据保护官联络点,通过定期的政企沟通,帮助政府了解企业有关个人信息处理的商业惯例与可能潜在的不当行为,推动企业提高自我监管标准。[③]

最后,依据内地现有法律法规的标准,大部分微小中型企业都不属于需要强制安全评估的范畴。因此,可鼓励此类企业先行通过个人信息保护认证,实现数据跨境流动。企业可在国家网信办发布的《个人信息出境标准合

---

① 参见RCEP第十二章(电子商务)第8条、第14条和第15条。

② 参见珠海市人民政府办公室《关于印发珠海市首席数据官制度试点实施方案的通知》(珠府办函〔2021〕63号)、广东省人民政府办公厅《关于印发广东省首席数据官制度试点工作方案的通知》(粤办函〔2021〕63号)、广州市人民政府办公厅《关于印发广州市推行首席数据官制度试点实施方案的通知》(穗府办函〔2021〕51号)、深圳市人民政府办公厅《关于印发〈深圳市首席数据官制度试点实施方案〉的通知》(深府办函〔2021〕71号)。

③ 参见梁涛:《美国企业合规制度的构建:国家监管、强制性自我监管与刑事激励》,载《政治与法律》2022年第7期。

同办法》的基础上,在大湾区"先行先试"制定统一的合同范本,便利化大湾区数字一体化。此外,应借鉴亚太经济合作组织(Asia Pacific Economic Cooperation,APEC)的跨境隐私规则体系(Cross-Border Privacy Rules)的方式,行业协会形成一套框架性的规范,并相应设计比如认证、统一合同条款等机制。该套机制应采用境内与境外可相互转化的标准,①通过技术的手段,弥合由三地制度差异所造成的企业合规风险。

五、结语

随着大湾区数字基础设施的不断完善,大湾区数字经济体量将不断扩大。个人信息作为基础要素是否能够在大湾区安全有序地流动成为大湾区数字经济高质量发展的决定性因素。中共中央、国务院《关于构建数据基础制度更好发挥数据要素作用的意见》提出,"把该管的管住、该放的放开,积极有效防范和化解各种数据风险,形成政府监管与市场自律、法治与行业自治协同、国内与国际统筹的数据要素治理结构"。在"一国两制"特殊制度的优越框架下,企业可以通过打造符合三地法律要求的合规运营管理体系与设置"隐私专员"等制度实现个人信息处理的合规。因此,积极探索大湾区协同立法的路径与方案将有利于大湾区数字经济创造更良好的治理环境。

---

① 我国基本可实现 ICT 领域境内与境外标准之间相互转化。参见科技司:《2020 年工业通信业标准化工作要点》,载中华人民共和国工业和信息化部网 2020 年 5 月 12 日,https://www.miit.gov.cn/jgsj/kjs/jscx/bzgf/art/2020/art_d6421f13e5394d2eb0a4d5502da4281b.html。

SECTION 05

第五节

数据调取中企业合规义务的冲突与调和

王仲羊[*]　万　旭[**]

一、问题的提出

近年来，随着社会治理信息化、数字化程度的不断加深，企业刑事数据合规已成为规范变革与理论创新的全新增长点。在刑事实体法方面，数据合规不仅在宏观上关系到企业内部合规计划的建构，①也在微观上辐射至侵犯公民个人信息罪等个罪领域。② 在刑事程序法方面，数据合规既通过企业合规不起诉与现行刑事司法程序进行有机结合而发挥着激励功能，同时也成为执法机构、网络信息服务业者与公民三方结构的重要组成部分，其运行情况关系到网络空间共同体的治理效能。随着企业合规向刑事程序法领域的不断延伸，刑事诉讼的基本理念与具体程序愈发成为影响企业数据合规成功的

* 王仲羊，西南政法大学刑事侦查学院讲师，法学博士。

** 万旭，成都大学法学院讲师，法学博士。

① 参见李本灿：《法治化营商环境建设的合规机制——以刑事合规为中心》，载《法学研究》2021 年第 1 期。

② 参见刘双阳：《数据合规视野下非法使用个人信息行为的入罪逻辑与出罪路径》，载《网络信息法学研究》2020 年第 2 期。

关键所在。[①]

在刑事诉讼中，为了响应侦查机关调取电子数据的执法需求，相关法律科以网络服务提供者协助调取义务。例如，《数据安全法》第35条规定，对于公安机关的调取行为，有关组织、个人应当予以配合。《网络安全法》与《刑事诉讼法》中也存在类似规定。"两高一部"新近出台的《关于办理信息网络犯罪案件适用刑事诉讼程序若干问题的意见》第四部分"对公安机关向网络服务提供者调取电子数据及检察机关、法院对电子数据的审查判断作出了最新规定，首次在规范层面规定了电文形式的数据调取、传输和接收，对接了数据安全法的相关要求"。[②] 此外，随着《网络安全法》《数据安全法》《个人信息保护法》等相关法律的出台，企业保护公民的个人信息也成为一项法定义务。例如，《个人信息保护法》第51条规定，"个人信息处理者应当根据个人信息的处理目的、处理方式、个人信息的种类以及对个人权益的影响、可能存在的安全风险等，采取下列措施确保个人信息处理活动符合法律、行政法规的规定，并防止未经授权的访问以及个人信息泄露、篡改、丢失"。

然而，相关规范尚未明确、系统地建立两种法定义务的协调机制，似乎轻视甚至忽略了协助调取义务与企业保护个人信息的合规义务间的紧张关系。两相比较之下，协助调取义务主要关照公权机关的执法诉求，突出侦查行为的强制性与企业配合侦查的无条件性。保护个人信息之合规义务则强调企业与公民之间的信息契约关系，侧重企业的经济发展需求与对客户的忠诚义务。有学者将两种义务的冲突视为由于国内法律义务的冲突而引发的企业合规困境之典型表现。[③] 可见，界定协助调取义务的尺度，协调两种国内法律义务之间的内在冲突，不仅是企业践行数据合规义务必须突破的制度困境，也关系到个人信息保护与刑事司法两大话语体系的交互、衔接与融合。

---

① 参见陈卫东：《从实体到程序：刑事合规与企业"非罪化"治理》，载《中国刑事法杂志》2021年第2期。

② 梁坤：《刑事数据调取与数据安全深度融合衔接》，载《检察日报》2022年9月21日，第3版。

③ 参见裴炜：《刑事数字合规困境：类型化及成因探析》，载《东方法学》2022年第2期。

二、义务冲突的两种表现

协助调取义务与保护个人信息之合规义务勾连了侦查机关、公民与企业三方主体，形塑了侦查权、个人信息权与数据控制权“同频共振”的格局。其中，两种义务的冲突集中表现为侦查机关与企业之间以及企业与公民之间的紧张关系。①

（一）侦查机关与企业之间的紧张关系

通过分析我国协助调取义务与个人信息保护义务的立法脉络，可以看出“当前的立法思路是分而治之，即保护归保护，协助归协助”。② 例如，《网络安全法》第28条概括性地要求网络服务提供者承担侦查协助义务，却并未对协助的内容、程度、信息范围等进行明确规定，并同时科以第三方机构保护个人信息的义务。《数据安全法》如出一辙，仅在第35条规定了网络信息服务者的协助调取义务，却并未提供有关两种义务冲突的解决方案。《个人信息保护法》第18条为个人信息处理者设置了暂缓告知等情形，在一定程度上减免或者限制了企业在配合调取时承担的数据合规义务。但是《个人信息保护法》同时增设了诸多保护个人信息权益的设计，极大提高了个人信息保护的水平，对于调取过程中企业数据合规提出了更高要求，这在某种程度上甚至加剧了两种义务之间的冲突。

在个案层面，浙江乐清滴滴顺风车司机杀人案则集中体现了义务冲突导致的侦查机关与企业间紧张关系。2018年8月24日14时50分许，钟某在浙江乐清从事滴滴顺风车业务时，通过持刀威胁、胶带捆绑的方式，对被害人赵某某实施抢劫、强奸，后将其杀害并抛尸。在被害人亲友及警方要求

---

① 这种紧张关系背后，还牵涉企业利益与社会责任之冲突、制度不健全与风险不确定之间的冲突。参见贝金欣、谢澍：《司法机关调取互联网企业数据之利益衡量与类型化路径》，载《国家检察官学院学报》2020年第6期。

② 裴炜：《数字正当程序》，中国法制出版社2021年版，第49页。

提供涉事司机相关信息时,滴滴平台却以保护平台用户隐私为由延迟回应,从而贻误了案件的侦破时机。

本案看似是滴滴平台应急处置机制的缺陷,实则体现出企业面对协助调取义务与数据合规义务抉择时的两难境地。一方面,迟延回应侦查机关的数据调取要求可能会产生放任犯罪行为发生、贻误案件侦破时机、损害执法利益等严重的社会后果,甚至威胁人民群众的生命财产安全;另一方面,如果对于公权机关的调取需求予取予求,无条件履行执法协助义务,则势必违背数据合规义务的相关要求,挤压公民个人信息权益保护的运行空间。

(二)企业与公民之间的矛盾

公民将个人信息交由网络、电信机构留存,是基于对第三方机构的信赖,相信网络服务提供者会严格恪守契约精神与信义义务,而不会超出个人信息最初使用目的范围向侦查机关披露。申言之,公民在自愿向第三方机构披露个人信息的过程中存在特定的附加条件,拥有控制数据流动范围与流动去向的法定权利。一旦企业偏重履行协助调取义务,无条件地向侦查机关披露公民的第三方信息,这种附条件的自愿性就会转变为非自愿性。

企业与公民之间的矛盾集中体现在第三方理论中。第三方理论作为隐私合理期待的排除性规则,规定公民在自愿向第三方机构披露的所有个人信息中均不享有隐私权。例如,美国联邦最高法院先后通过 Miller 案①与 Smith 案②判定当事人对于向第三方机构披露的银行账单与电话号码不受宪法第四修正案的保护。第三方理论主要存在如下弊端,加剧了企业与公民之间的紧张关系:其一,第三方理论无视公民对于个人信息流转范围与披露程度的控制。该理论认为,一旦公民向第三方披露信息,就等于向所有人披露信息,也即默认政府可以从中调取证据。但是公民应当具有控制个人资讯披露范围的权利,政府的调取行为改变了信息主体对于数据流转过程的

---

① See United States v. Miller,425 U. S. 435(1976).

② See Smith v. Maryland,442 U. S. 735(1979).

控制,属于目的变更,应当取得合法授权。其二,第三方理论鼓吹的自愿性不符合实际情况。公民将数字记录留存在第三方机构的行为本身,并不能推断出这种交付行为具有自愿性,更不意味着其彻底丧失了个人信息权利。在大数据时代,公民为了满足正常生活的需要,不得不向第三方机构交付个人信息,否则"人们将会只有两种痛苦且不合理的选择:一种是在'楚门的世界'里享受各种便利服务,另一种是在石器时代的洞穴内保有隐私"。[①] 其三,第三方理论混淆了"风险识别"与"风险承担"。公民意识到第三方机构可能将个人信息向侦查机关披露,并不代表其要承担这种风险,就像人们意识到驾车存在风险,但是并无须为所有的擦碰行为承担责任。因此,第三方理论受到理论界与实务界的广泛批判。例如,在 Jones 案中,Sotomayor 大法官明确指出第三方理论不适合数字时代。[②] Carpenter 案[③]更是几乎颠覆了第三方理论。

我国《网络安全法》第 28 条和《数据安全法》第 35 条的规定,作为对《刑事诉讼法》第 54 条的呼应与具体化,在实际效果上与第三方理论的设定效果并无二致,相应也潜藏了第三方理论的诸多弊端,可能在国内法律义务冲突背景下会加剧企业与个人之矛盾。

三、义务冲突的双重成因

企业基于国内法律义务冲突产生的数据合规困境的背后,实质是两种法律义务制度定位的巨大差异。概言之,一方面,协助调取义务因其强制性、概括性与无偿性而居于强势地位,压制了企业保护个人信息的行为空间;另一方面,企业履行协助调取义务并不必然产生豁免个人信息保护义务的效果,并且内部审查机制的免责效果不明,导致企业在与侦查机关的博弈中始终处于弱势地位。

---

① 参见李荣耕:《论侦查机关对通信记录的调取》,载《政大法学评论》2010 年第 115 期。

② See U. S. v. Jones 132 S. Ct. 957(2012)(Sotomayor concurring).

③ See Carpenter v. U. S. 138 S. Ct. 2206 (2018).

(一)协助调取义务的强势地位

1. 协助调取义务的强制性

调取行为的开展不以第三方机构的主观意愿为转移,具有明显的强制色彩。《刑事诉讼法》第 54 条规定,“人民法院、人民检察院和公安机关有权向有关单位和个人收集、调取证据。有关单位和个人应当如实提供证据”。《公安机关办理刑事案件电子数据取证规则》(以下简称《电子数据取证规则》)第 41 条规定,“被调取单位、个人应当在通知书回执上签名或者盖章,并附完整性校验值等保护电子数据完整性方法的说明,被调取单位、个人拒绝盖章、签名或者附说明的,公安机关应当注明”。这明确表明调取行为的开展不以经过企业同意为必要条件,即便企业表达出拒绝配合的意愿,侦查机关仅需将相关事项进行注明即可。此外,《数据安全法》第 48 条还规定了拒绝配合调取行为的惩罚后果:“违反本法第三十五条规定,拒不配合数据调取的,由有关主管部门责令改正,给予警告,并处五万元以上五十万元以下罚款,对直接负责的主管人员和其他直接责任人员处一万元以上十万元以下罚款。”因此,调取行为以牺牲信息主体与第三方机构的自愿性为代价,带有明显的强制性。

过从甚密的政企关系进一步内化了强制性的协助调取义务,加剧了数据合规的困境。近年来,政企之间的数据合作不断加深并备受舆论追捧,企业也将这种合作视为拓展自己商业版图的有效渠道,并致力于通过政企之间的信息流通以攫取更多的数据红利。在以合作为主流的时代背景下,企业公开拒绝侦查机关的调取要求无疑是破坏合作关系的不明智选择。无论是受制于法定惩罚性后果的震慑,还是基于害怕“得罪”政府机关的考量,企业面对协助调取义务时往往呈现出予求予给的姿态,从而成为侦查机关获取公民个人信息的中介。有学者形象地将这种现象称为“老大哥的小弟”。[①] 综上文所述,面对强制性的协助调取义务,企业往往难以以保护客户个人信

① See Rozenshtein A., *Surveillance Intermediaries*, Stanford Law Review, vol. 70, no. 1 (January 2018), p. 112 – 122.

息为理由予以拒绝,从而造成了数据合规的困境。

2. 协助调取义务的概括性

尽管相关规范对于调取行为的审批主体、书面形式与录音录像等事宜进行了规定,但是调取措施仍然存在概括性取证的风险,进而引出了企业数据合规的困境。

一方面,调取不区分个人信息类型,不仅可调取姓名、电话号码、通讯地址等一般信息,也能够调取通话内容等私密数据或者敏感信息。《个人信息保护法》第28条界定了敏感个人信息的内涵,"敏感个人信息是一旦泄露或者非法使用,容易导致自然人的人格尊严受到侵害或者人身、财产安全受到危害的个人信息,包括生物识别、宗教信仰、特定身份、医疗健康、金融账户、行踪轨迹等信息,以及不满十四周岁未成年人的个人信息"。并且,刑事诉讼相关规范也非常重视对于隐私信息的保护。例如,《刑事诉讼法》第54条规定,"对涉及国家秘密、商业秘密、个人隐私的证据,应当保密"。因此,敏感个人信息或者隐私信息承载着公民的通讯秘密与通讯自由、隐私权、个人信息权、财产权等多项基本权利,调取上述个人信息理应诉诸更为严格的程序。然而,现行规定并未对侦查机关的调取范围进行限制,而是不加区分地授予执法人员调取一切个人信息的权限。这致使企业在履行协助调取义务的过程中,难以根据调取个人信息的类型区分适用不同的配合响应机制,既导致数据合规义务仅能停留在相对简单、粗疏的状态,也无法对于公民的隐私信息或者敏感个人信息提供更高程度的保护,从而与《个人信息保护法》的相关规定产生张力。①

另一方面,调取不区分信息主体,虽然其主要对象是犯罪嫌疑人,但是也不排除对于被害人或其他无关第三人采取调取措施。然而,在侦查活动中,犯罪嫌疑人与被害人、其他无关第三人之间存在明显区别,应当区分对

---

① 值得注意的是,由于《个人信息保护法》第13条第1款第3项、第7项的宽泛规定,在企业应侦查机关调取指示提供用户个人信息的场合,即便所涉信息类型实质敏感,也并不能断然评价企业就违反了《个人信息保护法》。但至少可以确认的是,这种情形下,《个人信息保护法》的立法意旨被严重压缩或架空。

待。例如,《刑事诉讼法》第 132 条规定强制人身检查的对象仅限于犯罪嫌疑人,而不包括被害人。由于侦查机关的调取措施不区分行为对象,导致企业难以根据调取的不同情形建构差异性的协助调取机制,不利于数据合规义务的精细化。

3. 协助调取义务的无偿性

企业在履行协助调取义务的过程中会产生一定的经济成本与资源消耗,对此,相关法律并未规定国家相应的补助责任。这种无偿的协助调取义务既不利于企业合规义务的常态化开展,也损害了企业的经济利益。因为履行刑事司法义务产生的经济负担,国家具有补助责任。例如,《刑事诉讼法》第 65 条规定,"证人因履行作证义务而支出的交通、住宿、就餐等费用,应当给予补助。证人作证的补助列入司法机关业务经费,由同级政府财政予以保障"。然而,该规定的适用范围极其有限,仅限于因证人作证义务产生的费用,而无法通过扩张解释的方式延展至企业。补助机制的缺失弱化了企业履行协助调取义务的动力,不仅加重了企业运行的负担,也体现出调取领域"重义务,轻权利"的立法设计理念。

(二)企业个人信息保护义务的弱势地位

相较于协助调取义务的强势性,企业个人信息保护义务明显处于弱势地位,具体体现在以下两个方面:

一方面,履行协助调取义务无法减免企业的个人信息保护义务。从逻辑上讲,若法律确认企业履行协助调取义务得以减免其保护个人信息之合规义务,则两种义务之冲突就能得到很大程度的缓和。然而,当前协助调取义务并不具有豁免效力,也无法成为企业减免个人信息保护责任的合法事由。以数据合规中最重要的告知义务为例,刑事诉讼立法规范中关于告知的程序规定一般情况下仅适用于侦查机关,并未对于企业履行告知义务的免责情况进行规定。例如,《刑事诉讼法》第 75 条规定的"无法通知"以及第 85 条规定的"有碍侦查"等延迟告知规则不适用于企业承担告知义务的场景。《个人信息保护法》第 35 条规定的"告知将妨碍国家机关履行法定职责”同样仅将国家机关作为免责主体,却无法规制企业的相关活动。此外,《个人信息保护法》第 18 条告知例外与延迟告知的规定在缺乏相应解释机制的情况下,也难以成为企业免责的合法事由。例如,该法第 18 条规定法定保密或者不需要告知的属于告知豁免情形。《刑事诉讼法》第 54 条规定,“对涉及国家秘密、商业秘密、个人隐私的证据,应当保密”。因此,在调取过程中企业仅对于国家秘密、商业秘密与个人隐私承担保密义务,但除此之外的其他个人信息均不受保密义务的规制,企业对此仍需履行告知义务。此外,《个人信息保护法》第 18 条将“紧急情况”作为法定的告知延迟事由。然而,该法却未对如何理解“紧急情况”进行详细规定,致使企业在适用紧急情况免责的情况下面临解释困境。

另一方面,企业内部审查机制的免责效力待定。在逻辑上,如果企业内部审查机制能够在一定程度上与侦查机关的证据调取形成掣肘,也可缓和两种义务之冲突。例如,若允许企业内部制定相应的合规审查机制,对于侦查机关的调取行为进行实质性与程序性审查,在调取缺乏必要的行为要件时,容许企业仅恪守个人信息保护的立场,延迟或者拒绝调取请求,即可避免陷入协助调取义务与企业合规义务的冲突境地。在比较法上,欧洲刑警组织的报告显示,欧洲各大企业多以缺少法律依据或依据不正确、调取请求中的相对人错误、申请不符合企业要求的程序、申请内容过于宽泛、没有相关数据、申请缺少关于案件性质的必要信息、地域管辖限制、申请缺少有效的身份验证、申请缺少足够信息以确认“紧急情况”等作为拒绝履行协助调取义务的合法事由。[①] 然而,虽然刑事诉讼相关规范对于调取的审批主体、令状要求、记录形式、录音录像等事宜进行了规定,但是侦查机关违反相关规范的情形并未成为我国企业法定的免责事由。即使企业内部存在相应的审查机制,对抗强势性的调取活动的效果也尚未可知。

---

① 参见裴炜:《刑事数字合规困境:类型化及成因探析》,载《东方法学》2022 年第 2 期。

四、义务冲突的调和思路

调和协助调取义务与企业个人信息保护的合规义务之间的矛盾,需要国家层面与企业层面的共同努力。在立法方面,应当适时修改刑事诉讼规范中对于调取法律属性的界定,为企业设置差异化的调取配合机制提供规范前提。在企业方面,应当正确理解运用《个人信息保护法》的相关内容,探索企业数据合规义务的豁免机制。同时,还应当加强企业内部审查,严格把控调取的行为要件。

(一)厘清调取的法律属性

厘清调取的法律属性,是针对性地设置企业合规义务的前提要件。现行法律与既有研究对于调取的法律属性并未形成统一认识,从而产生出"任意说"、"强制说"与"折中说"三种观点。[①] 笔者认为,综合调取的行为方式及其对基本权利的侵犯程度,不宜将该措施简单地归结为任意侦查或者强制侦查,而是兼具任意侦查与强制侦查的复合属性。复合说适度软化了企业协助调取义务的强势地位。据此,企业可能根据调取场景的不同,差异性地调整自己履行协助调取义务的方式,进而缓解两种义务间的紧张关系。

调取的任意性主要表现在以下两个方面:一方面,在调取方式上,侦查机关的调取行为得到了第三方机构的同意与协助。只要公安机关履行必要的调取手续,符合调取范围的规定,能够顺利获得第三方机构的同意与协助,调取行为就具有任意侦查的属性。另一方面,在调取的个人信息类型

---

① 相关争论,参见郭悦悦:《论电子数据调取的法律性质与程序控制——以〈数据安全法〉第35条为视角》,载《中国人民公安大学学报(社会科学版)》2022年第3期;裴炜:《论个人信息的刑事调取——以网络信息业者协助刑事侦查为视角》,载《法律科学》2021年第3期;梁坤:《论初查中收集电子数据的法律规制——兼与龙宗智、谢登科商榷》,载《中国刑事法杂志》2020年第1期;谢登科:《论电子数据与刑事诉讼变革:以"快播案"为视角》,载《东方法学》2018年第5期;龙宗智:《寻求有效取证与保证权利的平衡——评"两高一部"电子数据证据规定》,载《法学》2016年第11期。

上，如果调取仅涉及元数据等一般信息，则属于任意侦查行为。[①] 各商家在信息收集的格式条款中几乎均会注明个人信息可能会为第三方所知悉。因此，在调取过程中，如果仅涉及一般信息，在不借助后续大规模数据分析技术的情况下，确实也难以窥探公民私人生活的全貌，仅会轻度干预公民的个人信息权，而不会严重侵犯隐私权。对此，《刑事诉讼法》第 54 条、《关于办理刑事案件收集提取和审查判断电子数据若干问题的规定》（以下简称《电子数据规定》）第 3 条、《电子数据取证规则》第 41 条均可为此种任意调取行为提供规范支撑。

当然，在以下两种情况下，任意调取会发生向强制调取的转化：其一，在调取方式上，如果侦查机关存在概括性取证的风险，即其未明确限定调取范围，而是对于第三方机构留存的个人信息进行概括式拷贝，则超出了协助义务的范畴。此时，第三方机构应当遵守对于用户的保密义务、忠诚义务与合规义务，拒绝侦查机关不合理的调取请求。如果侦查机关在合意性基础不复存在的情况下，强行调取个人信息，则属于强制侦查。其二，在调取的个人信息类型上，如果调取对象为隐私信息，则侵犯了公民在第三方信息中的隐私合理期待，应当列入强制侦查的范畴。调取行为的侵权效果不依赖于后续的数据分析行为，单是调取隐私信息本身就足以构成对于隐私权的严重干预。此时，不应当继续援引任意调取条款，而应当将规范转变为“提出命令式扣押”，以《刑事诉讼法》第 141 至 145 条的扣押规范为依据。

综上文所述，如果侦查机关的调取行为缺乏必要的程序要件，例如，未开具《调取证据通知书》、未经办案部门负责人批准、未注明调取电子数据的相关信息等，则企业可以明确拒绝办案人员的调取要求，无须履行协助调取

---

① 也有不同意见认为，“经由大数据加工后的元数据经常能还原出更为全面的人性与生活方式……对于侦查机关利用元数据的行为应当创设独立的一类侦查行为，鉴于该行为对公民信息隐私权的强干预属性与法律既有规定中的技术侦查措施相当，笔者建议对其规范强度、具体规范的设计可以参照技术侦查措施的相关规定，进行相对严格与明晰的规范”。参见程雷：《大数据背景下的秘密监控与公民个人信息保护》，载《法学论坛》2021 年第 3 期。本节观点与该意见并无根本分歧，只是认为在未经大数据分析的前提下，元数据与个人隐私尚有距离。

义务。如果侦查机关的调取行为符合程序要件，且调取对象仅限于一般个人信息，企业应当履行执法协助义务，配合侦查机关的调取工作。

数据调取与数据分类分级保护的融合，是实现前段构想的关键。一方面，企业应当建立数据分级分类制度，严格控制调取数据的范围，不能违规披露隐私信息或者敏感个人信息。如果侦查机关的调取行为超出协助义务的范畴，或者调取的信息类型属于隐私信息或者敏感个人信息，企业则无须履行协助调取义务，无须在通知书回执上签字、盖章。另一方面，在规范层面也应当明确基于数据保护的重要性而对于数据进行分级处理，逐步推动刑事数据调取贯彻落实《数据安全法》所规定的数据分类分级保护制度。①

此外，由于协助调取义务并不自动导致企业个人信息保护义务的减免，故在侦查机关调取之后，如果告知不妨碍侦查活动的继续开展，则应当场景化地履行相应的数据合规义务。例如，如果将调取的数据内容告知信息主体可能会妨碍诉讼顺利，则可以仅告知调取行为。②

（二）探索企业个人信息保护义务的豁免机制

如前文所述，协助调取义务尽管具有法律上的优势地位，却不自动导致企业个人信息保护义务的免除或限缩。只要侦查机关依据法定的程序要件调取电子数据，企业原则上均应当同时履行协助调取义务与个人信息保护义务。此时，为了调和两种义务之间的紧张关系，需要在正确理解《个人信息保护法》相关规定的基础上，探索企业个人信息保护义务的豁免机制。

《个人信息保护法》第 13 条规定了处理个人信息的合法性基础，为企业在配合调取过程中的个人信息处理行为提供了正当性依据。《个人信息保

① 参见梁坤：《刑事数据调取与数据安全深度融合衔接》，载《检察日报》2022 年 9 月 21 日，第 3 版。

② 参见裴炜：《论个人信息的刑事调取——以网络信息业者协助刑事侦查为视角》，载《法律科学（西北政法大学学报）》2021 年第 3 期。

护法》第 13 条规定了处理个人信息的 7 种合法情形，具体可分为“基于同意的处理”与“基于法定许可的处理”两种类型，[①]后者包括第 13 条第 2 款至第 7 款的相关内容。如果企业的执法协助行为符合第 13 条第 1 款“取得个人的同意”，则披露行为的正当性来源于信息主体的知情同意，履行了数据合规义务。如果企业配合调取的行为未取得信息主体的同意，但只要符合“给予法定许可的处理”的 6 种情形之一，也得以证成个人信息处理行为的正当性，从而豁免企业的个人信息保护义务。

《个人信息保护法》第 13 条第 3 款规定了“为履行法定职责或者法定义务所必需”这一合法性基础。如前文所述，《网络安全法》《刑事诉讼法》《数据安全法》等均科以网络服务提供者配合调取的义务，故而符合“为履行法定职责或者法定义务所必需”中“法定义务”的定义。因此，配合侦查机关调取的行为来源于法定义务，具备处理个人信息的合法性，故只要符合“所必需”的要求，企业即满足了合规的相关要求，从而豁免个人信息保护义务。

《个人信息保护法》第 13 条第 4 款规定了“为应对突发公共卫生事件，或者紧急情况下为保护自然人的生命健康和财产安全所必需”这一合法性基础。据此，如果侦查机关调取行为的目的是保护自然人的生命健康和财产安全，符合“紧急情况”的定义，也未超过必要性的限度，则企业的配合协助义务具备合法性，符合数据合规的相关规定。对于“紧急情况”的界定，可以参照《公安机关办理刑事案件程序规定》（2020 年修正）第 224 条规定的紧急搜查的 5 种具体情形，即“（一）可能随身携带凶器的；（二）可能隐藏爆炸、剧毒等危险物品的；（三）可能隐匿、毁弃、转移犯罪证据的；（四）可能隐匿其他犯罪嫌疑人的；（五）其他突然发生的紧急情况”。前述的浙江乐清滴滴顺风车司机杀人案，即可援引此条规定，以紧急情况作为免除个人信息保护义务的合法依据，先行配合警方的取证行为。

《个人信息保护法》第 13 条第 6 款规定了“依照本法规定在合理的范围

---

① 参见程啸：《个人信息保护法理解与适用》，中国法制出版社 2021 年版，第 115 页。

内处理个人自行公开或者其他已经合法公开的个人信息”这一合法性基础。据此,如果侦查机关调取的对象属于“个人自行公开或者其他已经合法公开的个人信息”,则企业的披露行为只要满足“在合理的范围内”,就满足了企业合规的要求。此外,《个人信息保护法》第 27 条也明确规定,“个人信息处理者可以在合理的范围内处理个人自行公开或者其他已经合法公开的个人信息”。所谓公开信息是指信息主体向不特定的人公开的信息,或者不特定的人都可以通过合法的途径获取的信息。

综上所述,通过正确理解运用《个人信息保护法》的相关条款,可以纾解协助调取义务与企业个人信息保护义务冲突的两难境地。此外,《个人信息保护法》第 18 条的免除告知机制与暂缓告知机制,也在一定程度上发挥了豁免或限缩企业数据合规义务的功能。当然,这实质上是对关联的司法解释等规范性文件如何引入、体现《个人信息保护法》相关条款精神的要求,避免其曲意释法。当然,必须正视的是,解释论路径在很大程度上只是开拓个人信息保护义务豁免机制的权宜之计,因为《个人信息保护法》第 13 条设定的例外情形是笼统粗疏的,其中给予公权力机关十分宽松的裁量适用空间,如此一来,理论上的许多合理解释愿景很可能在实践中成为一厢情愿,随之而来的正当性疑问也会极大减损解释论路径的实际效用。

(三)建立场景化的企业内部审查机制

企业应当建立与完善相应的内部审查机制,针对调取的不同场景进行差异化设置,而不应对执法机构予求予给。具而言之,企业应当在如下方面细化内部审查机制,延迟或者拒绝不合理的调取行为。

其一,企业应当审查身份验证机制的有效性。除非企业与执法机构之间存在长期稳定的合作关系,否则企业应当审查调取主体身份的有效性,即其是否拥有调取的相应权限,区分基于职权目的的调取与以职权调取为名实施的私人调取,拒绝以私人名义的调取请求。

其二,企业应当审查调取的法律依据。《电子数据规定》(2016 年)与《电子数据取证规则》初步建立了调取的取证程序,包括审批主体要求、令状形式要求、信息注明要求、拒绝签字注明要求与必要时的录音录像要求。企业应当严格审查办案人员的调取行为是否符合上述程序要件,尤其应当满足审批主体与令状形式的要求。

其三,企业应当审查调取对象与调取范围的特定性。调取应当具有明确的调取对象与调取范围,协助调取义务具有个案性而非概括性。对于执法人员不区分对象与范围的概括性调取行为,企业有权拒绝配合。

其四,企业应当审查调取个人信息的种类。如前文所述,任意调取与强制调取针对的个人信息类型有所差异。如果侦查机关的调取范围中包括隐私信息或者敏感个人信息,则应当提高相应的程序门槛。企业在履行协助调取义务的过程中,应当着重审查调取的个人信息的种类,运用层级化设置不同的协助机制。

其五,企业应当审查是否存在紧急情况。"紧急情况"是《个人信息保护法》第18条第2款规定的法定延缓告知事由,在此种情况下,企业可以限制性地履行数据合规义务,但是需要企业严格审查"紧急情况"的发生事由。"紧急情况"一般是指自然人的生命健康和财产安全面临着紧迫的危险,亟须处理个人信息,此时处理者或在物理上能联系个人,但该接洽时间会明显减损自然人的利益,或因网络、通讯阻断等原因而客观上不能联系,或因自然人陷入昏迷,失去判断能力而主观上不能联系。[①]"紧急情况"需要具有情势的紧迫性、后果的严重性以及事件的临时性,不宜过分扩大化解释而将笼统化的执法需求一概认定为紧急情况。

在现有的制度框架下,上述构想显然是颇具理想主义色彩的,因为在"用户个人—企业—侦查机关"的互动关系中,侦查机关处于强势地位,而企业的内部审查机制并不具有当然的对外效力。从根本上讲,企业要想基于内部审查机制来抵御侦查机关的不当调取指令,只能以在立法层面确认这

① 参见张新宝主编:《〈中华人民共和国个人信息保护法〉释义》,人民出版社2021年版,第155页。

一做法的正当性并设置具体的联动沟通程序规则为前提。[①]

五、结论

目前,以刑事数据调取为切入点,围绕刑事数据合规国内法律义务之冲突与调和的讨论还处于较为初步的阶段。以2022年8月"两高一部"联合发布的《信息网络犯罪案件适用刑事诉讼程序意见》(法发〔2022〕23号)为契机,有学者积极讨论了"刑事数据调取与数据安全执法协助及保护义务的兼容"问题,其认为对《数据安全法》第48条规定的处罚形式进行定性,是实现数据调取语境下两种义务兼容的首要问题,应当将这些处罚都定性为行政处罚,然后探索网络服务提供者或者网络用户如何适用行政处罚法的规定提出陈述或申辩,甚至提起行政复议或者行政诉讼等救济的可能性。[②] 我们认为,前述见解意在为通过开辟救济路径的方式,动摇企业协助调取义务的强制性,这显然具有一定启发性。但从将数据安全执法协助义务与数据安全保护义务并列的修辞方式可以看出,论者似乎并未审慎考量两种义务的内在紧张关系及其成因,同时,聚焦于对侦查机关处罚决定的救济,在时点上较滞后,无法及时地缓和、调处义务冲突。如果依循本节的分析思路,还需要国家层面与企业层面的共同努力。

① 例如,有学者建议"按照调取情形的紧迫程度、危险程度以及调取行为侵犯个人权利程度等指标,建立互联网企业响应等级体系,根据不同响应等级制定分类处理规则",而企业内控程序则被视为规范企业数据调取行为的配套机制。参见贝金欣、谢澍:《司法机关调取互联网企业数据之利益衡量与类型化路径》,载《国家检察官学院学报》2020年第6期。

② 参见梁坤:《刑事数据调取与数据安全深度融合衔接》,载《检察日报》2022年9月21日,第3版。

SECTION 06

第六节

宪法平等框架内的算法公平标准与价值权衡问题*

——兼论 COMPAS 算法公平争议的启示

陈 杰**

一、导论

大数据时代,数据已经成为一种生产要素,建立在大数据基础上的人工智能与算法技术不但提升了社会生产效率,也在衣食住行等方面改变了生活,甚至已"侵入"更敏感的刑事司法系统和医疗领域。在美国,算法决策已经在刑事风险评估中扮演重要角色,对罪犯表现的准确预测不但有利于公共安全和社会稳定,而且能缓解监禁率升高带来的各种问题,因此已在世界范围内引起广泛关注。COMPAS① 正是在这样的背景下产生的,作为刑事司法领域最知名的风险评估工具之一,它曾因 2016 年

---

* 本文首发于《浙江社会科学》2023 年第 7 期。

** 陈杰,浙江大学法学博士、博士后,浙大城市学院助理研究员,研究方向:法理学、法律与科技。

① COMPAS [The Correctional Offender Management Profiling for Alternative Sanctions,直译为"用于替代制裁的罪犯矫正管理分析",是由 Northpointe(现名为 Equivant)公司开发和所有的一个集法律案例管理和司法决策辅助等功能于一身的计算机软件]。

的卢米斯诉威斯康星州案(Loomis v. Wisconsin)名噪一时,[①]同年又引发关于种族歧视的争论,[②]后者在很大程度上推动与算法公平[③]相关的研究。对于人工智能在刑事司法中的运用,一些学者也表示担忧。他们认为风险评估不仅不是减少大规模监禁人口的正确方式,而且会加剧社会已有的不平等从而不利于弱势群体,所以他们担心算法进入司法领域是错误的,[④]也因此在国内外法学界引发对算法歧视进行规制的热议。[⑤]

虽然学界对于“算法应该公平”“应该对算法歧视进行规制”这样的认识已经达成一致,但是对于“什么是法律上的算法歧视”“算法公平或算法歧视的标准应该是什么”“如何实现算法公平”等问题少有提及。在这些问题中,有的是规范问题,有的是价值问题,有的则是技术问题。我们先说规范问题,法律对平等的要求本质上是个宪法问题,在比较法层面,对算法歧视进行规制主要也是诉诸宪法与反歧视法上的平等权。在我国,可通过诉诸体

---

① 对卢米斯案的具体介绍和分析,参见朱体正:《人工智能辅助刑事裁判的不确定性风险及其防范——美国威斯康星州诉卢米斯案的启示》,载《浙江社会科学》2018 年第 6 期。江溯:《自动化决策、刑事司法与算法规制——由卢米斯案引发的思考》,载《东方法学》2020 年第 3 期。

② 相关争论起源于媒体 ProPublica 一篇名为“机器偏见”的批评文章,See Julia Angwin, Jeff Larson, Surya Mattu and Lauren Kirchner, *Machine Bias: There's Software Used Across the Country to Predict Future Criminals and It's Biased Against Blacks*, PROPUBLICA (May 23, 2016), https://www.propublica.org/article/machine-bias-risk-assessments-in-criminal-sentencing。请注意,它与卢米斯案是两个不同的事件。

③ 算法公平(algorithmic fairness)与算法平等(algorithmic equality)本身是两个有关联但是又并不相同的概念,算法公平强调在方法论上基于统计标准对公平进行测量和界定,而算法平等则侧重于对算法决策制定的社会政治领域(如收入、就业、教育等)以及它们对弱势群体的影响展开讨论。

④ Bernard E. Harcourt, *Risk as a Proxy for Race: The Dangers of Risk Assessment*, Federal Sentencing Reporter, Vol. 27, Issue 4 (April 2015), p. 237 - 243. Sonja B. Starr, *Evidence-Based Sentencing and the Scientific Rationalization of Discrimination*, Stanford Law Review, Vol. 66, Issue 4, p. 803 - 872 (2014).

⑤ 对算法进行法律规制的中文讨论,可参见林洹民:《自动决策算法的法律规制:以数据活动顾问为核心的二元监管路径》,载《法律科学(西北政法大学学报)》2019 年第 3 期。张凌寒:《算法权力的兴起、异化及法律规制》,载《法商研究》2019 年第 4 期。周辉:《算法权力及其规制》,载《法制与社会发展》2019 年第 6 期。丁晓东:《论算法的法律规制》,载《中国社会科学》2020 年第 12 期。李成:《人工智能歧视的法律治理》,载《中国法学》2021 年第 2 期。郑智航:《人工智能算法的伦理危机与法律规制》,载《法律科学(西北政法大学学报)》2021 年第 1 期。田野:《平台用工算法规制的劳动法进路》,载《当代法学》2022 年第 5 期。

现宪法平等保护精神的相关部门法规定作为法律上规制算法歧视的规范基础,如《民法典》第4条(平等原则)以及《个人信息保护法》第24条等。[①]《个人信息保护法》第24条规定:个人信息处理者利用个人信息进行自动化决策,应当保证决策的透明度和结果公平、公正,不得对个人在交易价格等交易条件上实行不合理的差别待遇。[②] 但是对于什么是"结果公平、公正",什么是"不合理的差别待遇",法律并没有作太多具体的解释,而且这也并不仅仅是一个法律解释的问题,它还是一个价值层面需要讨论的问题。因为法律层面对算法公平的解释要符合并且受制于一般人对于公平正义的理解,进而涉及"算法应该采取何种公平标准"这一价值问题,与"如何实现算法公平"这一技术问题不同,价值问题先于并且独立于技术问题被回答。只有在"何为算法公平"这一价值问题上达成一致,我们才能够接着去讨论"如何以最好的方式通过编程将人们对公平的理解写到算法里面去"这一技术问题,可见价值标准问题也制约着技术对策问题,而技术问题又制约着规范问题,因为如果算法公平在技术上难以实现,那么至少法律上也不应该作相关规定。因此,对算法公平标准在价值层面的讨论对于数字经济的发展和个人权利的保护都具有至关重要的意义,这也正是笔者写作的出发点。因为如果算法公平标准被认定得太窄,那么会造成法律实践中打击面太广因而不利于数字经济的发展,如果认定得太宽泛,那么又不利于数字化时代个人权利的保护。[③]

为了方便读者对行文结构予以把握,在此对每一部分的内容作简要交代。第二部分讨论了COMPAS所引发的种族歧视公案,并基于混淆矩阵和相关统计指标为下文讨论算法公平标准做铺垫。第三部分主要介绍具体的

---

① 另外,对劳动就业领域算法歧视的规制,可诉诸《劳动法》第3条、第12条、第13条、第17条等规定。对性别方面算法歧视的规制,可诉诸《妇女权益保障法》诸多条款。

② 对《个人信息保护法》第24条的法教义学解释,参见杨立新,赵鑫:《利用个人信息自动化决策的知情同意规则及保障——以个性化广告为视角解读〈个人信息保护法〉第24条规定》,载《法律适用》2021年第10期。

③ 正如有学者所言,经济发展与权利保护之间的平衡是大数据时代必须面对的正义问题。参见郭春镇:《数字化时代个人信息的分配正义》,载《华东政法大学学报》2021年第3期。

算法公平标准,考虑到算法行为受到法律规则这一事实,本节在宪法平等保护框架内对各类算法公平标准进行了类型化构造。第四部分回到对COMPAS事件的讨论,指出试图通过同时满足所有算法公平标准来解决纠纷实际上是不可能的,而算法公平的不可能性又意味着价值权衡的不可避免性,后者进一步意味着对算法公平的实现是个案式的和情境化的。

二、COMPAS系统引发的争论

(一)一桩公案:COMPAS存在种族歧视吗?

在2016年,一家叫ProPublica的美国媒体发表了名为《机器偏见》的文章,认为黑人罪犯比白人罪犯更容易被COMPAS错判,因为COMPAS的预测结果显示,假正例率在白人身上是23.5%,而在黑人身上是44.9%——大约是白人的两倍,通常假正例率指标表示误判率,反映的是罪犯原本不会再犯但是被算法错误地预测为会再犯的概率。而白人身上的假负例率是47.7%,黑人身上是28.0%,假负例率表示漏判率,表示罪犯原本会再犯但是被算法错误地归类为不会再犯的概率,换言之,白人的漏判率比黑人高70%,这意味着算法错误地认为白人比黑人更不容易去再犯。从假正例率与假负例率这两个指标就可以反映出:内在于COMPAS软件中的算法给了白人罪犯更高的容忍度,所以ProPublica认为COMPAS存在种族歧视。①

紧接着,COMPAS的开发商Northpointe立马出长文予以反驳。Northpointe的研究人员对COMPAS风险评分的有效性进行了技术分析,并对ProPublica基于布劳沃德郡样本展开的数据分析进行了重新分析,认为ProPublica的分析存在一系列技术上的漏洞,然而最重要的是Northpointe认为COMPAS并不存在种族歧视。Northpointe承认COMPAS中的算法不满

① Julia Angwin, Jeff Larson, Surya Mattu and Lauren Kirchner, *Machine Bias: There's Software Used Across the Country to Predict Future Criminals and It's Biased Against Blacks*, PROPUBLICA (May 23, 2016), https://www.propublica.org/article/machine-bias-risk-assessments-in-criminal-sentencing.

足相等的假正例率和假负例率，但是他们认为从校准度标准来看，黑人的正例预测值（positive prediction value，PPV）为63%，而白人的为59%，二者近乎相等，正例预测值反映的是被预测为再犯的罪犯事实上再犯的概率水平；黑人的负例预测值（negative prediction value，NPV）为65%，而白人的为71%，也是接近相等的，负例预测值反映的是被预测为不再犯的罪犯事实上也不再犯的概率水平。①

显而易见，双方论争的实质是它们预设了对"算法公平标准"的不同理解，ProPublica 批评 COMPAS 软件的算法存在种族歧视，因为在黑人与白人等不同肤色群体中存在迥然不同的假负例率和假正例率，可见 ProPublica 持有的这种公平标准即认为公平就是在假正例率、假负例率上的平等。如果说 COMPAS 给出的风险评分是在证据意义上被法官使用的，那么不同的风险评分或假正例率/假负例率就意味着不同的证据价值，这就违背"法律面前人人平等"的原则。而 Northpointe 回应称 COMPAS 软件不存在算法歧视，因为黑人罪犯和白人罪犯都被 COMPAS 预测为高风险，并且事实上他们再犯的水平也是十分接近的，可见 COMPAS 对于黑人和白人预测的准确度是相似的，因此并不存在种族歧视。

（二）算法公平标准中的技术指标

由于算法的数据驱动特征，围绕 COMPAS 的争论涉及许多统计学的内容，为了能够理解争论并在此基础上进入到有关算法公平标准的讨论，在此我们有必要对统计学中的相关概念进行必要解释。② 为了处理不平衡数据（训练样本的不均匀性）的问题，在评价二分类模型性能或效果时通常会引

---

① William Dieterich, Christina Mendoza, and Tim Brennan. *Compas Risk Scales: Demonstrating Accuracy Equity and Predictive Parity*, Northpointe (July 8, 2016), https://njoselson.github.io/pdfs/ProPublica_Commentary_Final_070616.pdf.

② 相关中文介绍，可参见邓蔚等：《公平性机器学习研究综述》，载《智能系统学报》2020年第3期。古天龙，李龙，常亮，罗义琴：《公平机器学习：概念、分析与设计》，载《计算机学报》2022年第5期。

入混淆矩阵(confusion matrix)进行辅助讨论。[①] 混淆矩阵的实质就是将预测结果与真实结果的可能情形分类置于同一个表中,以至于我们可以明晰地看到每个情形的情况并进行评价。本节讨论的诸多算法公平标准,除了反归类平等这一标准外,其余的算法公平标准都是建立在统计分类的基础上的,因此混淆矩阵的重要性就在于几乎所有算法公平标准都可以用混淆矩阵中的 TN、FN、TP、FP 指标得到清晰表达。(见表 1 –6 –1、1 –6 –2、1 –6 –3、1 –6 –4)

表 1 –6 –1 混淆矩阵

事实情形	预测再犯(高风险)	预测不再犯(低风险)
事实上再犯 P = TP + FN	真正例 (true positive, TP)	假负例 (false negative, FN)
事实上没有再犯 N = FP + TN	假正例 (false positive, FP)	真负例 (true negative, TN)

表 1 –6 –2 分类平等标准

准确率 = (TP + TN)/(P + N)	错误率 = (FP + FN)/(P + N)
真正例率 TPR = TP/(TP + FN)	假负例率 FNR = FN/(TP + FN)
真负例率 TNR = TN/(FP + TN)	假正例率 FPR = FP/(FP + TN)

表 1 –6 –3 校准度/预测平等标准

校准度/预测平等	正例预测值 PPV = TP/(TP + FP)	负例预测值 NPV = TN/(TN + FN)

① 在机器学习里,算法(algorithm)和模型(model)是两个概念。算法是执行某项任务的一组连续指令,模型是关于世界如何运转的代数表达。参见李航:《统计学习方法》(第 2 版),清华大学出版社 2019 年版,第 15 ~ 19 页。此外,在二分类模型中经常会遇到这些概念:分类器(classifier)、分类(classification)、类别(class),分类器是一种算法,即机器用来分类数据的规则或指令,它可自动将数据进行排序或分类;分类器对新的输入进行输出的预测,这个过程被称作分类;可能的输出结果被称作类别,正例与负例就是二分类的两类输出结果。参见李航:《统计学习方法》(第 2 版),清华大学出版社 2019 年版,第 28 ~ 33 页。

表 1－6－4　统计平等标准

统计平等	正例率(TP＋FP)/(P＋N)

在理解上述表格时,始终要注意区分如下两个维度:罪犯出狱两年内是否再犯属于事实层面,经由 COMPAS 的输出结果是预测层面。在 TN、FN、TP、FP 等指标中,右边是预测值,左边是该预测值的真假结果。P 和 N 分别表示统计学中的“阳性”(positive,P)与“阴性”(negative,N),在机器学习中则被称为“正例/正类”与“负例/负类”,通常阳性/正例表示“存在”,阴性/负例表示“不存在”。例如在医学统计学中,阳性表示存在疾病或病毒,阴性代表正常(不存在疾病),一般阳性/正例是我们预测时所关心的结果。相应地,COMPAS 作为预测罪犯出狱后两年内是否会再犯的软件,当它预测结果为正例时,就是预测罪犯会再犯,负例就是不会再犯。如果基于此软件指导决策,那么在刑事司法中,正例就意味着假释或保释失败,负例就意味着假释或保释成功。正例和负例都是预测值,如果预测值与事实相符就称为“真”(true,T),否则就称为“假”(false,F),因此就有真正例数(TP)、假正例数(FP)、真负例数(TN)和假负例数(FN)这样的分类:在表 1－6－1 中,真正例数就是指 COMPAS 预测罪犯出狱两年内会再犯并且事实上的确再犯的实例数;假正例数指的是算法预测罪犯会再犯,但是事实上的确不再犯的实例数(误判);真负例数就是指算法预测不会再犯,事实上的确不再犯的实例数;而假负例数则是指预测不会再犯,但是事实上的确再犯的实例数(漏判)。[①]

笔者在此将表 1－6－2 各项指标统称为分类平等标准,对应本节第三部分涉及算法公平标准时所讨论的分类平等,因为分类平等就是指表 1－6－2 中诸指标上的平等,无论是单项指标上的平等还是不同指标计算后得到某数值(例如下文提到的成本率)上的平等。表 1－6－2 在混淆矩阵的基础上,构建了评价算法性能的诸多指标。从表 1－6－2 中可见,真正例率(也叫召回率、敏感性)和假负例率为一行,真负例率和假正例率为另一行,每一行的两个指标相加和为 1,它们的分母相同并且为表 1－6－1 同一行两个分

① 这意味着算法应该将罪犯归入再犯但实际上没有归入,所以我们说它漏判了。

类项的和。表 1 - 6 - 2 中第一列对应的指标是真正例率与真负例率(也叫特异性),它们反映的是预测的准确率;第二列对应的指标是假正例率与假负例率,它们反映的是预测错误的概率。表 1 - 6 - 3 对应的是下文的校准度/预测平等,表 1 - 6 - 4 对应下文的统计平等。①

三、宪法平等保护框架内的算法公平标准

由于算法行为受制于法律调控,当我们讨论算法公平标准时也会受制于法律对平等和歧视的理解。算法的整个结构可以被分为模型建构的输入环节(决策制定过程)与得到预测值的输出环节,各自环节都会涉及算法歧视问题。法律对直接歧视的规制发生在决策制定过程(输入环节),涉及的是过程公平;而对间接歧视的规制发生在得到预测值之后的输出环节,涉及的是结果公平。这一部分讨论了算法输入与输出环节的至少四类公平标准:过程公平涉及的公平标准是反归类平等原则,它要求算法在模型建构阶段就要禁止将受保护特征作为输入变量,而结果公平涉及的公平标准主要有分类平等、校准度/预测平等与统计平等这三大类。在进一步讨论算法公平标准之前,有必要对法律中的平等和歧视概念予以讨论。

(一)法律中的平等与歧视概念

法律中的平等主要指一种关系平等(relational equality)。② 所谓的关系

---

① 有必要说明三类算法公平标准间的联系,实际上表 1 - 6 - 3 和表 1 - 6 - 4 本都可以归入表 1 - 6 - 2 所谓的分类平等标准,因为二者也都是对输入进行输出预测这一过程的体现。目前这样分类一来是为了讨论方便(否则会有至少几十种公平标准之多),二来则是考虑到校准度/预测平等与统计平等因其被使用的频率之高而将其单独进行分类。除了这里涉及的数学解释外,在机器学习中对算法公平的解释还包括基于相似性的解释以及因果推断解释等,在此不予展开。

② 自罗尔斯以后,政治哲学界主要从分配正义的角度来理解平等的价值,而伊丽莎白·安德森认为在民主社会中我们不能仅仅从分配的视角来思考平等,也应该从关系平等的视角来理解平等。See Elizabeth Anderson, *What Is the Point of Equality*?, Ethics 109, p. 287 - 337(1999); Elizabeth Anderson, *The Fundamental Disagreement Between Luck Egalitarians and Relational Egalitarians*, Canadian Journal of Philosophy, Sup. Vol. 36, p. 1 - 23(2010).

平等指的是人与人之间拥有一种体现平等地位的关系，这表现在人与人之间相互尊重，没有人不平等地从属于其他人，各个群体都是社会政策与结构的平等参与者等。因此，我们可以把关系平等的这些主张看作是宪法与反歧视法平等保护的哲学表达，因为宪法与法律规定的人人平等以及作为平等者被对待（treat as equals）的要求禁止任何人基于受保护特征对特定群体进行歧视。法律对平等保护的要求不仅适用于宪法层面国家对公民的平等对待，即赋予公民基本权利对抗公权力的歧视，也适用于私主体之间的关系调整，例如要求企业不能通过算法对消费能力不同的买家实施价格歧视。

在法理论上，平等一般可以被分为形式平等与实质平等。形式平等从亚里士多德以后被表达为"类似情况应该类似对待"，在宪法中被表达为"法律面前人人平等"，在司法裁判中经常被表达为"同案同判"。而实质平等在法律中即要求法律应该确保结果的平等。相应地，不平等或者说歧视就可以被理解为相同情况不同对待或不同情况相同对待。具体言之，在许多法律体系中，歧视通常指基于某种受保护特征（protected traits）[①]——如性别、年龄、出身、种族、信仰、财产等，通过制定某项法律或政策对被歧视者造成了不合比例的损害。[②] 可见，歧视概念可以被三个关键要素所描述：受保护特征；造成损害；损害是不合比例的，如果是合比例的损害就能得到证成。

在英国和加拿大等国的平等或反歧视法中，一般会区分直接歧视与间接歧视，但它们在美国法律中分别被称作差别待遇（disparate treatment）和差别影响（disparate impact），二者在宪法和反歧视法中长期扮演着重要的角色。[③] 直

① 所谓受保护特征，是指在法律面前，我们希望能保障这些特征的公平，换言之不能基于这些特征的差异而予以不平等对待。对受保护特征的讨论，可参见［英］鲍勃·赫普尔：《平等法》（第2版），李满奎译，法律出版社2020年版，第59～114页。

② Andrew Altman, *Discrimination*, The Stanford Encyclopedia of Philosophy (Winter 2020 Edition), Edward N. Zalta (ed.), URL = < https://plato.stanford.edu/archives/win2020/entries/discrimination/ >.

③ 两种歧视的讨论，参见 Richard Primus, *The Future of Disparate Impact*, Michigan Law Review, Vol. 108, Issue 8, p. 1341－1388(2010)。讨论算法歧视的民事认定，可参见潘芳芳：《算法歧视的民事责任形态》，载《华东政法大学学报》2021年第5期。

接歧视/差别待遇指基于受保护特征而施加的不合比例的损害，且构成歧视的要件之一是行为的故意性，因此它涉及歧视者的态度与动机。间接歧视/差别影响通常是通过与受保护特征关联的因素（替代物）发生歧视行为，虽然它并不涉及歧视者的意识与动机，但是产生了歧视结果。可见，间接歧视比起直接歧视更加隐蔽，更加普遍，通常也更有害。英国在2010年实施的《平等法》中就直接不将歧视者的意图动机作为定义歧视的构成要件，这在现在似乎已经成为一个共识。[①]

（二）输入阶段的算法平等：反归类平等原则[②]

对风险评估算法的批评者一般认为：在预测算法中使用种族或性别等受保护特征，相当于在种族、性别和社会经济地位等方面的公然歧视，这会加剧原有的社会不平等。如围绕COMPAS争论所显示的那样，风险评估算法会使得刑事司法系统在刑罚上不成比例地给少数群体和弱势群体施加负担。[③] 考虑到分类算法作为最基本的机器学习技术之一，这种在算法中通过输入受保护特征来对不同群体进行分类进而导致的歧视，有学者称为“分类偏差”（classification bias）。[④]

考虑到宪法平等保护的要求以及可能导致的歧视问题，算法公平就要求训练算法模型时去除涉及受保护特征的数据。换言之，既然法律上的平等保护意味着每个人不因受保护特征而受到差别待遇，那么实现平等的最好方式就是不让这些数据进入算法决策中，它的具体做法就是不收集涉及受保护特征的敏感性数据，禁止将种族、性别等作为输入变量，因此在计算

---

① ［英］鲍勃·赫普尔：《平等法》（第2版），李满奎译，法律出版社2020年版，第122页。

② 在本节中，反归类平等原则即反归类原则，反屈从平等原则即反屈从原则，根据语境交换使用，特此说明。

③ See Sonja B. Starr, *Evidence-Based Sentencing and the Scientific Rationalization of Discrimination*, Stanford Law Review, Vol. 66, Issue 4, p. 803, 806 (2014).

④ See Pauline T. Kim, *Data-Driven Discrimination at Work*, William & Mary Law Review, Vol. 58, Issue 3, p. 891 (2017). 澄清歧视（discrimination）与偏差（bias）在概念上的不同，是另一个值得认真处理的问题。

机领域它被称作“凭借无意识实现公平”(fairness through unawareness),而法律中纠正这种分类偏差的理念叫作“反归类原则”(aiti-classification principle)。[①] 最终,通过在技术上进行敏感数据清洗确保了过程的公平性,它使得在机器学习中,算法不会以任何方式基于个人的受保护特征对其进行差别待遇。考虑到在训练算法模型时无差别地去除与受保护特征相关的数据是一种形式性要求,因此反归类原则旨在实现算法的形式平等。

但是在法律上禁止将种族、性别等作为输入变量真的能够让歧视消失吗?未必,因为通过大数据技术实际上仍然能够通过受保护特征的替代物(proxy)实施间接歧视,[②]这点已经得到其他学者实证研究的支持,有学者通过对纽约市审前制度的研究发现,即使种族特征被明确排除在算法外,所有常用的且被法律允许的输入变量(如犯罪史)都会与种族特征发生关联从而产生替代物效应,进而产生歧视。[③] 例如,在 COMPAS 公案中,算法系统的输入变量就包括犯罪历史、判决记录等种族特征的替代物。它们之所以与种族特征发生关联,是由于历史上在不同种族间的司法判决结果常常是不公正的。此外,有学者甚至认为禁止受保护特征不仅不能避免歧视反而会加剧数据模型的歧视性影响。[④] 例如,在刑事司法系统,男性与女性在未来

---

① Jack M. Balkin, Reva B. Siegel, *The American Civil Rights Tradition: Anticlassification or Antisubordination*, Issues in Legal Scholarship, Vol. 2, Issue 1, p. 9 - 33(2002). 在美国法中单就“种族”特征的清除过程经常被称为“种族中立”(colorblindness)。

② 什么是受保护特征的替代物?如果说种族是受保护特征,那么与种族相关的犯罪历史、邮编地址就是其替代物;性别是受保护特征,工作时长和消费记录可能就是其替代物;出身是受保护特征,毕业院校和生源地就是其替代物等等。在大数据背景下,对于受保护特征的替代物如何延续歧视的分析, see Anya E. R. Prince, Daniel Schwarcz, *Proxy Discrimination in the Age of Artificial Intelligence and Big Data*, Iowa Law Review, Vol. 105, Issue 3, p. 1257 - 1318(2020)。

③ Crystal S. Yang & Will Dobbie, *Equal Protection under Algorithms: A New Statistical and Legal Framework*, Michigan Law Review, Vol. 119, Issue 2, p. 357 - 382(2020).

④ 因此他认为为了减少分类偏差,法律不仅要取消对受保护特征作为输入变量的禁止,而且应该允许将涉及受保护特征的数据用来训练模型。See Pauline T. Kim, *Data-Driven Discrimination at Work*, William & Mary Law Review, Vol. 58, Issue 3, p. 867, 904(2017). Yang 也曾认为过度形式化的排除种族特征反而会产生不必要的种族不平等,进一步破坏了平等保护的目标。See Crystal S. Yang & Will Dobbie, *Equal Protection under Algorithms: A New Statistical and Legal Framework*, Michigan Law Review, Vol. 119, Issue 2, p. 357 - 382(2020).

实施暴力犯罪的概率是不同的（女性通常较低），如果在风险评分工具中去除性别这一受保护特征就会系统性地高估女性未来暴力犯罪的风险，进而在法官决策中导致对女性的司法判决过重，而在模型设计环节考虑性别特征将有利于输出结果上的平等。

在此，我们得到算法公平的第一类标准：反归类平等原则。反归类平等就是要求个人不会因为某个特定的种族群体身份或因为某些受保护特征而受到不同的对待，以此来限制差别待遇带来的不利影响。但是如果不能证明算法是基于受保护特征并且存在歧视性意图或动机进行差别待遇的，那么反归类原则就不会禁止因此对弱势群体产生的不利影响。

（三）输出阶段的算法平等：三类算法公平标准

与输入阶段算法公平重在形式保护不同，输出阶段的算法公平重在对群体进行实质保护，这种纠正结果不平等以实现实质平等的理念在美国反歧视法中被称作"反屈从原则"（antisubordination principle）。结合上文所述表1－6－1至表1－6－4的内容，我们至少可以归纳出如下算法公平标准：校准度/预测平等（见表1－6－3）、分类平等（见表1－6－2）和统计平等（见表1－6－4）。①

1. 校准度/预测平等

校准度它反映的是预测的正确程度，校准度 $=\hat{Y}/Y$，通常我们用 Y 表示真实结果，用 $\hat{Y}$ 表示预测结果，校准度反映了模型预测风险与实际发生风险的一致程度，校准度越好（值越接近1），提示预测模型的正确性越高，校准度

---

① 根据在连续性预测（风险评分）和二分类预测（负例、正例）这两种不同模型上的适用，有学者认为至少存在11种统计学意义上的公平定义，前3种适用于连续性预测模型，后8种适用于二分类预测模型：（1）平等的校准度；（2）平衡正例分类（balance for the positive class）；（3）平衡负例分类（balance for the negative class）；（4）平等的假正例率；（5）平等的假负例率；（6）平等的正例预测值；（7）平等的负例预测值；（8）平等的假正例率/假负例率；（9）平等的错误率；（10）统计平等；（11）平等的（正例预测样本/正例真实样本）比率。See Hedden B., *On Statistical Criteria of Algorithmic Fairness*, Philosophy and Public Affairs, Vol. 49, Issue 2, p. 214－219（2021）. 其中很多标准是表1－6－2中的指标经过复合得到，本节将其统称为分类平等。

越差,则预测模型有可能高估或低估真实发生的风险。① 校准度平等意味着:在同样受法律保护的不同群体间,同样的风险评分意味着同样的实际结果(结果与受保护特征无关)。具体来说,如果 COMPAS 给黑人群体与白人群体的风险评分都是 0.6,那么这意味着无论是黑人罪犯还是白人罪犯,他们在被释放两年内再犯的水平是相同或近似的,这也意味着 COMPAS 无论对黑人还是对白人都没有高估或低估其再犯率。如果再犯水平跟预测值一致且为 60% 就是强校准度平等,如果不足 60%,但是黑人和白人的再犯水平也是一致的则是弱校准度平等。

与校准度平等近似的公平标准是预测平等(predictive parity),后者可以被看作前者的一般化应用。② 校准度通常适用于连续性模型(如风险评分),而预测平等则适用于二分类模型(如正例、负例)。③ 预测平等包括正例预测值平等(PPV)与负例预测值平等(NPV),前者也叫精确度平等,它指的是被预测为正例的群体间实际再犯的比例相等,后者指的是被预测为负例的群体间实际不再犯的比例相等(见表 1-6-3)。

这类标准所要求的公平就体现在:风险评分或正例预测或负例预测对不同群体的意义是一样的,从证据意义上讲,同样的风险评分或正例预测或负例预测意味着同样的证据分量,法官应予以同等对待而不论他的身份、年

---

① 校准度既可以用于表示预测结果为二值的分类模型,也可以用于预测结果是连续性评分的回归模型,在满足一定条件时这两种定义在数学上是等价的。Corbett-Davies S. & Goel S. The Measure and Mismeasure of Fairness: A Critical Review of Fair Machine Learning, https://arxiv.org/abs/1808.00023.

② 校准度平等和预测平等反映的都是预测的正确性,但是它们在逻辑上并不等价,满足校准度的风险评分可能并不满足预测平等,因为后者还取决于风险评分的条件分布或基础概率(base rate)。See Chouldechova A., *Fair Prediction With Disparate Impact: A Study of Bias in Recidivism Prediction Instruments*, Big data, Vol. 5, Issue 2, p. 154 - 155(2017).

③ 校准度既可以用于表示预测结果为二值的分类模型,也可以用于预测结果是连续性评分的回归模型,在满足一定条件时这两种定义在数学上是等价的。Corbett-Davies S. & Goel S., *The Measure and Mismeasure of Fairness: A Critical Review of Fair Machine Learning*, https://arxiv.org/abs/1808.00023.

龄、性别等受保护特征是什么。① 如果无法实现校准度平等，那么 COMPAS 这样的风险评分工具就会激励法官在解释预测结果时不公平地考虑种族等受保护特征。

2. 统计平等

统计平等又叫人口统计平等(demographic parity)，统计平等要求在涉及特定受保护特征的群体中每个构成部分的正例率(见表 1－6－4)相等，用混淆矩阵中的式子来表达，统计平等就是指(TP＋FP)/(P＋N)的平等，这意味着每类群体所获得的结果与受保护特征是相互独立的。例如，在算法对涉及种族特征的不同群体(如黑人、白人等)进行预测时，统计平等要求种族分布中各类人群获得同等比率的正例结果。以 COMPAS 公案为例，统计平等就是指 COMPAS 预测黑人罪犯与白人罪犯再犯的概率要相等，即如果黑人罪犯中有 1/3 被预测为累犯，那么白人罪犯群体中被预测为累犯的比例也应该为 1/3 左右。此外，统计平等还要求某群体获得特定结果的比例与该群体在总人口中的比例相等，例如假设黑人占总人口比例是 10%，那么统计平等就要求黑人获得高风险评分的比例也应该是 10% 左右。

统计平等的优点主要体现在政策领域，因为我们据此标准就能够较为容易地对决策是否公平进行识别判断——不需要研究算法黑箱内部是如何工作的也可以判断公平标准是否得到满足，因为只需要根据实际结果直接进行评价即可。从政策视角看，统计平等被认为是对群体间平等的最简单测量，通常被用于招聘、入学、政府合同等领域，也是有关机构在这些领域判断是否存在歧视的主要标准，如美国法中“4/5 规则”所述，美国执法机构对损害是否合比例的初步判断就是看该损害是否与统计平等标准偏离太多。统计平等能够平衡短期与长期的政策目标，并且能够在个体生命中实现真正的改变。

---

① Hedden B., *On Statistical Criteria of Algorithmic Fairness*, Philosophy and Public Affairs, Vol. 49, Issue 2, p. 214－216(2021).

3. 分类平等

分类平等(classification parity)[①]严格来说不是单个平等标准,它包含了对公平作数学定义的一系列标准。从上述表1-6-1至表1-6-4可以看出,事实上存在许多种不同的方式来测量算法的预测结果,因此通过对它们在不同群体间的计算和比较就可以得出各种不同的算法公平标准。除了表1-6-2已经反映的准确率、错误率、真正例率、真负例率、假正例率、假负例率等可以作为公平标准外,有学者还根据这些标准间的比率关系来设定其他公平标准,如将假正例率/假负例率看作理解它们相对权重的成本率(cost ratio)。[②] 分类平等也要求受保护特征与输出结果要相互独立,以真正例率为例,除了表1-6-2中的不同叫法,真正例率的平等常常也被叫作机会平等(equal opportunity),它指的是事实上再犯的罪犯拥有平等的被预测为再犯的机会,而不管他来自哪个群体,具有什么个人特征。[③]

在不同群体间实现这些统计指标的平等是重要的,以COMPAS事件中提到的假正例率与假负例率为例,这些统计指标的不平等(其他类似标准也一样)会导致高风险评分的罪犯在假释或保释等环节更不容易获得批准。[④] 如果黑人更容易被错判为高风险评分,就意味着黑人在申请保释和假释时更容易失败,所以这会导致对黑人群体的不公平。

在此对这部分作个小结(见表1-6-5)。事实上,在输入阶段(反归类

---

① "分类平等"中的"分类"与前述"反归类平等原则"中的"归类"英语都是classification,但是意义不同,反归类平等原则中的"归类"指的是算法设计者不能基于受保护特征对人进行分门别类进而实施差别待遇,而分类平等中的"分类"在机器学习中指的是算法对输入进行输出预测这一过程,所以笔者在中文名称上作了区分。

② Hedden B., *On Statistical Criteria of Algorithmic Fairness*, Philosophy and Public Affairs, Vol. 49, Issue 2, p. 214-219(2021); Sandra G. Mayson, *Bias in, Bias Out*, Yale Law Journal, Vol. 128, Issue 8, p. 2242-2246(2019).

③ Moritz Hardt, Equality of Opportunity in Machine Learning, GOOGLE AI BLOG (Oct. 7, 2016), https://ai.googleblog.com/2016/10/equality-of-opportunity-in-machine.html.

④ 对风险评分工具在满足预测平等的前提下,因不满足其他公平标准进而会导致间接歧视的数学解释,see Chouldechova A., *Fair Prediction With Disparate Impact: A Study of Bias in Recidivism Prediction Instruments*, Big data, Vol. 5, Issue 2, p. 157-162(2017)。

平等原则)与输出阶段(三种统计意义上的平等标准)被讨论的四类算法公平标准都是可接受的,因为它们都满足直觉上的吸引力:不能因为受保护特征对人们实施差别待遇。但是在技术层面,它们对于如何实现公平存在不同的看法,反归类平等原则的支持者认为应该在算法设计中去除受保护特征及其替代物以实现平等。而反屈从平等原则要求在模型建构阶段应充分考虑受保护特征并将其作为输入变量,因为这样可以实现不同群体间的机会和结果平等,即使这样会导致过程不平等。此外,我们会发现反屈从平等原则要求的结果平等是通过在不同群体间进行比较来实现正义的,而反归类平等原则不是通过比较而是通过审查算法是否基于受保护特征实施差别待遇以及是否涉及歧视动机或意图来实现正义的。但是,无论是反归类平等原则的支持者还是反屈从平等的支持者,他们有可能都思考错了方向,因为算法是否公平有可能和接受何种算法公平标准根本是没有关系的,这就是第四部分要讨论的内容。

表 1-6-5 宪法平等框架内的算法公平

原则	反归类平等原则	反屈从平等原则:校准度/预测平等、统计平等、分类平等
与算法的关联	算法过程/输入环节	算法结果/输出环节
歧视类型	直接歧视(差别待遇)	间接歧视(差别影响)
公平类型	过程公平	结果公平
平等类型	形式平等	实质平等
正义类型	非比较正义	比较正义

四、重访 COMPAS 公案:作为理想的公平与权衡的现实

如前所述,COMPAS 一案的争论,其实质是对公平定义的争论,是对应该接受何种公平标准的争论。ProPublica 对算法公平持分类平等标准,即批评 COMPAS 造成黑人与白人在假正例率与假负例率上的不平等,因而存在对黑人的歧视,而 Northpointe 对算法公平持校准度平等标准,反驳说

COMPAS 在不同群体间的校准度是平等的，因而不存在歧视。平息争论的一种办法就是证明涉及的两类标准在一般情况下是相容的，即可以同时被满足的，但是这种方案事实上被证明是不可能的；还有一种办法就是对它们进行权衡，但这是高度情境化的，并且是受到事实条件约束的，因为事实上并不存在一个标准比另一个标准好的一般情形。

（一）公平标准间的不可能三角以及权衡的不可避免性

2016 年的 COMPAS 事件后，不少学者试图弥合 ProPublica 与 Northpointe 双方在公平标准上的分歧，即试图在不同的算法公平标准之间实现统一，但是这种努力在后来被证明是失败的。因为不同学者在数学上相继证明了：由于算法公平标准在不同群体间是不相容的，进而同时实现所有算法公平标准是不可能的（impossibility of fairness），①他们认为：除了同时满足完美预测（perfect prediction）以及群体间的基础率②相等这两个条件的情形，③任何其他时候算法决策都无法同时满足校准度平等、假正例率平等和假负例率平等这三种公平标准。④ 后来有学者将这一结论推广到更一般的情形：除了同时满足完美预测和相同基础率的情形，算法公平不能在任意三个都符合直觉的公平标准间同时被实现，即只要在不同群体间满足其中

---

① 公平的不可能性在有的文献中也被称为超边际问题（the problem of infra-marginality），See Sandra G. Mayson, *Bias in, Bias Out*, Yale Law Journal, Vol. 128, Issue 8, p. 2250（2019）.

② 在概率论和统计学中，基础率（base rate）也叫先验概率，就是指特定人群中特定行为的真实发生率。在流行病学中，它也叫流行率（prevalence），即发现患某病的人数占被研究总人数的比例。在认知决策领域有著名的“基础率谬误”一说，参见［美］丹尼尔·卡尼曼：《思考，快与慢》，胡晓姣等译，中信出版社 2012 年版，第 148 ~ 151 页。

③ 在此，完美预测指算法或决策者可以准确地预测真实结果，没有任何误差或不确定性，亦即预测结果等于真实结果。See Berk R., Heidari H., Jabbari S., et al. *Fairness in Criminal Justice Risk Assessments: The State of the Art*, Sociological Methods & Research, Vol. 50, Issue 1, p. 18（2021）.

④ Kleinberg 等人证明的是该结论的连续性情形，see Jon Kleinberg, Sendhil Mullainathan, and Manish Raghavan. *Inherent Trade-Offs in the Fair Determination of Risk Scores*, https://arxiv.org/abs/1609.05807。Chouldechova 证明的是该结论的二分类情形，see Chouldechova A., *Fair Prediction With Disparate Impact: a Study of Bias in Recidivism Prediction Instruments*, Big data, Vol. 5, Issue 2, p. 153 - 163（2017）。

一个公平标准,那么剩下的两个公平标准在他们间就不能被同时满足。这个结论适用于包括算法和人类在内的所有预测者,借用流行话术可以将其称作“算法公平的不可能三角”。换言之,由于完美预测和相等基础率在真实情况中是几乎不可能存在的,因而真实世界不可避免地充斥着不平等和预测的不完美性,种族或性别的完全中立是不可能实现的,我们最多只是在不同的不公平之间实现一个可接受的权衡。

考虑到公平标准间的不相容性是一个数学事实,现实中不可能在符合所有公平标准的情况下实现公平,这使得在不同公平标准间或公平与效率(指预测准确率的最大化)间进行权衡就变得不可避免。换言之,算法公平的不可能性意味着权衡的不可避免性。有学者以列表的形式向我们清晰地展示了:在不同基础率的群体间,公平标准是如何不相容的,并且想要调整某个原先不平等的标准使其接近平等就必须以其他标准上的不平等为代价。[①] 例如,使群体间的假正例率平等就会扩大假负例率的不平等,反之亦然。再如,不同群体间的统计平等会给高基础率的一方产生更低的假正例率,更低的成本率,如若使群体间在成本率上平等又会导致在假正例率上的不平等。[②] 此外,效率与公平之间也会存在权衡,即使可能在不同群体间同时实现这两种标准的平等,但是它会造成在准确率上的严重下降,事实上在基础率不同的群体间强加任何一个公平标准都会损害算法的准确性。[③] 有具体研究已经表明,如果预设以往对群体公平的某种理解,很有可能会导致实践中公共安全的大幅度降低,但是如果优化和提高公共安全又势必会导致种族上的不平等。[④] 可见,在不同的公平标准间,总是存在按下这头实现平等又会在另一头导致更大不平等这样的情形,而使另一头平等又会在第

---

① Sandra G. Mayson, *Bias in*, *Bias Out*, Yale Law Journal, Vol. 128, Issue 8, p. 2236 – 2238 (2019).

② Sandra G. Mayson, *Bias in*, *Bias Out*, Yale Law Journal, Vol. 128, Issue 8, p. 2272 (2019).

③ Sandra G. Mayson, *Bias in*, *Bias Out*, Yale Law Journal, Vol. 128, Issue 8, p. 2271 (2019).

④ Sam Corbett-Davies, Emma Pierson, Avi Feller, Sharad Goel, and Aziz Huq, *Algorithmic Decision Making and the Cost of Fairness*, In Proceedings of the 23rd ACM SIGKDD International Conference on Knowledge Discovery and Data Mining (KDD'17), p. 797 – 806 (2017).

三处标准上不平等,最终陷入不可能三角循环往复。

这让我们对 COMPAS 事件有了新的认识。如前所述,COMPAS 算法被设计时坚持的是校准度平等的标准,结果却造成了黑人与白人在假正例率与假负例率等标准上的不平等,继而被批评为歧视弱势群体。但是公平标准间的不可能三角使我们认识到:只要不同群体间的基础率不同或者预测者不能实现完美预测,那么在算法设计中无论是去除还是包括受保护特征都会造成某些群体(主要是弱势群体)处于不利处境,而且也无法同时实现准确预测和减少公平等不同价值目标。考虑到这些事实,当决策者选择实现某个方面的平等进而使得在其他方面产生不平等时,这并不意味着算法本身就是不正义的,即使这会使得某些群体处于不利地位。换言之,对于实现算法公平而言,它与选择何种算法公平标准没有必然联系,而不同算法公平标准为决策者提供的意义,可能就在于它为决策者在不同情境中进行价值权衡后判断何为合适标准提供了选项。

(二)价值权衡与算法公平的情境化

算法公平是一个情境化或场景化的概念,实践中并不存在一个在所有情境下都最优的算法公平概念和标准,或许只存在一个在特定情境下是最合适或最可接受的权衡方案。情境化意味着一个好的公平定义是随着不同情境而发生变化的,即某种对算法公平的理解在一个政策领域会比另一个政策领域更适合。①

不同情境下实现同一个标准的代价是不同的。法学研究中经常看到的类型化就可以看作一种情境化的表达,有学者将机器学习中的公平概念与法律机制进行类型化匹配,认为每一个(组)公平概念都可以纳入一个特定的用于解决某一紧迫社会问题的法律机制,以这种类型化(情境化)的方式帮助法律决策者判断其选择的影响,因而在具体情形中更好地适用公

① 国内也有学者认为算法规制应该情境化或场景化,参见丁晓东:《论算法的法律规制》,载《中国社会科学》2020 年第 12 期。

平标准。[①] 事实上,我们都会希望假正例率与假负例率这样的错误率指标越低越好,但是在不同情形中会侧重不同的标准,因为此时它们的代价是不同的。在科学研究中,一般情况下研究结果只有统计显著(预测结果为正例)才有发表的意义,因为后来者的研究往往会基于前人已发表的成果建立理论或展开实验,因此如果统计显著是建立在估计错误的基础上就会导致科研资源的巨大浪费。[②] 在这种情况下,我们会希望假正例率(统计学中的第一类错误)越低越好。而在医疗卫生领域,比如癌症检测中则会认为假负例率越低越好,因为此时将患癌症的病人漏诊为没得癌症将耽误病人的最佳治疗时期,漏诊是以生命为代价的,所以会要求假负例率(假阴性率)越低越好。在刑事司法中,对个体而言假正例率代价更大,因为错误地被预测为再犯意味着将在监狱中度过更长生命,但是对社会而言假负例率可能代价更大,因为将实际上再犯的罪犯错误地预测为不再犯会增加对公众安全的威胁。

不同情境下算法公平的实现所指不同。由于权衡是不可避免性的,它意味着对算法公平的实现就是指在竞争价值间实现正确的权衡。由于权衡的正确性是高度情境化的,所以这又意味着算法公平的实现在不同领域所指不同。在刑事司法领域,算法公平意味着在公共安全和个人正义之间的适当权衡;在医疗健康领域,算法公平意味着在为病人提供最佳治疗和医疗资源合理分配之间实现正确权衡;在消费领域,算法公平意味着企业效益与平等对待之间的正确权衡。与此相关的,针对算法行为所涉及利益的重要程度不同,有关部门也可以予以不同级别的审查,如算法在刑事司法、自动驾驶和医疗等领域的运用就可以予以较高级别的审查,而在消费推荐、广告推送等领域予以低级别的审查,此处可以参照美国法院对政府侵权行为的

---

① Doaa Abu-Elyounes, *Contextual Fairness: A Legal and Policy Analysis of Algorithmic Fairness*, University of Illinois Journal of Law, Technology & Policy, Vol. 2020, Issue 1, p. 4 – 7(2020).

② [美]弗雷德里克·格雷维特:《行为科学统计精要》(第8版),刘红云、骆方译,中国人民大学出版社2016年版,第134页。另外,统计显著才有发表意义是就一般情况而言的,现在也有刊物会发表统计不显著的研究,在此不作展开。

不同层级审查:当涉及特定产品价格调控导致的利益损害,适用合理性审查(最小审查);当涉及性别或商业言论导致的利益损害,适用中度审查;当涉及种族、言论、性等特征导致公民基本权利的侵犯,适用严格审查。[①] 考虑到价值权衡必然涉及对一方权益的损害,因此在对决策者的权衡行为进行审查时可以考虑引入比例原则,作为评价手段合理性的标准。

公平标准的情境化意味着对价值的权衡受到数学事实等条件的约束。如前所述,各种公平标准之间都存在某种数学关系,因此想要在某个公平标准上实现平等必须要先满足该平等成立的前提条件,例如想要实现校准度平等就必须要满足成本率为1这个条件,换言之要使得假负例数和假正例数的代价相同。[②] 而想要同时实现各类公平标准,就需要满足决策者具有完美预测能力以及不同群体间相同基础率等条件。我们同样以COMPAS事件为例来予以说明:因为黑人和白人在错误率、假正例率与假负例率等指标上的差异并不是COMPAS算法本身的问题,这只是算法对喂养数据的数学表示,在喂养算法的数据集中黑人与白人相比本身就具有更高的被捕率(被捕的基础率不同)。基于此,黑人就被算法赋予更高的风险评分,因而就具有更高的概率被预测为再犯,同时也就有更高的概率被错误地预测为再犯。[③] 因此,不同群体间在基础率上的差异将决定权衡的性质和程度。鉴于此,实现公平的最佳路径可能不仅在于修改预测算法本身,而更在于改善我们所生活的世界让它变得更加公平。具体而言,就是通过在社会基本结构的诸多方面进行改革进而改变基础率,例如,通过改革司法系统、收入分配机制、教育制度等以改变社会的背景条件,通过对不同的群体采用不同的风险阈

---

① Aharon Barak, *Proportionality*, in Rosenfeld M., Sajó A. eds., The Oxford Handbook Of Comparative Constitutional Law, Oxford University Press, p. 752 – 754(2012).

② 如果假负例与假正例的成本比不是1,则实际上不可能实现校准。换言之,只有当两种误差的成本相同时,校准才有形式上的意义。See Richard Berk, *Accuracy and Fairness for Juvenile Justice Risk Assessments*, Journal of Empirical Legal Studies, Vol. 16, Issue 1, p. 181(2019). Melissa Hamilton, *Debating Algorithmic Fairness*, UC Davis Law Review Online, Vol. 52, p. 295.

③ Sandra G. Mayson, *Bias in, Bias Out*, Yale Law Journal, Vol. 128, Issue 8, p. 2234(2019).

值修改我们采取行动的方式,通过其他办法减轻算法使用导致的负面影响等。①

五、结论

借助国外反歧视法层面对 COMPAS 种族歧视案件的分析,本节讨论了算法公平的定义,并将算法公平、算法平等这类抽象、空洞的概念分解为更加可测量和操作的不同标准。同时,在宪法平等保护的框架内对各类算法公平标准进行了类型化构造(见表 1 - 6 - 5),这也为日后在教义学层面理解法律中的相关规定提供了参考。如前所述,围绕算法公平的讨论至少可以细分为价值层面、规范层面和技术层面,其中价值层面制约着技术层面,反归类平等原则旨在实现形式平等因此在技术路径上主张在算法设计和输入阶段(决策制定过程)对受保护特征予以排除,而反屈从平等原则(包括校准度/预测平等、统计平等、分类平等这三类标准)旨在实现结果上的实质平等因此在技术路径上主张在算法设计阶段将涉及受保护特征的数据用于模型训练,即便这会导致过程不平等。

此外,在以实质平等为目的的诸多算法公平标准内部,也存在不同标准间的不相容问题。亦即,只要在不同群体间不能同时满足相同的基础率和完美预测这两个条件,那么就会面临不同公平标准间的不可能三角,这是一个已被证明的数学事实。算法公平标准间的不相容性意味着在不同标准间进行价值权衡是不可避免的,而价值权衡具有情境化或场景化的属性,因此对算法公平的实现或对算法歧视的规制也应是具体化的、个案式的。法律对此并没有提供有用的指导来确定何种平等标准优先,它要求决策者在个案中通过价值权衡实践来进行确定,并适时通过比例原则作为正当化标准。与此同时,不同群体间基础率的差异会对权衡产生影响,而这本身已非算法

① Hedden B., *On Statistical Criteria of Algorithmic Fairness*, Philosophy and Public Affairs, Vol. 49, Issue 2, p. 227 (2021). 陈林林、严书元:《论个人信息保护立法中的平等原则》,载《华东政法大学学报》2021 年第 5 期。

问题,而变成训练算法的数据问题了。以 COMPAS 事件为例,受历史、社会文化、犯罪历史等因素的影响,不同群体间在累犯上存在不同的基础率和风险评分分布,这就使得 COMPAS 对不同群体赋予不同的预测结果。这也是讨论算法公平标准给如何实现社会公平带来的启示,因为只要训练算法的数据是这个不平等世界的映射,那么算法设计最终对于减少社会不公很难有根本改变。基础率的分布是对这个世界基本情况的描绘,想要改变它以实现公平根本上涉及人类选择在一个什么样的世界上生活,这也正是算法治理涉及法学、伦理学、计算机科学等学科的启示所在。

实　务　篇

SECTION 01

第一节

互联网平台企业向政府报送数据的法律规制

冯　洋　李微微*

收集和处理社会信息是政府得以高效运转和履行其职责的前提。早在宋代,当时的政府就开始编制鱼鳞图册,试图详细记录土地地权的分配情况,用来作为征收赋税的依据,该项制度延续到清末,在巩固古代政府统治的经济基础方面发挥了较大作用。近代工业革命以来,日益壮大的行政国家掌握海量社会信息的能力和需求与日俱增。随着互联网和人工智能技术的广泛应用,当代西方主要国家的政府采集和处理数据的规模和精度达到了前所未有的程度。① 近年来,随着国民经济信息化的快速推进,我国政府也开始强调提升自身获取第三方信息的能力。② 2015 年 7 月国务院办公厅发布的《关于运用大

---

* 冯洋,浙大城市学院法学院兼职研究员,浙江大学光华法学院,荷兰鹿特丹伊拉斯姆斯大学法学博士。研究方向:个人信息保护与公法的实证研究。

李微微,浙江大学光华法学院硕士研究生。

① See Christopher Slobogin, *Transaction Surveillance by the Government*, Mississippi Law Journal, 75, p. 139 – 149(2005).

② 已有学者从刑诉法角度关注政府获取第三方信息的问题。参见程雷:《大数据侦查的法律控制》,载《中国社会科学》2018 年第 11 期。

数据加强对市场主体服务和监管的若干意见》(国办发〔2015〕51号)要求政府高效采集、有效整合、充分运用社会数据,加强对市场主体的全生命周期监管。2021年年初,浙江省在全国范围内率先部署数字化改革,目标是通过数字化手段打造"整体智治"的现代政府。如何构建科学合理的政府与企业间的数据流动机制是政府数字化改革的题中之意。企业向政府报送数据是实现政企数据流动的重要方式。当前,在我国各类经济领域中,互联网平台经济是数字政府获取平台数据力度最强、对企业和社会影响最大的领域。从整体趋势来看,我国政府监管部门要求获取平台经营者数据的需求越来越大,通过立法规制此项报送活动的趋势也越来越明显。如何科学、合理地认识互联网平台企业向政府报送数据的性质和趋势并构建相应的机制,已成为一道越来越紧要的命题。本节基于大范围的调研和规范分析,总结市场监管视域下互联网平台企业向政府报送数据的实践类型,深入分析数据报送的性质,并在此基础上剖析该项制度存在的问题,提出了完善制度的建议。

一、互联网平台企业向政府报送数据的政策与法律

经过20多年的持续推进,我国已形成了对数据经济发展较为有利的政策环境,与数据安全相关的立法体系逐渐完善。2020年7月出台的《国民经济和社会发展第十四个五年规划和2035年远景目标纲要》提出要加快数字社会建设步伐,适应数字技术全面融入社会交往和日常生活新趋势,促进公共服务和社会运行方式创新,构筑全民畅享的数字生活。① 截至2021年12月,我国网民规模达10.32亿人,较2020年12月增长4296万人,互联网普及率达73.0%。即时通信等应用基本实现普及,贫困地区通信难等问题得到历史性解决。② 互联网经济日趋繁荣,新一代信息技术不断推陈出新,移动支付、共享单车等新经济形态持续涌现。随着国民经济信息化程度的不

① 参见《国民经济和社会发展第十四个五年规划和2035年远景目标纲要》。

② 参见中国互联网络信息中心(CNNIC)2021年12月25日发布的《第49次〈中国互联网络发展状况统计报告〉》。

断提高,大数据的重要性日益凸显。越来越多的科技企业将自身定位为数据企业,将数据尤其是个人数据视为精准接近潜在消费者的基础性生产资料,并加快利用之以提升产品和服务质量。[①] 我国已成为生产和积累数据规模最大、类型最丰富的国家之一。现今,无论是政府部门还是大型科技企业,都积累了大量的数据资源。政府和互联网平台企业掌握的海量数据具有极为重要的价值。如何使这些"孤岛"中的数据汇聚到所需的部门并加以利用,是摆在我国政策制定者和立法者面前的一项重大命题。在我国,与数字政府获取互联网平台企业数据有关的政策与法律在2010年前后起步,至今方兴未艾。报告的第一部分全面总结这类政策和法律,这构成了本报告的研究起点。

近年来,随着社会经济信息化的持续推进[②],我国政府积极探索能够适应信息社会发展的新型监管方式,利用大数据提升监管效果成为改革的重要切入点。[③] 2015年7月国务院办公厅发布的《关于运用大数据加强对市场主体服务和监管的若干意见》(国办发〔2015〕51号)要求各级政府将大数据作为提高政府治理能力的重要手段,完善对市场主体的全方位服务和全生命周期监管。该意见指出,要鼓励和引导企业自愿公示更多生产经营数据、销售物流等数据,使得政府及时掌握市场主体的经营行为、规律与特征,加强对市场主体的事中、事后监管,发现违法违规现象。该意见还特别提到对电子商务平台的监管,强调要加强电子商务信息采集和分析。国务院于2017年1月发布的《"十三五"市场监管规划》(国发〔2017〕6号)提出"智慧监管"的理念。该规划要求政府有关部门适应新一轮科技革命和产业变革

---

① 在数字市场经济背景下,数据作为继土地、劳动力和资本之后的第四类基础性生产资料的特性越来越突出。See Julie E. Cohen, *Between Truth and Power*, the Legal Constructions of Informational Capitalism, Oxford University Press, 2019, p. 47.

② 根据国务院《"十四五"数字经济发展规划》的发展目标,我国数字经济核心产业增加值占GDP比重要从2020年的7.8%提升到2025年的10%。参见国务院:《"十四五"数字经济发展规划》(国发〔2021〕29号)。

③ 关于市场监管概念表达的多样性,参见江小涓、黄颖轩:《数字时代的市场秩序、市场监管与平台治理》,载《经济研究》2021年第12期。

趋势,适应市场主体活跃发展的客观要求,充分发挥新科技在市场监管中的作用。运用大数据等推动监管创新,依托互联网、大数据技术,打造市场监管大数据平台,推动"互联网+监管",提高市场监管智能化水平。2022年1月国务院印发的《"十四五"市场监管现代化规划》(国发〔2021〕30号)更是明确提出要深化"互联网+政务服务",发挥数字技术在政府决策机制中的辅助作用。同时,在应对自然灾害、事故灾难等突发公共事件时依托高频大数据提升预警和应急处置能力。无疑,系统、全面掌握大数据是实现智慧监管和服务的前提条件,而要求企业报送数据则顺应了这一趋势。①

为了更加有效应对网络安全事件,防范网络违法犯罪活动,公安部于2018年6月起草的《网络安全等级保护条例(征求意见稿)》第6条规定,"网络运营者应当依法开展网络定级备案、安全建设整改、等级测评和自查等工作,采取管理和技术措施,保障网络基础设施安全、网络运行安全、数据安全和信息安全"。2021年9月施行的《数据安全法》第35条更是指明公安机关、国家安全机关因依法维护国家安全或者侦查犯罪的需要有权调取数据;②调取过程应当按照国家有关规定,经过严格的批准手续,依法进行,有关组织、个人应当予以配合。

在关键信息基础设施领域,国务院于2021年7月公布的《关键信息基础设施安全保护条例》(国务院令第745号)第17条要求关键信息基础设施及网络平台运营者开展网络安全检测和风险评估,并按照保护工作部门要求报送相关情况。而为了确保关键信息基础设施供应链安全,进一步保障网络安全、数据安全和国家安全,国家互联网信息办公室等13部门于2022年

---

① 政府主管部门获取市场主体和公民等第三方信息是政府运行过程中普遍存在的现象。根据笔者的不完全统计,在数字经济兴起以前,根据法律、法规和规章的规定,监管部门基于信息统计的目的,获取监管对象的数据存在于环境保护、航空、电力、金融、银行、证券、保险、小额贷款、危化品运输、中小企业信用担保等领域。

② 大数据技术较早地在刑事侦查领域得以运用,大数据侦查在发现侦查信息方面取得良好效果的同时,也引发了关于大数据侦查法律属性模糊和冲击传统刑事法律框架等问题的学术讨论。参见程雷:《大数据侦查的法律控制》,载《中国社会科学》2018年第11期;王东:《技术侦查的法律规制》,载《中国法学》2014年第5期。

1 月联合修订发布了《网络安全审查办法》,其中第 7 条明确要求“掌握超过 100 万用户个人信息的网络平台运营者赴国外上市,必须向网络安全审查办公室申报网络安全审查”,事前审查与持续监管相结合,防范网络安全风险。之后,国家互联网信息办公室(以下简称网信办)于 2022 年 7 月公布了《数据出境安全评估办法》。该办法第 4 条规定了数据处理者向境外提供数据时应当通过所在地省级网信部门向国家网信部门申报数据出境安全评估的 4 种情形,要求评估的出境数据包括数量、范围、种类、敏感程度以及数据出境可能对国家安全、公共利益、个人或者组织的合法权益带来的风险。关于要求互联网平台企业报送数据的规定,最早见于 2012 年颁布的全国人大常委会《关于加强网络信息保护的决定》。该决定要求网络服务提供者履行自查义务和相应的报告义务。根据该决定规定,网络服务提供者不得传输法律、法规禁止发布的信息,若发现有违反法律、法规禁止的信息的,应当立即停止传输该信息,采取消除等处置措施,保存有关记录,并向国家有关机关报告。① 2014 年原国家工商行政管理总局颁布的《网络交易管理办法》(已失效)第 34 条规定,“第三方交易平台经营者应当积极协助工商行政管理部门查处网上违法经营行为,提供在其平台内涉嫌违法经营的经营者的登记信息、交易数据等资料,不得隐瞒真实情况”。2016 年颁布的《网络安全法》虽然并未明确提及网络运营者向政府部门报送数据的问题,但是该法第 28 条要求网络运营者应当为公安机关和国家安全机关侦查犯罪的活动提供协助。违反该协助义务的,将被处以最高 50 万元的罚款。

在众多的数据报送领域中,网约车行业是目前数据报送要求最高的行业。交通运输部、工业和信息化部等 7 部委于 2016 年 7 月联合发布的《网络预约出租车经营服务管理暂行办法》第 29 条允许出租汽车行政主管、公安等部门根据管理需要依法调取、查阅管辖范围内网约车平台公司的登记、运营和交易等相关数据信息。随后交通运输部开发了覆盖全国的网约车监管信息交互平台,并要求从事网约车经营服务的企业将其数据库接入

---

① 参见《全国人大常委会关于加强网络信息保护的决定》第 5 条。

该平台。[①] 2018 年交通运输部颁布的《网络预约出租汽车监管信息交互平台运行管理办法》(交运规〔2022〕1 号)对网约车企业通过接口向监管平台报送数据进行了细致的规定。根据该办法规定,网约车平台公司应向监管平台报送基础静态信息以及订单信息、经营信息、定位信息、服务质量信息等运营数据。同时,网约车平台公司还应保持传输数据的完整性、规范性、及时性和真实性等。

2018 年颁布的《电子商务法》首次在国家法律层面确认了平台经营者的数据报送义务。[②] 该法从两方面规定了数据报送的义务:首先,规定平台经营者应保存、核验、更新平台内电子商务经营者的身份信息。这些信息包括姓名、地址、联系方式和行政许可等。保存和核验这些信息构成了平台经营者提供数据的基础。其次,明确平台经营者报送数据的对象。平台经营者应向市场监管部门和税务部门提供电子商务经营者的身份信息和与纳税有关的信息。不按照上述规定提供的,将被处以责令限期改正、10 万元以下罚款,乃至责令停业整顿并处最高 50 万元罚款的行政处罚。《电子商务法》颁布前后,国家网信办、国家市场监督管理总局(以下简称国家市场监管总局)等国务院部委密集出台了若干与数据安全有关的部门规章。这些部门规章普遍要求平台经营者应向政府部门报送数据。国家网信办于 2017 年颁布的《互联网跟帖评论服务管理规定》(已失效)第 8 条要求跟帖评论平台经营者应根据违法信息的内容,采取警示、删除、限制功能、关闭账号等措施,并保存相关记录。保存记录的目的是主动将记录提供给执法部门,或者在执法部门检查时向其提供。多数部门规章直接规定了平台运营者的数据提供义务。国家网信办于 2018 年公布的《微博客信息服务管理规定》规定,微博客服务提供者应当将微博客服务使用者的认证信息传至省级网信办进行分类

---

① 关于中央政府将网约车管理作为中央事务进行立法和监管的合法性,参见陈越峰:《"互联网 +"的规制结构——以"网约车"规制为例》,载《法学家》2017 年第 1 期。

② 《电子商务法》第 25 条为监管部门主动提出数据获取要求提供了规范依据,该条规定,"有关主管部门依照法律、行政法规的规定要求电子商务经营者提供有关电子商务数据信息的,电子商务经营者应当提供"。

备案。类似的分类备案义务还出现在国家网信办颁布的《互联网用户公众账号信息服务管理规定》《即时通讯工具公众信息服务发展管理暂行规定》等部门规章中。

国家市场监管总局于2021年3月发布的《网络交易监督管理办法》对于网络交易领域的互联网平台企业数据报送义务进行了较为具体的规定。具体而言,市场监管部门有权要求网络交易经营者直接向其提供交易数据信息,包括提供特定时段、特定品类、特定区域的商品或服务的价格、销量、销售额等数据信息。① 此外,市场监管部门还有权要求平台企业提供商户的数据。相关规定主要明确了4个方面的内容:首先,规定了企业数据报送的最低频率。该办法要求平台经营者至少每半年报送一次商户的身份信息,同时鼓励平台经营者增加报送的频次。其次,明确了数据报送的对象。该办法规定县级市场监管部门是数据报送的对象,但上级市场监管部门可以直接向平台经营者提出数据报送的要求。再次,列举了商户身份信息的类型。这些信息主要包括营业执照、行政许可、联系方式、店铺名称、网络经营场所等5类。② 最后,规定了平台经营者的协助、配合义务。该办法要求平台经营者应协助、配合市场监管部门的调查取证工作。

在分析现有立法现状后,笔者还收集整理了各主要平台经营者的隐私政策。考察企业隐私政策的原因在于,该类规范是平台经营者实行自我规制的重要手段,具有相当的约束力。目前,各主要平台经营者的隐私政策普遍规定向有关国家机关分享、转让、披露客户个人数据不必告知用户本人并征求其同意。③ 淘宝和网易的隐私政策规定,基于犯罪侦查、起诉、审判和判决执行等司法或行政执法活动的需要,向有关国家机关提供客户的个人信

① 参见《网络交易监督管理办法》第22条。

② 参见《网络交易监督管理办法》第25条。

③ 政府主管部门获取市场主体和公民等可能涉及公民隐私的第三方信息是政府运行过程中普遍存在的现象。根据笔者的不完全统计,在数字经济兴起以前,根据法律、法规和规章的规定,监管部门基于信息统计的目的,获取监管对象的数据存在于环境保护、航空、电力、金融、银行、证券、保险、小额贷款、危化品运输、中小企业信用担保等领域。

息的,无须事前征得客户本人的同意。腾讯隐私政策的内容更为原则,其规定应根据相关政府机关或其他法定授权组织的要求分享个人信息。京东隐私政策区分了转让与公开披露,对于数据转让适用的情形是"强制性的行政或司法要求",对于数据公开披露,则是"执法部门调查特定目的且有合法权利"。

二、互联网平台企业数据报送的实践类型

(一)互联网平台企业数据报送的现状

通过调研,笔者发现目前报送数据义务较多的企业是集中在运营大型线上商业平台的企业,主要涵盖购物、交通出行、支付等与公众日常生活密切相关的领域。① 这些企业的客户群规模巨大,往往覆盖全国。这些互联网平台企业向政府部门报送数据的方式主要有两类。第一类是应有关国家机关个案协查的要求,提供某个或某些主体的具体数据。提出协查要求的国家机关主要包括具有刑事侦查、反恐、反间谍等职能的政府部门,以及从事具体民事、刑事、行政案件审判的法院。从企业经营角度来看,基于个案协查的政府获取平台数据涉及信息的广度和深度有限,一般不涉及企业的商业秘密或对企业权益造成较大威胁或损害。同时所指向的数据结构化程度不高,类型不多,也不会耗费企业过多的人力和财力。正因如此,互联网平台企业对于这类政府获取平台数据的要求通常予以积极配合。② 第二类是应政府部门的要求,报送综合性数据。提出这类要求的政府部门主要是具有相关行政管理权限的政府部门。比如,统计和工商部门依据《统计法》《消费者权益保护法》等法律向企业发函,要求其报送相关数据。从整体趋势来

① 参见郁建兴、朱心怡、高翔:《政府智能转变与市场监管治理体系构建的共同演进逻辑——基于疫苗监管治理体系及应对危机事件的案例研究》,载《管理世界》2020 年第 2 期。

② 需要注意的是,本文提到的互联网企业配合政府部门通常基于企业从维护自身权益出发所作出的判断,对于数据获取对用户权益的影响还有待未来的专门探讨。

看,政府监管部门要求获取平台经营者数据的需求越来越大,而相较于第一类数据提供要求,此种类型的数据报送义务对企业经营活动及权益的影响也更为凸显。因此,第二类数据提供是本报告考察的重点内容。企业向政府部门报送数据的基本情况总结如下。

第一,从形式上看,企业同政府部门事前签订的"数据报送协议"是政府获取平台数据的基本依据。该类协议内容较为简短,通常规定了政府获取平台数据的主体与接收主体、类型、目的等。① 从性质上看,数据报送协议并非政府部门同平台经营者就具体事项的数据提供达成的合意,而是针对不特定事项达成的"协助"合意。数据报送协议并非传统意义上的双方权利义务关系对等的协议,而更多地具有备忘录的性质。签订数据报送协议说明双方有实现规范化政府获取平台数据的意愿,也体现了双方提高政府获取平台数据可预期性和稳定性的共识。

第二,政府获取平台数据的要求通常是一事一议且在企业收到具体要求后才予以提供。在实践中,由于监管力量有限,监管部门很难直接对数量巨大的平台内商户进行有效的监督检查,因而政府获取平台数据活动的启动具有被动性。② 尽管事前签署了数据报送协议,但是企业一般是在收到政府部门的具体要求时才会启动数据报送。除网约车行业的通过接口进行数据报送外,目前尚不存在主动的、常态化的政府获取平台数据实践。③ 此类经政府部门要求从而启动政府获取平台数据的实践符合《网络安全法》《网络交易管理办法》等法律规范的要求,但是尚未达到以《电子商务法》为代表的新近国家立法所提出的主动、常态化报送数据的标准。近年来,国家网信办、国家市场监管总局等部门陆续公布了《网络交易监督管理办法》《数据安全管理办法》等规章。这些规章普遍细化了《电子商务法》关于政府获取平

① 参见刘权:《论互联网平台的数据报送义务》,载《当代法学》2019 年第 5 期。

② 关于平台经济对于传统的国家干预制度体系与市场自律传统的冲击,参见马长山:《智能互联网时代的法律变革》,载《法学研究》2018 年第 4 期。

③ 有学者将常态化数据提供称为数据主动报送,与第一阶段的按监管部门要求提供数据区别开来。参见刘权:《论互联网平台的数据报送义务》,载《当代法学》2019 年第 5 期。

台数据的原则性规定。可以预见的是,未来关于企业常态化数据报送的法律规定将更为的明确、具体,相应的执法力度也会加大。目前,常态化报送实践的缺失表明现实情况同法律的要求及立法的趋势还存有明显的差距。

第三,政府获取平台数据主要以事件为导向,提出此类要求的政府部门呈现多元化的趋势。与个案协查主要围绕数据主体不同,综合性政府获取平台数据围绕的是某项事件,比如税收稽查、打击假货等。如果说个案协查针对的是数据的“点”的话,那么综合性的数据报送针对的是数据的“面”。[①]政府部门多元化体现在两个方面:一是提出此类要求的政府部门类别多元,包括市场监管、税务、网监、金融监管、商务管理等部门;二是政府部门层级多元,从县级部门到国务院组成部门等多个级别的政府部门都有权向企业提出数据报送的要求。大型互联网平台企业往往需要对接本地和外地的多个政府部门,且各部门要求提供数据的内容存在重叠的部分,这给企业的日常经营管理带来一定的烦扰。有受访企业表示,希望政府能够搭建一个数据报送平台,企业将数据提交到该平台,供有需求的政府部门自行下载。[②]

第四,政府获取互联网平台企业数据属于无偿服务,在这一过程中企业承担了一定的经济成本。从性质上看,企业数据报送更多地属于履行法定的协助义务,目的是配合政府部门履行其法定的监管职权。企业并未在履行义务时获得相应的经济补偿。此外,互联网平台企业需要投入一定的人力和财力来进行有针对性的数据处理,这体现在以下两个方面:首先,政府部门所需要的是结构化程度较高的数据,要求具备可视化的效果。面对政府部门的数据提供要求,企业往往需要对原始数据进行加工、提炼和清洗,从而提供满足政府部门要求的数据。其次,不同政府部门提出的获取数据

---

① 关于网络空间架构与基础设施的概念,参见胡凌:《论赛博空间的架构及其法律意蕴》,载《东方法学》2018 年第 3 期。

② 国务院于 2015 年起要求加快建设国家政府数据统一开放平台。参见国务院《关于印发促进大数据发展行动纲要的通知》(国发〔2015〕50 号)。当前,深圳、上海、浙江等省市已通过地方立法的形式推动本省市公共数据统一平台的建设。打造政务、经济治理等基础大数据库,深化各部门数据的共享开放改革成为新一轮国家政务信息化改革的目标。参见国家发展改革委《关于印发〈“十四五”推进国家政务信息化规划〉的通知》(发改高技〔2021〕1898 号)。

的要求存在较大差异。各政府部门根据其承担的行政职责的不同,要求企业提供数据的目标、要求、内容以及频次也并不相同,因此面对不同政府部门的要求,企业往往需要逐一进行有针对性的处理,这同样会带来成本的增加。

第五,企业期望政府掌握的数据也能对其开放,实现数据的双向流动。数据共享的总体趋势不仅要求企业向政府报送数据,同时也应当促进政府对所拥有的海量数据库向社会公开。受访的互联网平台企业也非常[①]希望能够及时获取政府所掌握的数据。目前,政府数据的开放力度还不足以满足互联网平台企业的需要,希望在未来政府能够将必要的数据向互联网平台企业开放。[②] 企业获取政府数据服务于两个目标:第一个目标是提升企业自身的市场竞争力。通过对政府数据的充分利用,企业能够更好地制定商业政策,调整自身的发展战略,设计出更有市场竞争力的产品,从而提升企业的活力。第二个目标是实现企业和政府的协同治理。将政府数据同企业数据进行汇总、校验、更新、匹配,能够得到实时、高价值、低颗粒度的数据,从而实现提升国家治理能力的目的。

(二)互联网平台企业数据报送的类型

从立法类型来看,涉及互联网平台企业报送数据义务的规范类型具有多样性,既包括国家法律,也包括规章和规范性文件。2016 年颁布的《网络安全法》第 52 条要求关键信息基础设施运营者按照规定报送网络安全监测预警信息。该条款是比较早的从安全角度要求包括互联网平台企业在内的市场主体开展数据报送的规定。近年来,随着平台经济的快速发展,专门性的法律、部委规章和地方政府规章开始规范互联网平台企业数据报送行为。《电子商务法》要求电子商务平台的经营者应当按照规定分别向市场监管部

① 互联网新兴领域行政执法权的上移与传统领域行政执法权下移的改革趋势形成对比,关于对后者的讨论,参见卢护峰:《行政执法权全面下移的组织法回应》,载《政治与法律》2022 年第 1 期。

② 参见刘丽、郭苏建:《大数据技术带来的社会公平困境及变革》,载《探索与争鸣》2020 年第 12 期。

门和税务部门报送相关信息。未履行此项数据报送要求的,最高可处责令停业整顿,并处 10 万元以上 50 万元以下的罚款。2016 年交通运输部等 7 部委联合发布《网络预约出租汽车经营服务管理暂行办法》(2022 年修正),该办法要求建立政府监管平台,通过与网约车信息共享的方式,加强对网约车市场的监管。值得注意的是,国家市场监管总局于 2021 年 3 月在网上公开的《网络交易监督管理办法》在网络交易领域进一步细化了《电子商务法》关于政府获取平台数据的要求。尽管这部规章尚未正式颁布,但相关政府获取平台数据的规定反映了主管部门通过数据报送强化监管的立法新思路。深圳①、广州②、杭州③、上海④等地通过地方政府规章或者规范性文件的方式要求互联网租赁自行车经营者将车辆运营信息上传至行业监管服务平台。

从规范的领域和范围来看,目前立法所规范的政府获取平台数据主要是在电子商务(尤其是网上购物)、网约出租车、互联网租赁自行车等领域。数据报送的适用领域有往网络直播、网络游戏、金融等领域逐步扩展的趋势。从报送的方式来看,目前报送的方式主要有 3 种类型。

第一类是应监管部门的要求报送数据。此类报送方式适用范围最广,在平台经济兴起的早期最为常见,也是笔者调研过程中频繁观察到的数据报送方式。互联网平台企业依监管部门要求报送数据被视为由传统执法检查方式演变而来。从形式上看,企业同政府部门事前签订的"数据报送协议"是报送数据的基本依据。企业报送数据通常一事一议且在收到具体要求后才予以提供。政府获取平台数据活动的启动具有被动性。该类协议内容较为简短,通常规定了数据报送的主体与接收主体、类型、目的等。从性质上看,数据报送协议并非政府部门同平台经营者就具体事项的数据提供达成的合意,而是针对不特定事项达成的"协助"合意。数据报送协议并非

---

① 参见《〈深圳经济特区互联网租赁自行车管理若干规定〉实施办法(征求意见稿)》。

② 参见《广州市互联网租赁自行车管理办法》。

③ 参见《杭州市促进互联网租赁自行车规范发展的指导意见(试行)》。

④ 参见《上海市互联网租赁自行车管理办法(草案)》。

传统意义上的双方权利义务关系对等的协议，而是更多地具有备忘录的性质。签订数据报送协议说明双方有实现规范化数据报送的意愿，也体现了双方提高数据报送可预期性和稳定性的共识。一般而言，互联网平台企业应监管部门要求报送数据的类型多样，往往是经处理的、反映监管对象运行规律、趋势的数据。

第二类获取数据的方式是互联网平台企业按照法律的规定主动的、常态化的数据报送。《电子商务法》第 28 条关于电子商务平台经营者报送平台商户的身份信息、纳税相关信息的规定就蕴含着主动和常态化报送的内在要求。2021 年国家市场监管总局公布的《网络交易监督管理办法》就试图将网络交易平台经营者的常态化数据报送明确下来。

第三类是通过监管平台和企业对接的方式实现数据的实时报送。此类数据报送主要适用于网约出租车和互联网租赁自行车行业。① 根据交通运输部 2018 年印发的《网络预约出租汽车监管信息交互平台运行管理办法》的规定，政府监管平台应实现同网约车平台的信息共享。共享信息应当包括车辆和驾驶员基本信息、服务质量以及乘客评价信息等。根据该办法附件的要求，网约车基本信息等静态数据的传输延迟不得超过 24 小时，而订单信息等动态数据的传输延迟不得超过 300 秒，定位信息的传输延迟不得超过 60 秒。可见，接口形式的实时数据报送是目前强度最大、要求最高的数据获取方式。

（三）互联网平台企业数据报送的实践特点

第一，从立法类型来看，互联网平台企业数据报送相关立法呈现以国家法律牵头、部门规章积极推进的态势。中央立法在该领域成为主导，地

---

①　地方交通主管部门试图将网约车作为传统出租车监管对象进行监管，将网约车适用传统高门槛的市场准入制度。网约车平台企业的应对方案是：通过接受交通运输部的大数据监管，将网约车监管上升为中央事项，从而破解作为新业态的网约车市场在地方的准入难题，给网约车行业带来快速发展的空间。围绕出租车管理事项，我国中央与地方立法权分配的讨论，参见王静：《出租汽车平台公司的中国法律难题》，载《行政管理改革》2015 年第 8 期。

方的立法极少。具体而言,《电子商务法》《网络安全法》等国家法律的有关原则性规定只是起支架作用,近期涌现的部门规章才是政府获取平台数据的主要法律依据。这些数量可观的部门规章在各自领域对政府获取平台数据进行了细化规定。以国家法律牵头、部门规章积极推进的立法进路是谨慎可行的,有助于保障法律规范的实施效果。但是,需要引起高度重视的是在政府获取平台数据领域的行政法规缺位问题。国家法律较为原则性,规章的规制范围较窄,法律的位阶较低,都不利于指导政府获取平台数据的顺利发展。

第二,与互联网平台企业数据报送相关的立法主要针对网络安全、电子商务、网络信息服务、交通出行等领域,且在这些领域的规制强度存在较大差异。[①] 上述领域是我国信息化发展程度较高、对人民生活影响较大的领域,也是大数据的价值体现较为显著的领域。[②] 相关立法的及时制定表明,尽管目前数据立法尚处于起步阶段,但政府获取平台数据相关的规范已实现了及时跟进,覆盖面具有相当的代表性。不足之处在于,目前的立法仍然是部门法推进的进路,其他互联网新兴领域的数据提供仍面临缺乏明确法律规范的指引问题。此外,国务院各部门制定规章的规制强度存在较大差异。例如,网约车和网络交易相关的规章对网络平台经营者施加的数据报送义务较强。同网约车和网络交易相比,网络信息服务领域的政府获取平台数据的规制强度就要小很多。根据《数据安全管理办法》的要求,网络经营者收集重要数据或个人敏感数据应向所在地网信部门备案,备案内容包

---

① 大数据监管使得监管部门可以通过互联网企业间接获取海量的用户数据,这类监管行为同住宅免受侵犯的权利、通信自由和通信秘密等基本权利保障存在紧张关系。上述两项基本权利限制政府部门在特定场景下(比如进入住宅或拆封信件)收集公民的个人信息。有关这方面内容,我国《宪法》第 30 条和第 40 条通过法律保留原则严格限制有关国家机关搜查公民住宅和检查公民通信内容。

② 互联网企业往往视其所掌握的海量的经营数据是其赖以生存发展的核心资产。See *Regulating the Internet Giant-The World's Most Valuable Resource is no Longer Oil But Data*, Economist, May 6th 2017。

括收集、使用的目的、规模、范围信息等,但不包括数据内容本身。[①]

第三,大体而言,当前立法承认平台经营者占有、使用数据的权利,但不承认此项权利的绝对性。从根本上看,互联网平台企业数据报送问题涉及数据权属问题。如果能够从法律上厘清数据权属问题,那么数据提供问题将迎刃而解。但问题在于数据权属问题目前尚处于不清晰的状态,立法上也并未给出明确的答案。[②] 即便如此,我们也可以从二级权利,即从占用、使用权入手来认识关于数据提供立法的基本立场。《电子商务法》规定国家保护电子商务用户信息,鼓励电子商务数据开发应用,保障电子商务数据依法有序自由流动。而《数据安全管理办法》要求网络经营者备案的内容是其收集重要数据或个人敏感数据的规则,不包括数据内容本身。还有部分规章规定平台经营者仅限于向执法部门提供必要的协助。从立法的趋势来看,基于执法目的所提供的数据类型趋向于明确化。这些立法动向都表明国家尊重平台经营者占有、使用数据的权利。此外,《网络安全法》等国家法律规定基于刑事侦查的需要,公安机关可以要求平台经营者提供任何相关的数据。这说明平台经营者的占有、使用数据的权利并不是绝对的。

三、互联网平台企业数据报送的性质分析

互联网平台企业并非自愿向政府监管部门报送相关数据,而是基于政府监管部门的要求。我们认为,从性质上看政府监管部门获取互联网平台

---

① 国家在行使大数据监管权时也存在侵害个人基本权利和公共利益的可能性,因此在法律制度构建时应强调国家对于个人和社会的消极保护义务,强化大数据监管的法律控制,将该项权力的行使纳入法治的轨道。参见陈征:《基本权利的国家保护义务功能》,载《法学研究》2008 年第 1 期。

② 关于信息的财产权保护问题,我国学者和西方学者都有一定的讨论。参见刘德良:《个人信息的财产权保护》,载《法学研究》2007 年第 3 期; See Paul M. Schwartz, *Property, Privacy, and Personal Data*, Harvard Law Review 117, p. 2056 - 2128(2003)。

企业数据应认定为一项具体行政行为。[①]

首先,行政机关以自己的名义要求互联网平台企业报送数据,体现了行政机关主动的意思表示。因此,作为接收数据的行政机关具备了行政主体的资格。至于行政机关是自行直接接收数据还是委托其他组织接收数据都不影响政府获取平台数据实践中行政机关的主体资格。其次,要求互联网平台企业报送数据是行政机关依法行使行政职权的行为。各领域的行政主管部门根据法律法规的授权开展市场监管和公共服务工作,而要求互联网平台企业报送数据正是为了相关部门有效地履行其职权,有利于实现"理想政企关系"。[②] 目前,在网络交易、网约车、网络租赁自行车等领域,我国已有相应的立法授权主管部门获取互联网平台企业的经营数据。虽然立法的形式存在法律、规章和地方性立法等多种形式,但是上述领域政府获取平台数据却有了基本的法律依据。最后,政府获取平台数据的行为是能够产生法律效果的行为。政府获取平台数据的好坏能够影响行政机关和平台的行政法律关系,能够产生合法或违法等法律评价,并导致相应的法律责任。例如,《广州市互联网租赁自行车管理办法》要求互联网租赁自行车平台经营者将经营数据实时、完整、准确地上传至监管服务平台;未能履行此项要求的,将由交通运输主管部门责令限期改正,逾期未改正的,处以 1 万元以上 5 万元以下罚款。

将行政机关要求互联网平台企业报送数据的行为定性为具体行政行为具有必要性和必然性。这体现在以下几个方面:一是在加强大数据监管和建设数字政府的政策驱动下,要求企业报送数据作为新兴监管手段的重要性逐渐凸显。由于平台经济的复杂性、多层级和网络化,传统的线下监管方式无法对平台开展有效的监管,而政府获取平台数据正好能够填补这一监管的空白,成为调整监管机构和平台的重要工具。随着互联网平台企业政府获取平台数据的范围、类型和频率的增长,政府获取平台数据对行政机关

---

① 关于行政行为的基本界定和构成要素,参见石东坡:《行政行为及其特征的再探讨》,载《法学论坛》2000 年第 1 期。

② 关于理想政企关系的讨论,参见聂辉华:《从政企合谋到政企合作——一个初步的动态政企关系分析框架》,载《学术月刊》2020 年第 6 期。

和平台的影响也越来越强，因此，有必要将这一行为与行政机关传统的信息收集行为区别开来。

二是政府获取平台数据行为在实践中和法律上具有越来越显著的独立性和完整性。政府获取平台数据不仅在实践中得到越来越广泛的运用，而且该项规制工具能够独立产生法律效果。[①] 而传统的行政机关基于检查、调查获取信息的行为往往只是实施行政处罚等具体行政行为的部分内容，具有预备性、中间性和阶段性，并未对相对人产生实际影响。由此可见，政府获取平台数据行为区别于传统的政府信息收集行为。[②]

三是行政机关获取互联网平台企业数据本身即构成数据处理（data processing）行为。数据处理是《个人信息保护法》的核心概念，一般包括4组处理形式，分别是获取（access）、读取（retrieval）、保存（storage）和传输（transfer）。[③]《个人信息保护法》对于数据处理设置了一系列的保护规则。在互联网平台企业数据保护这一场景下，如果接收数据包括个人信息，那么行政机关即是数据处理者，应承担相应的个人信息保护的公法义务。[④] 基于政府获取平台数据产生的纠纷就应在数据处理规则的框架下进行解决，这也再次验证了政府获取平台数据行为独立的法律地位。

将互联网平台企业数据报送定性为具体行政行为既是经济社会发展的需要，也是法治建设的需要。政府获取互联网平台企业数据的范围、类型和规模逐渐扩展，对行政机关和互联网平台企业都产生了越来越大的影响。因此，有必要将政府获取平台数据行为从行政机关获取监管相关信息

---

① 能够产生行政法律后果是行政行为的重要特征，参见卢明：《行政行为特征分析》，载《中国行政管理》2000年第2期。

② 当然，不可否认的是，其他行业部分数据报送活动的独立效果尚不明显，可能被其他行政行为吸收或者归入准行政行为的范畴。关于准行政行为的内涵，参见皮宗泰、王彦：《准行政行为研究》，载《行政法学研究》2004年第1期。

③ See Arye Schreiber, *Mere Access to Personal Data: Is It Processing?*, International Data Privacy Law, 10, p. 269 – 277 (2020).

④ 关于国家对于基本权利保护的积极义务和消极义务，参见张翔：《论基本权利的防御权功能》，载《法学家》2005年第2期。

的行为中独立出来，以便更好地规范该类行为，从而平衡行政机关依法履行职权和互联网平台企业合法权益保护的关系。将要求互联网平台企业报送数据的行为纳入具体行政行为的行政法制框架内有助于规范此项要求，并可以将政府获取平台数据要求的合法性和合理性纳入司法审查的范围中来。

四、互联网平台企业数据报送的制度与实践困境

无论是在规范层面还是在实践层面，当前的互联网平台企业数据报送机制都显露出若干问题。主要问题详述如下。

第一，政府获取平台数据的法律规则不完整，企业数据报送义务有不断扩大的趋势。《电子商务法》第25条和第28条的内容简略，关于对政府获取平台数据的主体和客体、报送应遵循的基本原则、报送的范围等基本规则处于模糊或缺失的状态。缺乏上位法的引导和限制，使得规章制定者获得了相当大的立法创制权。近年来，国务院相关部门出台的规章普遍扩大了监管部门获取企业数据的权限，而此类规章赋权的合法性和合理性也不无疑问。例如，要求网约车互联网平台企业报送数据的法律依据是交通运输部制定的部门规章，但根据《电子商务法》设定政府获取平台数据的法律规范仅限于法律和行政法规。此外，《网络交易监管办法》等规范关于经营者身份信息报送的规定存在重复报送的问题，可能给平台经营者增加不必要的负担。

法律规则的不完整还体现在互联网平台企业数据报送缺乏行之有效的纠纷解决机制。在政府获取平台数据实践中，政府、企业和公民3类主体的利益诉求相互交织，紧张关系不时出现，纠纷难以避免。[①] 以政企关系为例，由于互联网平台企业存在的普遍忧虑，围绕政府获取平台数据的范围，企业

① See Bert Jaap Koops, *Law, Technology, and Shifting Power Relations*, Berkeley Technological Law Journal, 25, p. 974 - 978 (2010).

和政府部门存在或多或少的紧张关系。[①] 但是这类纠纷极少进入公众的视野,往往通过沟通来解决,未能进入正式的行政复议和司法程序。政府获取平台数据纠纷的非正式化处理不仅不利于形成行之有效的解决规则,而且反过来必然影响政府获取平台数据机制的进一步发展。

第二,互联网平台企业数据报送机制尚未普遍落实,存在选择性实施的问题。政府在获取互联网平台企业数据时,存在差别对待的现象。[②] 从调研反馈的信息来看,受访企业尽管存在担忧,但是对于本地政府部门的数据报送要求仍较为配合。然而对于外地政府部门的数据报送要求,企业的态度却有所不同,尤其是对于企业业务较少地区的政府部门所提出的数据报送要求,企业拒绝的情况较多。受访企业差别对待数据报送要求明显违反了法治的平等原则,造成全国范围内执法和守法力度上的差异。

选择性实施还体现在互联网平台企业数据报送机制存在普遍未落实的现象上。课题组调研的对象都是在全国具有影响的大型互联网平台企业,这些企业的实践并不能反映数据报送机制在互联网经济中运行的整体状况。实际上数据报送在总体上也并未普遍开展。以税收数据报送为例,笔者对东部某主要城市相关政府部门的访谈结果显示,互联网平台企业履行数据报送义务的程度偏低。税务部门的负责同志也表示,只有税务部门主动发起税务稽查行动时,才会要求平台经营者报送数据。税务部门一般不会对平台商户开展常规性的税务稽查,平台经营者也并未向税务部门主动提供商户的相关信息。[③] 由此可见,《电子商务法》及相关实施性规定关于平台经营者主动向税务部门报送商户信息的要求有待落实。同时,笔者发现数据报送机制虚置的现象同样存在于市场监管、网监、金融监管等领域。

第三,互联网平台企业数据报送过程中的安全风险未能得到有效控制。

---

① See Jonathon W. Penney, *Chilling Effects: Online Surveillance and Wikipedia Use*, Berkeley Technology Law Journal, 31, p. 161 – 163(2016).

② 参见黄学贤:《行政调查及其程序原则》,载《政治与法律》2015 年第 6 期。

③ 实践中,监管部门对于市场主体的调控重点逐渐从行为后果评价前移至市场行为塑造上。具体内容可参见齐延平:《数智化社会的法律调控》,载《中国法学》2022 年第 1 期。

在商业大数据日益增强的大趋势下，互联网平台企业将数据利用与安全保障视为其核心竞争力。企业普遍认为向政府部门报送相关数据将增加数据的安全风险，从而对企业的发展带来不利的影响。我国立法者已经注意到数据报送的安全风险防控问题。《电子商务法》第25条规定，“有关主管部门应当采取必要措施保护电子商务经营者提供的数据信息的安全”。尽管立法提出了明确要求，但是实践中安全保障问题仍然是短板，这尤其体现在政府部门一方。相对于大型互联网平台企业而言，政府部门数据安全保障能力偏弱。此外，除网约车行业外，一般不存在企业向政府报送数据的固定安全渠道，通常也未设置常态的接口，报送方式往往是通过企业同执法单位的具体职能部门和具体负责的工作人员对接来实现。结合数据“储存即所有”的特性，数据在政府部门的服务器中以及在不同政府机构中多次流转，这无疑会大大增加了数据泄露与滥用的风险。①

企业报送的数据在政府部门的存储与处理也存在很大的安全隐患。政府部门的数据库通常由互联网平台企业来搭建和维护，甚至存在一些政府部门同企业共用数据库的现象。此外，政府部门对于数据结构化程度的要求越来越高，因此在努力提高自身数据分析和处理能力的同时，政府部门开始委托数据分析企业对相关数据展开深度分析。但是，企业在向政府部门报送数据后，通常会导致第三方介入到数据的存储与处理中来，这无疑会增加数据甚至个人敏感信息泄露与滥用的风险，从而加深了企业对数据报送问题的担忧。同时这可能构成对基本权利的不当限制，违反了国家消极保护义务。②

第四，政府获取平台数据可能给企业发展带来消极影响。数据报送对

---

① 监管部门要求互联网企业提供结构化的非个人数据对基本权利一般不产生直接影响，因而不需遵循法律与行政法规保留原则。按照非个人数据的使用目的不同，监管部门与互联网企业之间的数据交往可以通过现行行政检查或者经济统计等相关法律体系予以规范。如果监管部门出于监管第三方主体的需要，要求互联网平台企业提供非个人数据的，监管部门可以与平台企业协商解决，平台企业因此承担额外数据处理成本的，可以要求监管部门提供一定补偿。

② 参见张翔：《基本权利的双重性质》，载《法学研究》2005年第3期。

于企业的消极影响可以从两个方面来总结。首先,频繁的数据报送增加了企业的负担。上文提到,为了提供政府部门所需的数据,企业要对数据进行提取、结构化处理、清洗、存储等操作,这将增加企业的运营成本。此外,不同政府部门获取商业数据后在政府机关内部对其并不共享,存在“多头报送”的情况,这也增加了企业的运营成本。还需要注意的是,在数据报送过程中因数据泄露与滥用造成企业损失也属于不必要的成本。同时数据报送越频繁,泄露的风险也越高。更严重的是企业对于数据泄露的规模、时长等很难在第一时间得知,损失更无法被准确预估。[①] 其次,频繁数据报送不利于中国企业扩展海外市场。西方政府和媒体以中国政府可以通过华为的信息设备获取西方客户的数据为由抵制华为的产品。同理,缺乏有效法律控制和司法救济的数据报送,可能使外国政府和消费者产生中国企业无法拒绝中国政府获取其数据(包括从境外获取的数据)的印象,从而对中国企业在海外市场的开拓持警惕甚至排斥的态度。对于在美国上市的中国大型互联网平台企业而言,向中国政府频繁报送数据,不仅同上市公司的合规信息报送和披露义务存在潜在的冲突,也会引起外国政府和投资者的担忧,这将影响企业对海外市场的开拓。

五、完善互联网平台企业数据报送制度的建议

按照“增量改革”的思路,未来政府获取互联网平台企业数据的制度建设在按照既定目标加快推进的同时,还应重点考虑克服当前存在的问题。为此,相关对策建议如下。

第一,完善互联网平台企业数据报送的法律规则,明确获取的范围和力度。基本规则的构建是确保政府获取平台数据行为在于法有据的轨道上运

---

① 值得注意的是,与传统抽查不同,大数据监管能够将监管力量覆盖到全体被监管对象。监管部门所获取的是该领域所有经营者的相关数据。覆盖范围的不同也带来效果产生方式的不同。因此,大数据监管的效果取决于监管部门数据处理与利用的能力。

行的前提。[①] 应按照行政行为合法性要件的要求,构建完善政府获取平台数据的基本法律规则。[②] 坚持政府获取平台数据以必要性为原则,维护企业经营活力和公共数据供给的平衡。为了提高互联网平台企业对于政府获取其数据的可预期性,降低监管部门提出数据报送要求的恣意性,未来立法应重点明确企业报送数据的原则、范围与程序,根据监管需求与规制场景的差异,作出定制化、个性化的制度设计,使监管需求和数据供给达到精确匹配,避免给企业徒增负担。一方面,政府获取平台企业数据的类型、数量与频次应以实现监管目标所必需为限;另一方面,能够通过其他方式获取所需的数据,不应要求平台企业再次提供此类数据。

第二,发挥地方立法的先行示范作用,提供互联网平台企业数据报送的地方立法经验。改革开放时期的立法经验表明,国家法律法规的制定往往会吸收先前地方立法经验。创新性事项往往由地方立法进行规定,待时机成熟时,经先进的地方立法经验不断推广,最终上升为国家法律。[③] 在当前数字经济发展与公共数据开放的关键期,应通过地方立法,结合本地实际,积极探索政府获取平台数据的相关规定。具体而言,就是应通过以地方性法规或地方政府规章的形式,进一步完善和细化《电子商务法》关于政府获取平台数据的原则性规定。为了提高企业对于政府获取平台数据的可预期性,降低监管部门提出数据报送要求的恣意性,未来立法应重点明确企业报送数据的原则与范围。政府获取平台数据范围的确定应力求维护企业经营活力和政府数据需求的平衡。在原则方面,可供选择的规制方案包括必要性原则与最小化原则。考虑到该项实践尚处于初步阶段,目前选择必要性原则较为适宜。该原则有两项内容:一是政府主管部门要求企业报送数据

---

① See Jonathon W. Penney, *Chilling Effects: Online Surveillance and Wikipedia Use*, Berkeley Technology Law Journal 31, p. 161 – 163(2016).

② 关于行政行为合法性要件的讨论,参见何海波:《行政行为的合法性要件——兼议行政行为司法审查根据的重构》,载《中国法学》2009 年第 4 期。

③ 关于地方立法的功能和范围,参见冯洋:《论地方立法权的范围——地方分权理论与比较分析的双重视角》,载《行政法学研究》2017 年第 2 期。

的类型、数量与频次应以实现监管目标所必需为限;二是政府主管部门如果已掌握同类数据或者能够通过其他方式获取所需数据的,不得要求企业再次提供此类数据。

第三,加强互联网平台企业数据报送机制的落实力度,提高执法的效力与守法的效果。在强调公共数据开放与大数据监管的大背景下,主动、常规化数据报送已成为企业守法的新义务。应激活《电子商务法》和相关部门规章的规定,积极探索政府获取平台数据的实践,提高执法的效力与守法效果。具体而言,为了适应大数据监管的趋势,政府主管部门应从外部执法与内部管理两个方面强化现行政府获取平台数据机制的落实。一方面,政府主管部门应加强执法,确保企业切实履行数据报送义务,保障数据的完整性、规范性、及时性和真实性。对于未依法履行数据报送义务的企业,政府主管部门应及时责令其限期改正并对其实施相应处罚。另一方面,政府主管部门应建立健全内部工作机制,明确同企业对接的责任人、业务人员与技术人员,指定专人负责本部门数据库的运转、利用与维护。

第四,强化互联网平台企业数据报送的安全保障,解除政府和企业之间数据流动的后顾之忧。① 随着《数据安全法》与《个人信息保护法》的相继出台,可以预见未来我国数据安全与个人信息保护的立法要求将大幅提升。政府部门与企业作为数据共享机制的双方都应顺应立法的大趋势,按照《网络安全法》、《数据安全法》和《个人信息保护法》的要求,强化数据的安全保障,确保对数据资源采集、传输、存储、利用和开放过程的规范管理。② 保障个人数据隐私是重中之重,政府和企业在数据共享过程中,应切实保障数据处理过程的合法性,明确相关主体的责任和义务,加强对个人数据滥用、侵

① 现代通讯技术对于搜查、住宅等传统法律概念的冲击最早体现在 1928 年的 Olmstead v. United States 一案中,see Olmstead v. United States,277 U. S. 438 (1928)。智能家居的普及对于围绕住宅这一特定场景构建的传统法律关系也带来巨大的冲击。See Bo Zhao, *Unraveling Home Protection in the IoT Age: Smart Living, Mixed Reality, and Home* 2.0, The Columbia Science & Technology Law Review, 21, p. 16 – 19(2019).

② 关于政府和互联网企业的安全保障义务,参见王思源:《论网络运营者的安全保障义务》,载《当代法学》2017 年第 1 期。

犯个人隐私行为的防范和惩戒。

六、结语

本节基于大范围的调研和立法梳理，结合行政行为理论，提出了规范互联网平台企业数据报送活动的建议。应指出的是，本文的观察、论述和建议具有阶段性的特点。当前，无论是国家层面还是地方层面，与数据流动相关的立法形势发展很快。不过，可以预见的是不久以后关于互联网平台企业数据报送问题将不断出现新的现象和新问题，需要我们从制度上予以回应。无论形势如何变化，立法需要坚持的应该是努力实现政府治理、企业经济发展和公民权益保障三者的平衡。

SECTION 02

第 二 节

个人信息出境的三大合规机制及其选择适用

杨建媛 郚 丹 李天烁*

数字经济时代的到来加速了数据跨境流动,而数据跨境安全有序开展亦成为数据经济繁荣的基础之一。据媒体报道,2025 年中国数据跨境流动量或居全球之首。① 庞大的数据流量将助力中国数字贸易发展,也对数据出境安全尤其是个人信息出境合规提出挑战。境外接收方安全责任难以追溯、个人信息主体合法权益及数据传输安全难以保障等问题,既为个人及企业高度关切,也受我国立法及监管部门重点关注。为此,我国推进构建个人信息出境"三大合规机制"并逐步落地,以提交针对上述棘手问题的、法律合规层面的"中国答案"。本节将着眼于现行立法要求及法律实务,概述我国个人信息跨境合规机制,深入剖析"三大合规机制"即安全评估、跨境认证

---

* 杨建媛,北京市海问律师事务所律师。研究领域:数据合规与网络安全、反腐败、公司合规。

郚丹,北京市海问律师事务所律师。

李天烁,北京市海问律师事务所律师。

① 参见王晓红:《中国数据跨境流动量 2025 年或将位居全球之首》,载中新经纬网 2022 年 8 月 29 日,http://www.jwview.com/jingwei/html/08-29/501101.shtml。

及标准合同的制度设计考量及适用情形范围，以期梳理我国个人信息出境合规最新要求，协助判断所适用路径，切实保障个人信息主体权益及数据跨境处理安全。

一、个人信息跨境合规机制概述

数据出境（亦称“跨境传输”“跨境提供”“向境外提供”）主要包括数据处理者将在境内运营中收集和产生的数据传输、存储至境外；数据处理者收集和产生的数据存储在境内，境外的机构、组织或者个人可以访问或者调用。① 个人信息出境是一种特殊的个人信息处理活动，既需要满足《个人信息保护法》对于个人信息处理活动的一般规定，也需要满足《个人信息保护法》第三章“个人信息跨境提供的规则”的规定。其中，最为主要的一条规则是向境外提供个人信息应当具备下列条件之一（跨境合规机制）：(1)通过国家网信部门组织的安全评估（安全评估）；(2)按照国家网信部门的规定经专业机构进行个人信息保护认证（跨境认证）；(3)按照国家网信部门制定的标准合同与境外接收方订立合同，约定双方的权利和义务（标准合同）；(4)法律、行政法规或者国家网信部门规定的其他条件（其他条件）。

上述跨境合规机制各有其特点。其一，安全评估具有优先地位，如果落入安全评估的适用范围，则必须向国家网信部门即国家互联网信息办公室（以下简称国家网信办）申报安全评估。安全评估不仅保护个人权益，还兼具国家安全的宏观站位。其二，跨境认证由兼具市场化特征的专业机构对个人信息处理者及境外接收方的数据保护水平进行考察与认证，不仅可以作为跨境合规机制，也可成为个人信息处理者证明自身合规水平的有效方式。其三，标准合同是一种无须审查、相对轻量级的跨境合规机制，个人信息处理者可以充分利用国家网信办发布的标准合同模板，通过境内外双方

① 参见国家互联网信息办公室：《〈数据出境安全评估办法〉答记者问》，载中国网信网，http://www.cac.gov.cn/2022-07/07/c_1658811536800962.htm。

自主缔约的方式,高效便捷地开展个人信息出境活动。其四,截至本节写作之日,我国立法、执法机构尚未正式规定个人信息出境的其他条件,有待后续观察。

目前,上述跨境合规机制的配套规则正在起草与出台。国家网信办现已发布《数据出境安全评估办法》《关于实施个人信息保护认证的公告》《个人信息出境标准合同办法》,全国信息安全标准化技术委员会(以下简称信安标委)已发布《网络安全标准实践指南——个人信息跨境处理活动安全认证规范V2.0》《信息安全技术　个人信息跨境传输认证要求(征求意见稿)》。本节将对安全评估、跨境认证、标准合同这三大跨境合规机制进行解读。除了一定规模的个人信息出境需要监管,另一类受到出境监管的数据类型为"重要数据"。根据《数据出境安全评估办法》,只要出境所涉的数据在定性上构成"重要数据",则需开展安全评估。其他的跨境合规机制不适用于重要数据出境。

二、安全评估

2022 年 7 月 7 日,国家网信办发布了《数据出境安全评估办法》,并回答了记者的相关提问("答记者问")。《数据出境安全评估办法》构建了涵盖重要数据、个人信息的数据出境安全评估制度,细化落地了《网络安全法》《数据安全法》《个人信息保护法》中有关安全评估的规定。总之,安全评估立足于国家安全的宏观站位,从处理者性质、数据量级、出境方式等维度划定了较广的适用范围,并界定了评估项、法律文件等实质内容。此外,《数据出境安全评估办法》进一步明确了安全评估的程序性事宜,为其落地执行奠定了基础。

(一)数据出境安全评估的宏观站位:立足于国家安全

个人信息是所有企业均涉及的处理对象,也是目前大部分企业的关注焦点。安全评估固然是《个人信息保护法》的出境条件之一,《数据出境安全评估办法》也有保护个人信息权益的意旨,但值得注意的是,《数据出境安全评估办法》更高的站位在于维护国家安全。出境重要数据必须通过安全评估同样说明安全评估系立足于国家安全。从维护国家安全的视角,《数据出境安全评估办法》有助于企业更准确地理解安全评估。一方面,企业在盘点自身的数据资产与处理活动、评估相关风险时,不应仅着眼于个人权益这一微观层面,还应考虑国家安全、公共利益等宏观层面。另一方面,监管机构在进行安全评估时,一开始确实可能是广泛的摸底排查,但在实践中终将聚焦于具有宏观影响尤其是国家安全风险的特殊业务场景,长期而言并不会过度影响企业的正常业务经营。

立足于国家安全的另一个典型制度为网络安全审查,尤其是针对赴境外上市的场景,与安全评估在适用门槛(100 万人个人信息)、评估项(国家安全风险)、审查机构(国家网信部门)等方面颇有共通之处。此外,向境外执法或司法机构提供存储于中国境内数据的审查批准,以及对人类遗传资源、地理测绘信息的出境管理,同样立足于国家安全,但相对于安全评估更具针对性。当多个数据出境监管机制出现竞合时,或可在通过上述特定审查的前提下,适当豁免安全评估。

(二)适用范围:特定数据、特定主体、特定量级

《数据出境安全评估办法》明确了安全评估的适用范围①,细化了上位法的规定。安全评估的适用具有优先性、排他性,如果落入适用范围只能以安全评估作为跨境合规机制,而不能适用跨境认证、标准合同等其他跨境合规机制。尽管《数据出境安全评估办法》的适用范围相对明确,但在落地执行过程中,仍可能存在一些不确定性。

---

① 《数据出境安全评估办法》第 4 条规定,“数据处理者向境外提供数据,有下列情形之一的,应当通过所在地省级网信部门向国家网信部门申报数据出境安全评估:(一)数据处理者向境外提供重要数据;(二)关键信息基础设施运营者和处理 100 万人以上个人信息的数据处理者向境外提供个人信息;(三)自上年 1 月 1 日起累计向境外提供 10 万人个人信息或者 1 万人敏感个人信息的数据处理者向境外提供个人信息;(四)国家网信部门规定的其他需要申报数据出境安全评估的情形”。

1. 特定数据:重要数据

只要出境所涉的数据在定性上构成“重要数据”,无论其数量如何,无论数据处理者的性质如何,均适用安全评估。《数据出境安全评估办法》在我国通用且生效的法律法规层面首次定义了“重要数据”,即“一旦遭到篡改、破坏、泄露或者非法获取、非法利用等,可能危害国家安全、经济运行、社会稳定、公共健康和安全等的数据”。该定义立足于数据安全事件可能造成的危害,且限缩于宏观层面的影响,并未包含对组织和个人合法权益的影响。但是,该办法对重要数据的具体范围界定尚不清晰。《网络数据安全管理条例(征求意见稿)》《信息安全技术　重要数据识别指南(征求意见稿)》也尝试对重要数据进行列举,但该等规定仍未定稿发布且立法思路也历经更迭。一方面,有待各地区、各部门确定重要数据具体目录;另一方面,有待我国就重要数据的识别规则形成基本共识。在此之前,企业在实践中通常会从严把握重要数据的认定,毕竟国家安全无小事。

2. 特定主体

特定主体有两类:一是关键信息基础设施运营者。只要出境所涉的数据处理者在定性上构成“关键信息基础设施运营者”,无论其出境的重要数据或个人信息的数量如何,均适用安全评估。根据《关键信息基础设施安全保护条例》,如果企业的网络设施、信息系统被认定为“关键信息基础设施”,企业将会接到监管机构的通知。二是处理100万人以上个人信息的数据处理者。根据体系解释,《数据出境安全评估办法》中关于“处理100万人以上个人信息的数据处理者”有较高可能即为《个人信息保护法》中的“处理个人信息达到国家网信部门规定数量的个人信息处理者”,不仅应适用安全评估,还应将在境内收集和产生的个人信息存储在境内(本地化)。[①]

---

① 《个人信息保护法》第40条规定:“关键信息基础设施运营者和处理个人信息达到国家网信部门规定数量的个人信息处理者,应当将在中华人民共和国境内收集和产生的个人信息存储在境内。确需向境外提供的,应当通过国家网信部门组织的安全评估;法律、行政法规和国家网信部门规定可以不进行安全评估的,从其规定。”

3. 特定量级

自上年1月1日起累计向境外提供10万人个人信息或1万人敏感个人信息的数据处理者。

《数据出境安全评估办法》新增了已出境数据的累计期限，最多不超过2年，放行了只涉及少量、临时出境活动的处理者。该办法并未规定个人信息、敏感个人信息可通过折算（比如1万敏感个人信息=10万个人信息）达到门槛，但根据常理，敏感个人信息属于个人信息，至少可以按1:1计入个人信息的数量。此外，根据《个人信息保护法》，匿名化信息不属于个人信息，而去标识化信息仍属于个人信息。企业在业务场景中往往无法实现匿名化，即无法识别特定自然人且不能复原，而只能达到去标识化。我国现行法并未豁免去标识化信息，但去标识化的确可以降低实质风险，可作为企业通过安全评估的支撑点之一。

（三）从数据、方式、主体界定“出境”

我国现行法并未明确定义“数据出境”，且用词也有所不同，例如《网络安全法》的“向境外提供”，《数据安全法》的“出境”，《个人信息保护法》的“跨境提供”和“向境外提供”。参考2017年的《个人信息和重要数据出境安全评估办法（征求意见稿）》和《信息安全技术　数据出境安全评估指南（征求意见稿）》相关内容，“数据出境”一般被定义为网络运营者将在我国境内运营中收集和产生的个人信息和重要数据，提供给境外的机构、组织或个人。在2022年7月7日的答记者问中，国家网信办进一步解释了“向境外提供”的情形包括：（1）数据处理者将在境内运营中收集和产生的数据传输、存储至境外；（2）数据处理者收集和产生的数据存储在境内，境外的机构、组织或者个人可以访问或者调用。这一解释颇有启发，但仍存在一些疑问。

1. 数据范围限定于在境内运营中收集和产生的重要数据、个人信息，可以理解为不包含纯境外数据的过境或仅对纯境外数据加工后再出境。

2. “出境方式”的范围较广，既包括将数据传输、存储至境外，也包括从境外可以访问、调用境内数据的情形，即无论数据的物理位置而采用可获得性标准（类似于欧盟的“make available”）。但在实践中，访问、调用的实质风险一般低于物理跨境，因为境内的数据处理者可以随时中断访问权限。

3. 开展数据出境的主体,《数据出境安全评估办法》提及的两类主体为数据处理者(作为数据提供方)和境外接收方,但存在两点困惑。一是当受托方(如云平台)作为数据提供方时,是否由委托方申报安全评估并承担责任。“数据处理者”在生效法律下尚无定义,但《个人信息保护法》将“个人信息处理者”定义为在个人信息处理活动中自主决定处理目的、处理方式的组织、个人,《网络数据安全管理条例(征求意见稿)》也要求数据处理者能自主决定处理目的、处理方式,可以理解为不包含受托方。二是如果境外数据处理者直接收集、传输数据,是否适用安全评估。考虑到《个人信息保护法》要求受域外管辖的境外数据处理者在我国境内设立专门机构或指定代表的规定,《数据出境安全评估办法》也未将“数据处理者”限定在境内,能否排除境外数据处理者对安全评估的适用有待观察。

(四)自评估、监管评估相结合,全面拆解数据出境安全风险

安全评估需“两步走”:先由企业自行开展数据出境风险“自评估”,再由国家网信部门开展“监管评估”。无论企业通过安全评估、认证、标准合同等任一跨境合规机制出境个人信息,监管机构均要求企业开展自评估,并提交监管机构审查或备案。在《个人信息保护法》对于个人信息保护影响评估(PIA)的通用要求①之外,不同跨境合规机制的配套制度分别对评估项进行细化甚至增加②,但本质上仍有相通之处,而安全评估额外强调数据出境对

---

① 《个人信息保护法》第56条规定:“个人信息保护影响评估应当包括下列内容:(一)个人信息的处理目的、处理方式等是否合法、正当、必要;(二)对个人权益的影响及安全风险;(三)所采取的保护措施是否合法、有效并与风险程度相适应。个人信息保护影响评估报告和处理情况记录应当至少保存三年。”

② 《数据出境安全评估办法》第5条规定,数据处理者在申报数据出境安全评估前,应当开展数据出境风险自评估,重点评估以下事项:(1)数据出境和境外接收方处理数据的目的、范围、方式等的合法性、正当性、必要性;(2)出境数据的规模、范围、种类、敏感程度,数据出境可能对国家安全、公共利益、个人或者组织合法权益带来的风险;(3)境外接收方承诺承担的责任义务,以及履行责任义务的管理和技术措施、能力等能否保障出境数据的安全;(4)数据出境中和出境后遭到篡改、破坏、泄露、丢失、转移或者被非法获取、非法利用等的风险,个人信息权益维护的渠道是否通畅等;(5)与境外接收方拟订立的数据出境相关合同或者其他具有法律效力的文件等(以下统称法律文件)是否充分约定了数据安全保护责任义务;(6)其他可能影响数据出境安全的事项。

国家安全的影响。

安全评估的自评估维度和内容,详见表2-2-1。

表2-2-1 安全评估的自评估维度和内容

评估维度	评估内容
出境事由合法正当	数据的规模、范围、种类、敏感程度
	处理的目的、范围、方式
出境风险相对可控(安全风险角度)	影响对象:国家安全、公共利益、个人或组织合法权益
	时间阶段:出境中、出境后(包括再转移)
	风险类型:数据遭到篡改、破坏、泄露、丢失、转移,被非法获取、非法利用
出境风险相对可控(境外接收方角度)	实质能力:境外接收方履行数据安全保护责任义务的能力、管理和技术措施
	法律约束:拟订立的法律文件中对数据安全保护责任义务的约定

安全评估中的监管评估覆盖了自评估的内容,并额外增加以下评估项①:一是境外接收方所在国家或者地区的数据安全保护政策法规和网络安全环境对出境数据安全的影响。这既可能上升至该法域的宏观安全水平,即类似于欧盟的充分性认定,也可能仅限于对本次数据出境的影响,即类似于欧盟的传输影响评估(以下简称TIA)。二是境外接收方的数据保护水平是否达到我国法律、行政法规的规定和强制性国家标准的要求。这在《个人信息保护法》的同等保护水平的基础上,额外增加了强制性国家标准,进一步细化、提升了对境外接收方的要求。

---

① 《数据出境安全评估办法》第8条规定,数据出境安全评估重点评估数据出境活动可能对国家安全、公共利益、个人或者组织合法权益带来的风险,主要包括以下事项:(1)数据出境的目的、范围、方式等的合法性、正当性、必要性;(2)境外接收方所在国家或者地区的数据安全保护政策法规和网络安全环境对出境数据安全的影响;境外接收方的数据保护水平是否达到中华人民共和国法律、行政法规的规定和强制性国家标准的要求;(3)出境数据的规模、范围、种类、敏感程度,出境中和出境后遭到篡改、破坏、泄露、丢失、转移或者被非法获取、非法利用等的风险;(4)数据安全和个人信息权益是否能够得到充分有效保障;(5)数据处理者与境外接收方拟订立的法律文件中是否充分约定了数据安全保护责任义务;(6)遵守中国法律、行政法规、部门规章情况;(7)国家网信部门认为需要评估的其他事项。

(五)明确程序性事宜,保障安全评估的落地执行

相较于征求意见稿,《数据出境安全评估办法》进一步明确了安全评估的程序,为其落地执行奠定了基础。其中,值得重点关注的程序性规定如下。

1. 监管机构的内部分工:一方面,由省级网信部门对申报材料进行完备性查验,合理分配网信部门的工作负担;另一方面,由国家网信部门进行安全评估,切实保障评估标准的一致性,避免出现数据出境的高地与洼地。此外,《数据出境安全评估办法》保留了网信部门与国务院有关部门、专门机构的合作,但删除了前一版征求意见稿中关于"征求相关行业主管部门意见"的规定。

2. 监管评估的时间预期:在申报通过完备性查验(5 个工作日内)并予以受理(7 个工作日内)后,安全评估一般在 45 个工作日内完成。但情况复杂或需要补充材料的,可以适当延长时间,且《数据出境安全评估办法》删除了前一版征求意见稿中"一般不超过 60 个工作日"的限制,延长时间更难预估。

3. 申报安全评估所需材料:(1)申报书,一般为制式文件;(2)自评估报告,国家网信办已发布自评估报告模板,但报告的颗粒度在实践中仍存在弹性空间;(3)双方拟订立的法律文件,且国家网信办建议企业先申报、后签订,或附生效条件(以通过安全评估为条件),以避免未通过评估而造成损失;(4)其他材料。

4. 申报安全评估的可能结果:(1)不予受理,可以理解为该次数据出境不适用安全评估,但个人信息出境仍需满足认证或标准合同;(2)通过安全评估,企业应严格按照申报事项开展数据出境活动,有效期为 2 年,但有效期内情况发生变化而影响出境数据安全的,应重新申报;(3)未通过安全评估,企业不得开展其所申报的数据出境活动,且鉴于安全评估优先、排他适用的特性,企业也无法适用认证或标准合同。此外,《数据出境安全评估办法》新设了复评程序,给企业提供了一次异议机会,复评结果即为最终结论。

5.《数据出境安全评估办法》的宽限期及溯及力:《数据出境安全评估办法》自2022年9月1日起施行,施行前已经开展的数据出境活动,应自施行之日起6个月内完成整改。一方面,该办法预留了宽限期,为企业的合规工作提供了合理的准备时间;另一方面,该办法可能溯及其施行前已开展的数据出境活动,至少对于目前仍在持续的数据出境活动,企业应依法申报安全评估。

(六)面对安全评估,企业宜尽快启动数据合规工作

安全评估一般需要57个工作日(5+7+45)、近3个月自然日完成。根据《数据出境安全评估办法》,对于需要开展安全评估的企业,如果2023年3月1日前未通过安全评估或未收到评估结果,则可能因此影响数据出境甚至业务的连续运营。面对安全评估,企业可以提前开展的数据合规工作主要包括以下几点。

1. 盘点数据资产与出境活动。企业的数据资产与处理活动纷繁复杂,且涉及众多的业务场景、业务部门,往往缺乏集中、全面的盘点。该等盘点是开展自评估与申报的事实基础,在实践中有相当数量的企业在《数据出境安全评估办法》生效后不久即首先启动了内部盘点工作,对出境所涉的数据规模、范围、种类、敏感程度以及处理的目的、范围、方式等情况进行盘点。

2. 确定数据出境的合规机制。不同的数据出境活动可能适用不同的合规机制,例如安全评估、标准合同、认证等。企业需从自身性质、数据性质、数据量级等角度,依法确定其数据出境活动是否需适用安全评估。

3. 开展自评估。自评估是所有数据出境活动均适用的内部流程,但根据不同的跨境合规机制,具体的评估项存在一定差异。在实践中,基于成本、便利性等因素,部分企业选择在内部设计、整合出一套相对标准化的自评估的流程与内容,以满足不同法律法规对自评估的要求。如果需申报安全评估,则以前述自评估为基础,根据国家网信办发布的模板形成可提交监管机构的评估报告。

4. 拟定法律文件、落实安全措施。无论适用何种跨境合规机制，数据处理者和境外接收方均需签订具有法律约束力的文件，如合同、单方承诺、有约束力的公司规则等。此外，该等文件并不只是书面条款，更关键的是确保境外接收方具备实质性的安全保护能力，尤其是落实各类管理措施、技术措施。

三、跨境认证

2022 年 11 月 18 日，国家网信办公开发布了《关于实施个人信息保护认证的公告》及其附件《个人信息保护认证实施规则》，规定了开展个人信息保护认证（区分两种情形：不含跨境处理活动、包含跨境处理活动，后者简称跨境认证）的程序性规则。个人信息保护认证的认证依据为推荐性国家标准 GB/T 35273《信息安全技术　个人信息安全规范》；涉及跨境处理活动时，认证依据还包括信安标委发布的标准相关技术文件 TC260 – PG – 20222A《个人信息跨境处理活动安全认证规范》（均执行最新版本）。

2022 年 11 月 8 日，信安标委发布了《网络安全标准实践指南——个人信息跨境处理活动安全认证规范 V2. 0（征求意见稿）》（以下简称《跨境认证规范 V2. 0》），此时距离其于 2022 年 6 月 24 日发布第 1 版《跨境认证规范 V1. 0》仅过去了 4 个多月。下文将具体结合《跨境认证规范 V2. 0》对跨境认证制度进行重点解读。

（一）跨境认证的制度逻辑：侧重考察处理者的个人信息保护"能力"

作为个人信息跨境的前提条件，安全评估、标准合同、认证这三项机制具有内在共性：形式上，均要求个人信息处理者事前自行开展影响/风险评估、并与境外接收方签署具有法律约束力的协议或文件；实质上，均强调境外接收方的同等保护水平以及个人信息主体的权益保护。与此同时，不同的跨境合规机制也存在制度逻辑的差异。安全评估不限于个人层面的保护，兼具国家安全的宏观站位；安全评估、标准合同更侧重于以数据出境场景为对象进行个案分析，而认证兼具以个人信息处理者、境外接收方为对象进行个体分析，当其数据保护能力达到我国法律要求时，个人信息则可在认证范围内进行传输。认证或可在一定程度上超脱一事一议的局限性，彰显企业本身的数据保护能力，因此，认证不仅能单独作为跨境传输的合规机制，也能成为企业向监管机构、合作方、用户展示其合规水平的有力证明。此外，跨境认证作为一套体系化的合规安排，往往需要更多的资源投入，例如《跨境认证规范 V2.0》关于个人信息跨境处理规则、组织管理机构的额外规定。因此，跨境认证往往适用于合规建设较为完善、境内外双方或多方关系较为密切或合作长期稳定的情形，例如跨国集团内部的个人信息跨境传输。

（二）跨境认证的适用范围：包括但不限于“集团内跨境”“域外管辖”

《跨境认证规范 V1.0》曾将跨境认证的适用范围限于两种特殊情形：其一，跨国公司或者同一经济、事业实体下属子公司或关联公司之间的个人信息跨境处理活动（集团内跨境）；其二，《个人信息保护法》第 3 条第 2 款适用的个人信息处理活动（域外管辖）。《跨境认证规范 V2.0》则将跨境认证的适用范围扩张至“个人信息处理者开展个人信息跨境处理活动”，恢复了跨境认证的通用性。但《跨境认证规范 V2.0》仍在第 2 条“认证主体”中特别列举了集团内跨境、域外管辖这两种情形，这既点出了跨境认证的典型适用场景，也解答了业界的一个困惑——从境外直接收集境内个人信息是否适用《个人信息保护法》第三章的跨境规则。从目前看来，境外处理者仍需就个人信息跨境处理提前做好合规准备，并在必要时与监管部门沟通确认。

（三）跨境认证的双方性：个人信息处理者、境外接收方均需进行认证

《跨境认证规范 V2.0》在全文多处强调认证的双方性，个人信息处理者（境内提供方）、境外接收方双方均需遵守关于基本原则、具有法律约束力的文件、组织管理要求、个人信息跨境处理规则、个人信息主体权益保障等方

面的要求。实际上，跨境认证覆盖了“境内处理—跨境传输—境外处理”的个人信息跨境处理活动全流程。根据《个人信息保护认证实施规则》，认证程序中包括“技术验证”与“现场审核”，该等要求如何适用于境外接收方有待观察。在欧盟《通用数据保护条例》(GDPR)下，根据欧盟数据保护委员会(EDPB)于2022年6月发布的《关于认证作为传输工具的指南(公开征求意见稿)》，作为跨境传输工具的认证仅针对境外接收方这一方，且一般仅涵盖境外处理活动这一环节，而境内提供方的境内处理活动和跨境传输活动则直接适用GDPR。相较而言，我国的跨境认证不仅是对个人信息境外处理活动、境外接收方的考察，也包括对境内提供方的个人信息处理活动的全面考察。在《个人信息保护法》之外，《个人信息保护认证实施规则》《跨境认证规范V2.0》均要求个人信息处理者同时符合推荐性国家标准GB/T 35273《信息安全技术　个人信息安全规范》的要求。这虽提升了企业获得跨境认证的难度和合规成本，但相应提升了跨境认证作为企业合规证明的含金量。

(四)跨境合规的内在共性：三大机制相互借鉴、部分融合

在《跨境认证规范V1.0》《跨境认证规范V2.0》这两个版本发布之间，国家网信办陆续发布了《个人信息出境标准合同规定(征求意见稿)》《数据出境安全评估办法》《数据出境安全评估申报指南》(第1版)，对标准合同、安全评估这两项跨境合规机制进行了细化规定。《跨境认证规范V2.0》借鉴、融合了上述新规尤其是标准合同在法律文件、个人信息保护影响评估等方面的要求。

具有法律约束力的文件(法律文件)：关于法律文件的内容，跨境认证规范V2.0版本对V1.0版本的新增要求与标准合同有较高重合度，具体对比详见表2-2-2，因此，企业在起草法律文件时可参考标准合同的相关条款。

表 2-2-2 不同文件对比

《跨境认证规范 V1.0》	《跨境认证规范 V2.0》	《个人信息出境标准合同规定(征求意见稿)》	《数据出境安全评估办法》
4.1 有法律约束力的协议……文件应当至少明确下列内容	5.1 具有法律约束力的协议……文件应至少明确下列内容	第6条 标准合同包括以下主要内容	第9条 ……法律文件中……至少包括以下内容
(a)~~开展个人信息跨境处理活动的~~个人信息处理者和境外接收方	(a)个人信息处理者和境外接收方的基本信息,包括但不限于名称、地址、联系人姓名、联系方式等	(1)个人信息处理者和境外接收方的基本信息,包括但不限于名称、地址、联系人姓名、联系方式等	/
(b)跨境处理个人信息的目的~~以及个人信息的~~类别、范围	(b)个人信息跨境处理的目的、范围、类型、敏感程度、数量、方式、保存期限、存储地点等	(2)个人信息出境的目的、范围、类型、敏感程度、数量、方式、保存期限、存储地点等	(1)数据出境的目的、方式和数据范围,境外接收方处理数据的用途、方式等 (2)数据在境外保存地点、期限,以及达到保存期限、完成约定目的或者法律文件终止后出境数据的处理措施
/	(c)个人信息处理者和境外接收方保护个人信息的责任与义务,以及为防范个人信息跨境处理可能带来安全风险所采取的技术和管理措施等	(3)个人信息处理者和境外接收方保护个人信息的责任与义务,以及为防范个人信息出境可能带来安全风险所采取的技术和管理措施等	/
(c)个人信息主体权益保护措施	(d)个人信息主体的权利,以及保障个人信息主体权利的途径和方式	(5)个人信息主体的权利,以及保障个人信息主体权利的途径和方式	(6)出境数据遭到篡改、破坏、泄露、丢失、转移或者被非法获取、非法利用等风险时,妥善开展应急处置的要求和保障个人维护其个人信息权益的途径和方式

续表

《跨境认证规范 V1.0》	《跨境认证规范 V2.0》	《个人信息出境标准合同规定(征求意见稿)》	《数据出境安全评估办法》
/	(e)救济、合同解除、违约责任、争议解决等	(6)救济、合同解除、违约责任、争议解决等	(5)违反法律文件约定的数据安全保护义务的补救措施、违约责任和争议解决方式
(d)境外接收方承诺并遵守统一的个人信息跨境处理规则,并确保个人信息保护水平不低于中华人民共和国个人信息保护相关法律、行政法规规定的标准	(f)境外接收方承诺并遵守同一个人信息跨境处理规则,并确保个人信息保护水平不低于中华人民共和国个人信息保护相关法律、行政法规规定的标准	/	/
(e)境外接收方承诺接受认证机构监督	(g)境外接收方承诺接受认证机构监督	/	/
(f)境外接收方承诺接受中华人民共和国个人信息保护相关法律、行政法规管辖	(h)境外接收方承诺接受中华人民共和国个人信息保护相关法律、行政法规管辖	/	/
(g)明确在中华人民共和国境内承担法律责任的组织	(i)明确在中华人民共和国境内承担法律责任的组织,并承诺履行个人信息保护义务	/	/
/	(j)个人信息处理者和境外接收方均承诺对侵害个人信息权益行为承担法律责任,法律责任不明确的,由个人信息处理者承担法律责任	/	/
(h)其他应当遵守的法律、行政法规规定的义务	(k)其他应遵守的法律、行政法规规定的义务	/	/

个人信息保护影响评估/数据出境风险自评估(合称自评估):关于自评估的内容,V2.0 对 V1.0 的新增要求与标准合同有较高重合度,具体对比见表 2-2-3,企业可在构建自评估框架时整合跨境认证和标准合同的报告模板。

表 2-2-3 不同法律文件对比

《跨境认证规范 V1.0》	《跨境认证规范 V2.0》	《个人信息出境标准合同规定(征求意见稿)》	《数据出境安全评估办法》
4.4 个人信息保护影响评估 开展个人信息跨境活动的个人信息处理者事前评估向境外提供个人信息活动是否合法、正当、必要,所采取的保护措施是否与风险程度相适应并有效等,个人信息保护影响评估至少包括下列事项	5.4 个人信息保护影响评估……评估报告应至少包括下列事项	第 5 条 个人信息处理者向境外提供个人信息前,应当事前开展个人信息保护影响评估,重点评估以下内容	第 5 条 数据处理者在申报数据出境安全评估前,应当开展数据出境风险自评估,重点评估以下事项
(a)向境外提供个人信息是否符合法律、行政法规	(a)个人信息处理者和境外接收方处理个人信息的目的、范围、方式等的合法性、正当性、必要性	(1)个人信息处理者和境外接收方处理个人信息的目的、范围、方式等的合法性、正当性、必要性	(1)数据出境和境外接收方处理数据的目的、范围、方式等的合法性、正当性、必要性
(b)对个人信息主体权益产生的影响……	(b)跨境处理个人信息的规模、范围、类型、敏感程度、频率,个人信息跨境处理可能对个人信息权益带来的风险	(2)出境个人信息的数量、范围、类型、敏感程度,个人信息出境可能对个人信息权益带来的风险	(2)出境数据的规模、范围、种类、敏感程度,数据出境可能对国家安全、公共利益、个人或者组织合法权益带来的风险
/	(c)境外接收方承诺承担的责任义务,以及履行责任义务的管理和技术措施、能力等能否保障跨境处理个人信息的安全	(3)境外接收方承诺承担的责任义务,以及履行责任义务的管理和技术措施、能力等能否保障出境个人信息的安全	(3)境外接收方承诺承担的责任义务,以及履行责任义务的管理和技术措施、能力等能否保障出境数据的安全

续表

《跨境认证规范 V1.0》	《跨境认证规范 V2.0》	《个人信息出境标准合同规定（征求意见稿）》	《数据出境安全评估办法》
/	(d)个人信息跨境处理后泄露、损毁、篡改、滥用等的风险，个人维护个人信息权益的渠道是否通畅等	(4)个人信息出境后泄露、损毁、篡改、滥用等的风险，个人维护个人信息权益的渠道是否通畅等	(4)数据出境中和出境后遭到篡改、破坏、泄露、丢失、转移或者被非法获取、非法利用等的风险，个人信息权益维护的渠道是否通畅等
(b)……特别是境外国家和地区的法律环境、网络安全环境等对个人信息主体权益的影响	(e)境外接收方所在国家或者地区的个人信息保护政策法规对履行个人信息保护义务和保障个人信息权益的影响，包括但不限于：……	(5)境外接收方所在国家或者地区的个人信息保护政策法规对标准合同履行的影响	(5)与境外接收方拟订立的数据出境相关合同或者其他具有法律效力的文件等（以下统称法律文件）是否充分约定了数据安全保护责任义务
(c)其他~~维护个人信息权益所必需~~的事项	(f)其他可能影响个人信息跨境处理安全的事项	(6)其他可能影响个人信息出境安全的事项	(6)其他可能影响数据出境安全的事项

（五）跨境合规的路径选择：个人信息处理者如何提前研判跨境认证

面对安全评估、标准合同、认证这三项跨境合规机制，建议个人信息处理者提前就个人信息出境事宜进行整体布局，充分利用一项或多项机制，以实现既高效又合规的个人信息跨境流动。其一，安全评估具有优先地位，个人信息处理者一旦落入安全评估的适用范围，则必须向国家网信办申报安全评估；其二，标准合同既可以单独作为跨境合规机制，其模板条款也可为安全评估、认证过程中的法律文件提供参考；其三，跨境认证既可以单独作为跨境合规机制，也可成为企业数据保护水平的有力证明，与安全评估、标准合同并行不悖。

根据《个人信息保护认证实施规则》规定，认证证书有效期为3年。企业首次认证时，需要经过技术验证机构的"技术验证"以及认证机构的"现场审核"。在认证证书的有效期内，通过认证机构的"获证后监督"保持其有效性;企业可在有效期届满前 6 个月内提出认证委托,由认证机构采用“获证后监督”的方式对符合认证要求的委托换发新证书。跨境认证是一套体系化的合规安排,这也意味着较高的资源投入。个人信息处理者应充分考虑自身数据合规建设的现状或计划及其和境外接收方的关系与合作,从而合理决策是否申请跨境认证。概括而言,《跨境认证规范 V2. 0》主要包括以下方面的要求,值得重点考量:

境外接收方:《跨境认证规范 V2. 0》对境外接收方的同等保护水平提出了全方位的具体要求,并强调境外接收方在中国法下承担责任,且境内处理者可能为境外接收方承担“兜底责任”。

组织管理要求:《跨境认证规范 V2. 0》要求个人信息处理者、境外接收方均指定个人信息保护负责人,设立个人信息保护机构,并规定了具体的工作职责。

个人信息跨境处理规则:《跨境认证规范 V2. 0》要求个人信息处理者、境外接收方均遵守同一个人信息跨境处理规则,这似乎是区别于法律文件的另一套专门规则。

法律文件:《跨境认证规范 V2. 0》要求双方签署具有法律约束力和可执行的文件或协议,安全评估、标准合同也有类似要求,且《跨境认证规范 V2. 0》对法律文件内容的规定与标准合同高度重合。

自评估:《跨境认证规范 V2. 0》要求个人信息处理者事先自行开展个人信息保护影响评估,安全评估、标准合同也有类似要求,且《跨境认证规范 V2. 0》对评估内容的规定与标准合同高度重合。

个人信息主体权益保障:《跨境认证规范 V2. 0》要求个人信息处理者、境外接收方共同保障个人信息主体的权益,且该等具体规定较多借鉴了标准合同的相关条款。

四、标准合同

2023 年 2 月 22 日,国家网信办发布《个人信息出境标准合同办法》及其附件《个人信息出境标准合同》。《个人信息出境标准合同办法》于2023年6月1日起施行，并对此前已开展的个人信息出境活动予以6个月的整改宽限期，即应在2023年12月1日之前完成整改。

至此，随着《数据出境安全评估办法》《关于实施个人信息保护认证的公告》《个人信息跨境处理活动安全认证规范》《个人信息出境标准合同办法》的相继出台与施行，我国《个人信息保护法》关于个人信息出境的三大合规机制即安全评估、跨境认证、标准合同进入落地阶段。3种出境机制均涉及数据盘点、自评估、法律文件签署等前期工作，需要预留充分的准备时间，企业已经来到了出境合规的关键时点。

标准合同作为目前最新落地的合规机制，因其生效无须监管审批或第三方认证、准备工作相对轻量化等特性，备受企业关注与期待。此外，由于欧盟标准合同条款（SCC）在域外已广泛应用，无论企业是否使用标准合同作为合规机制，在与境外接收方、利益相关方的沟通谈判中，《个人信息出境标准合同》都将是无法绕开的重点话题之一。本部分将重点解读适用《个人信息出境标准合同办法》的核心关注点，并预测《个人信息出境标准合同》谈判签署中可能出现的疑难条款，为个人信息处理者使用标准合同实现个人信息出境合规提供参考。

（一）作为出境机制的标准合同

《个人信息出境标准合同办法》明确了标准合同作为一种个人信息出境机制的适用门槛、备案要求、条款内容、自评估要求等内容，为标准合同的落地实施奠定了基础。

1. 适用门槛与安全评估泾渭分明

标准合同与安全评估的适用条件相对立（详见表2-2-4）。企业如果未达到安全评估的申报门槛，才可以选择标准合同作为个人信息出境的合规机制。

表 2-2-4 标准合同与安全评估的适用条件

标准合同的适用条件	安全评估的适用条件
1. 非关键信息基础设施运营者 2. 处理个人信息不满 100 万人 3. 自上年 1 月 1 日起累计向境外提供个人信息不满 10 万人 4. 自上年 1 月 1 日起累计向境外提供敏感个人信息不满 1 万人 法律、行政法规或者国家网信部门另有规定的,从其规定	1. 关键信息基础设施运营者 2. 处理 100 万人以上个人信息 3. 自上年 1 月 1 日起累计向境外提供 10 万人个人信息 4. 自上年 1 月 1 日起累计向境外提供 1 万人敏感个人信息 国家网信部门规定的其他需要申报数据出境安全评估的情形

此外,《个人信息出境标准合同办法》特别强调企业不得采取数量拆分等手段,规避安全评估的适用。根据实践经验,数量拆分可能包括以下情形:(1)将个人信息拆分至不同的公司实体,从而降低每个实体所处理或出境的个人信息数量;(2)将个人信息拆分至不同的时间周期,从而降低特定区间所涉的个人信息数量。

在实践中,大型集团公司的组织架构与 IT 架构比较复杂,可能存在多个公司实体、多条业务线共用信息系统、个人信息的情形。对此,企业在进行数据盘点时需要区分符合实际情况的"客观型拆分"、为了绕开安全评估的"规避型拆分",可以考虑以下因素:(1)处理目的。企业是否需要在业务中使用个人信息。(2)数据控制力。企业是否分别控制不同的服务器、信息系统(物理隔离),或者在同一信息系统中具有清晰的权限区分(逻辑隔离)。

2. 备案要求与合同缔结既分立又关联

《个人信息出境标准合同办法》对标准合同采用"自主缔约与备案管理相结合"的监管路径。一方面,标准合同无须事前审批即可生效(对比:安全评估为事前审批),标准合同生效后可开展个人信息出境活动;另一方面,企业应在标准合同生效之日起 10 个工作日内向所在地省级网信部门备案,提交标准合同、个人信息保护影响评估(自评估或 PIA)报告。

标准合同的备案为网信部门的事后监管提供了抓手:省级以上网信部门发现个人信息出境活动存在较大风险或者发生个人信息安全事件的,可以依法对个人信息处理者进行约谈;个人信息处理者应当按照要求整改,消除隐患。

相较于通过安全评估的结果有效期为 2 年,标准合同并没有期限规定,企业可以在标准合同中自主约定合同的有效期。但签订标准合同并备案也并非一劳永逸,如果发生以下情形,企业应重新开展自评估、补充或重订标准合同并履行备案手续。

(1)事实情况变化。向境外提供个人信息的目的、范围、种类、敏感程度、方式、保存地点或者境外接收方处理个人信息的用途、方式发生变化,或者延长个人信息境外保存期限的。

请注意,从《个人信息出境标准合同办法》字面来看,出境个人信息“规模/数量”发生变化不在此列,但如果出境个人信息数量到达 10 万人个人信息或 1 万人敏感个人信息(自上年 1 月 1 日起算),则将适用安全评估。

(2)境外接收地法律变化。境外接收方所在国家或者地区的个人信息保护政策和法规发生变化等,可能影响个人信息权益的。

请注意,只有政策法规变化且可能影响个人信息权益的方在此列。

(3)其他情形。可能影响个人信息权益的其他情形。

3. 标准合同带来的便捷与挑战

标准合同应当严格按照网信办制定的《个人信息出境标准合同》订立,不能修改既定的模板与条款。与此同时,《个人信息出境标准合同》也给双方留出了一定的灵活空间,设置了附录二“双方约定的其他条款(如需要)”,但不得与《个人信息出境标准合同》相冲突。与之类似,欧盟 SCC 也允许合同双方在标准合同条款之外增加额外条款,只要该等条款不与既有条款相冲突,也不损害个人的基本权利与自由。

4. 自评估要求使标准合同趋同于其他出境机制

(1)个人信息保护影响评估/PIA

《个人信息保护法》要求对影响较大的个人信息处理活动(包括但不限于出境)开展个人信息保护影响评估(自评估或 PIA),并规定了自评估的通用内容:①个人信息的处理目的、处理方式等是否合法、正当、必要;②对个人权益的影响及安全风险；③所采取的保护措施是否合法、有效并与风险程度相适应。

针对个人信息出境，关于安全评估、标准合同、认证的配套法规均在《个人信息保护法》的基础上扩展了自评估的内容，且自评估的内容具有较高重合度（详见表2-2-5），个人信息处理者在设计自评估模板时宜进行通盘考虑。

表2-2-5　不同法律文件对比

《个人信息出境标准合同办法》	《数据出境安全评估办法》	《跨境认证规范 V2.0》
第5条　个人信息处理者向境外提供个人信息前，应当开展个人信息保护影响评估，重点评估以下内容	第5条　数据处理者在申报数据出境安全评估前，应当开展数据出境风险自评估，重点评估以下事项	5.4 个人信息处理者应对拟向境外接收方提供个人信息的活动开展个人信息保护影响评估……评估报告应至少包括下列事项
(1)个人信息处理者和境外接收方处理个人信息的目的、范围、方式等的合法性、正当性、必要性	(1)数据出境和境外接收方处理数据的目的、范围、方式等的合法性、正当性、必要性	(a)个人信息处理者和境外接收方处理个人信息的目的、范围、方式等的合法性、正当性、必要性
(2)出境个人信息的规模、范围、种类、敏感程度，个人信息出境可能对个人信息权益带来的风险	(2)出境数据的规模、范围、种类、敏感程度，数据出境可能对国家安全、公共利益、个人或者组织合法权益带来的风险	(b)跨境处理个人信息的规模、范围、类型、敏感程度、频率，个人信息跨境处理可能对个人信息权益带来的风险
(3)境外接收方承诺承担的义务，以及履行义务的管理和技术措施、能力等能否保障出境个人信息的安全	(3)境外接收方承诺承担的责任义务，以及履行责任义务的管理和技术措施、能力等能否保障出境数据的安全	(c)境外接收方承诺承担的责任义务，以及履行责任义务的管理和技术措施、能力等能否保障跨境处理个人信息的安全
(4)个人信息出境后遭到篡改、破坏、泄露、丢失、非法利用等的风险，个人信息权益维护的渠道是否通畅等	(4)数据出境中和出境后遭到篡改、破坏、泄露、丢失、转移或者被非法获取、非法利用等的风险，个人信息权益维护的渠道是否通畅等	(d)个人信息跨境处理存在的泄露、损毁、篡改、滥用等的风险，个人维护个人信息权益的渠道是否通畅等

续表

《个人信息出境标准合同办法》	《数据出境安全评估办法》	《跨境认证规范 V2.0》
(5)境外接收方所在国家或者地区的个人信息保护政策和法规对标准合同履行的影响	《数据出境风险自评估报告(模板)》:境外接收方所在国家或地区数据安全保护政策法规和网络安全环境情况	(e)境外接收方所在国家或者地区的个人信息保护政策法规对履行个人信息保护义务和保障个人信息权益的影响,包括但不限于……
(6)其他可能影响个人信息出境安全的事项	(6)其他可能影响数据出境安全的事项	(f)其他可能影响个人信息跨境处理安全的事项

为开展自评估,企业需要对以下情况进行盘点与分析:

①数据出境的基础事实,包括个人信息的种类、数量、敏感程度,处理的目的、方式,境外接收方的范围等。

②数据出境的合规性,包括个人信息出境的合法性(比如告知个人、满足合法性基础等)、正当性(比如目的正当、手段正当、过程正当)、必要性(比如数据类型、数量级、保存期限的最小必要)。

③数据出境的风险,包括正常情况下数据出境本身对于个人信息权益的风险,以及发生数据安全事件的风险对个人权益的影响及维权渠道。

④境外接收方的情况,包括境外接收方关于个人信息的管理措施、技术措施、保护水平(硬实力),以及境外接收方通过《个人信息出境标准合同》等法律文件承担的数据安全与保护义务(约束力)。

⑤境外接受地的法治情况,包括境外接收地关于个人信息保护的立法与监管情况是否会影响境外接收方履行该标准合同。具体情况详见下文。

(2)传输影响评估/TIA

欧盟在 Schrems II 案中对标准合同条款这一跨境工具进行加码,额外要求对境外接收地的法律及实践(尤其是政府机构调取数据的权力)是否妨碍境外接收方履行合同义务进行评估(传输影响评估/TIA),TIA 成为最新版 SCC 的组成部分。

究其根源,即便合同对境外接收方施加了约束且境外接收方真诚地愿意履行合同义务，但如果境外接受地的法治环境发生重大变化，境外接收方仍可能因为国家监管层面的“不可抗力”而无法履行合同义务，从而无法保障数据安全。

我国《个人信息出境标准合同》第4条也专门规定了“境外接收方所在国家或者地区个人信息保护政策和法规对合同履行的影响”，包括以下两个层面。中国版TIA结合了宏观评估与个案评估，对于整体法治环境一般的境外接受地，也可能因个案情况不敏感、境外接收方的相关记录良好而得出比较乐观的评估结论。

①针对境外接受地的宏观评估。TIA应当评估境外接受地关于个人信息保护的立法与标准、国际组织与国际承诺、执法及司法机构。从字面上看，TIA并不包含对于法律实践情况的整体评估。

②针对特定数据出境活动的个案评估。TIA应当结合该标准合同项下数据出境活动的事实情况，以及该特定境外接收方的数据保护能力、关于数据安全事件、政府数据调取的负面历史。

对比此前的征求意见稿，《个人信息出境标准合同》第4条、第6条额外强调了境外接收方在接到当地政府部门、司法机构的数据调取要求时应立即通知个人信息处理者（境内提供方）的义务。欧盟在SCC及TIA中也重点关注外国政府的数据调取，并在SCC第15条中具体约定了境外接收方的及时通知、合理抗辩、数据最小化等义务，该约定内容可供我国境内个人信息处理者参考。

（二）作为协议条款的标准合同

1. 释放积极信号：合理减轻双方义务，降低适用成本

《个人信息出境标准合同》相较其征求意见稿，在合法性基础、责任承担等多个重点条款中合理减轻了境内外双方的义务，有助于降低适用成本，并为意思自治保留更大空间以应对多样化的实践场景，释放出了积极的监管信号。

(1)明确单独同意范围:基于“个人同意”才需取得“单独同意”

《个人信息出境标准合同》多处新增规定“基于个人同意处理个人信息的,应当取得个人信息主体的单独同意”,由此从监管侧正式明确了:①除个人同意外,亦可基于其他合法性基础向境外提供个人信息。例如,为履行合同所必需、按照劳动规章制度实施人力资源管理所必需、合理使用已公开个人信息等。②基于个人同意才需取得单独同意,如果基于其他合法性基础向境外提供个人信息,则可避免触及“单独同意”这一存在较高落地难度的法定要求。

(2)双方责任解耦合:不再要求境内提供方无条件“先行赔付”

《个人信息出境标准合同》将境内外双方的责任解耦合,不再要求境内提供方承担实质意义上的“连带责任”,即针对境外接收方因违反标准合同而对个人造成的损害,境内提供方有义务根据个人主张向其先行赔付,再向境外接收方追偿。除双方依法承担连带责任的情形外(例如,《个人信息保护法》第 20 条规定的共同处理个人信息的情形),不再通过《个人信息出境标准合同》作出严于上位法的责任分配规定,为双方意思自治保留更大空间。

因此,在未来签署标准合同时,在不贬损个人信息权益的前提下,建议对双方之间的数据法律关系及责任分配方式进行具体补充约定,尽可能减少争议。

(3)境外方自证成本降低:以“书面说明”取代“审计报告”

在个人信息保护的语境下,审计是一种较为强势的合规监管措施,审计报告虽具备更强的合规证明效果,但同时也伴随着更高的合规成本投入。

相较征求意见稿,《个人信息出境标准合同》相对限缩了审计的应用场景,在以下两种情形下,仅要求境外接收方提供“书面说明”,而不再强制要求提供“审计报告”:①作为受托人(相当于 GDPR 中的“processor”)的境外接收方,保存期限届满后删除或向境内提供方返还个人信息;②作为个人信息处理者(相当于 GDPR 中的“controller”)或受托人的境外接收方,在合同解除后删除或向境内提供方返还个人信息。

前述修改为双方意思自治保留了更大空间，视实践场景不同，双方既可仅保留格式条款，对境外接收方的书面说明不作进一步的限定，从而避免因境外接收方自证成本过高阻碍谈判也可进行补充约定，例如要求境外接收方提供审计报告，从而实现更加有效的合规约束。

(4)合同摘要不再必需：提供合同副本不影响理解

为保障个人信息主体的知情权，《个人信息出境标准合同》规定境内提供方与境外接收方均有义务根据个人要求，向个人提供标准合同副本。相较征求意见稿，《个人信息出境标准合同》在坚持"结果导向"的同时，放宽了对实现方式的限制：例如，从要求企业提供遮密副本则须同时承诺提供合同摘要，改为"在不影响个人信息主体理解的前提下，可对本合同副本内容进行适当处理"。在平衡个人知情权与企业机密保护的前提下，为企业实际履行标准合同义务留下更大的弹性空间。

2. 借鉴欧盟经验："伪痛点"与SCC同源，谈判难度可控

标准合同作为出境合规机制的基本逻辑为：通过合同义务的形式，约定法定义务的实质，从而约束境外接收方实现不低于本国法的个人信息保护标准。在此逻辑下，如何尽可能约束"鞭长莫及"的境外接收方实际履行合同，如何对其进行监管，发生违约时如何使其承担责任等问题，就成为各国权威机关设计标准合同制度时的重点。

我国《个人信息出境标准合同》在此方面多处借鉴了欧盟SCC的成熟经验，规定了境外接收方需承诺接受中国监管机构的监督管理、接受个人信息主体在中国境内提起诉讼等合同条款。尽管此类条款直观而言对境外接收方较为严格，但鉴于其系标准合同内在逻辑所必需，且此类条款在欧盟SCC中均有严格程度不逊于《个人信息出境标准合同》的原型规定(示例见表2-2-6)，若境外接收方此前已签署欧盟SCC，则我们理解与境外接收方谈判签署标准合同时此类"伪痛点"并不会造成实质性的阻碍。

表 2-2-6　不同法律文件对比

《个人信息出境标准合同》	欧盟 SCC
第 3 条　境外接收方的义务 (8)同时符合下列条件的,方可向中华人民共和国境外的第三方提供个人信息: 4. 与第三方达成书面协议,确保第三方的个人信息处理活动达到中华人民共和国相关法律法规规定的个人信息保护标准,……	第 8 条　数据保护保障措施 8.7　再转移(模式一) 数据进口方不得向位于欧盟以外的第三方披露个人数据……否则,数据进口方只有在以下情况下,才可进行再转移: (iii)第三方与数据进口方签订协议,确保其数据保护水平与本合同条款规定的相同……
第 3 条　境外接收方的义务 (13)同意在监督本合同实施的相关程序中接受监管机构的监督管理,包括但不限于答复监管机构询问、配合监管机构检查、服从监管机构采取的措施或者作出的决定、提供已采取必要行动的书面证明等	第 13 条　监管(模式一、二、三) (b)在任何旨在确保本合同条款得到遵守的程序中,数据进口方同意接受主管监督机构的管辖,并与之进行合作。特别是,数据进口方同意答复询问,接受审计,并服从监督机构所采取的措施(包括救济和赔偿措施)。它应向监督机构书面确认已采取必要行动
第 4 条　境外接收方所在国家或者地区个人信息保护政策和法规对合同履行的影响 (6)境外接收方接到所在国家或者地区的政府部门、司法机构关于提供本合同项下的个人信息要求的,应当立即通知个人信息处理者	第 15 条　数据进口方在公共当局提出数据查阅请求情况下的义务 15.1　通知 (a)如果出现以下情况,数据进口方同意立即通知数据出口方,并在可能的情况下立即通知数据主体(必要时经数据出口方协助): (i)收到来自公共当局(包括司法机关)的有法律约束力的请求…… 15.2　审查合法性和数据最小化 (a)数据进口方同意审查(公共当局所提)披露请求的合法性,特别是该请求是否在公共当局被授予的权力范围之内,如果经过仔细评估,有理由认为该请求是非法的……应对该请求提出疑问

续表

《个人信息出境标准合同》	欧盟 SCC
第6条 救济 (3)争议未能友好解决,个人信息主体根据第5条行使第三方受益人的权利的,境外接收方接受个人信息主体通过下列形式维护权利:①向监管机构投诉;②向本条第五项约定的法院提起诉讼。 (5)双方同意个人信息主体就本合同争议行使第三方受益人权利的,个人信息主体可以依据《中华人民共和国民事诉讼法》向有管辖权的人民法院提起诉讼	第18条 法院和管辖的选择(模式一、二、三) (a)因本合同条款产生的任何争议应由欧盟成员国的法院解决。 (c)数据主体亦可在其经常居住地的成员方法院,提出针对数据出口方及/或数据进口方的法律诉讼。 (d)各方同意接受该等法院的管辖

3. 尚存部分难点:《个人信息出境标准合同》的额外要求与模糊地带

(1)保存期限需明确约定,并向个人具体告知

相较征求意见稿,《个人信息出境标准合同》简化了境内提供方需向个人信息主体告知的事项,除“保存期限”外,其他告知事项均曾在上位法《个人信息保护法》第39条中被明确列举。针对境外接收方向境外第三方提供个人信息即再转移的情形,《个人信息出境标准合同》新增了“保存期限”的告知要求。

在附录一“个人信息出境说明”中,也需就保存期限予以明确约定。相较征求意见稿,《个人信息出境标准合同》新增了填写提示,将“出境后保存期限”进一步细化为“年 月 日至 年 月 日”。

相较征求意见稿,《个人信息出境标准合同》进一步凸显了监管机构对于“保存期限”的关注,结合海问协助企业申报数据出境安全评估的经验,我们应理解如何确定具体、合理、可落实的保存期限,在明确的监管要求与复杂的企业实践之间找到平衡点,这可能构成部分企业未来实践中的难点之一。

鉴于《个人信息出境标准合同》的配套规定正在制定当中,不排除监管机构未来适当放宽对于保存期限颗粒度的要求。但万变不离其宗,鉴于保存期限在三大机制中均成为监管机构明确的关注重点,构建完善的数据留

存期限制度,已是企业在数据出境合规新常态下无法回避的一项重要工作。

(2)明确单独同意范围:基于“个人同意”才需取得“单独同意”

签订《个人信息出境标准合同》的境内提供方须为个人信息处理者(controller),而境外接收方则可为个人信息处理者或受托人(processor),即《个人信息出境标准合同》适用于“个人信息处理者—个人信息处理者(C－C)”和“个人信息处理者—受托人(C－P)”两种场景。然而,相较于欧盟SCC采取模块化的方式针对不同的场景规定差异化合同条款,《个人信息出境标准合同》选择以统一的合同条款兼顾“C－C”及“C－P”两种场景。受制于该体例,因《个人信息出境标准合同》的部分条款未基于两种场景进行区分,境外接收方在特定实践中可能面临义务过重或履约不能的情况。例如:

在境外方履约证明条款中,《个人信息出境标准合同》未加区分地要求境外接收方:①承诺向境内方提供证明履约的必要信息;②允许境内方对必要数据文件和文档进行查阅;③允许境内方对合同所涉处理活动进行合规审计。当境外接收方作为个人信息处理者“自主”开展个人信息处理活动,而非仅作为受托人“从属于”境内提供方时,说服境外接收方接受该条款可能存在一定的难度,特别是有关开展合规审计的要求。

在个人信息安全事件条款中,《个人信息出境标准合同》未加区分地要求境外接收方根据中国法就个人信息安全事件报告中国监管机构并通知个人信息主体,然而《个人信息保护法》仅规定个人信息处理者有义务通知履行个人信息保护职责的部门和个人,而未要求受托人履行同等义务。但考虑到《个人信息出境标准合同》关于该条款尚存一定的解释空间,在不贬损个人信息权益的前提下,双方在实践中可就个人信息安全事件的应对作出适当的补充约定,以缓解境外接收方义务过重或履约不能的担忧。

(3)部分条款约定过于具体,自行补充约定空间有限

《个人信息出境标准合同》部分条款的内容过于具体,限制了双方自行补充约定的空间,可能对于实践造成一定的不利影响。例如,《个人信息出境标准合同》第6条第1项规定:“境外接收方应当确定一个联系人,授权其

答复有关个人信息处理的询问或者投诉……境外接收方应当……并以简洁易懂的方式,通过单独通知或者在其网站公示,告知个人信息主体该联系人信息……”

从文义而言,“其网站”的限定,意味着如果选择网站公示方式,则仅能使用境外方网站,而不得使用境内方网站。尽管该等限定未必完全合理(通过境内方中文网站公示效果可能更佳),但鉴于《个人信息出境标准合同办法》明确要求任何补充约定不得与标准合同相冲突,为避免不必要的合规风险,企业需仔细审视各类补充约定与《个人信息出境标准合同》之间是否协调、无冲突。

五、结语

九万里风鹏正举。在数字经济高速发展、数据要素价值日益凸显、数据跨境流动规模不断扩展的当下,我国正构建个人信息出境三大合规机制并逐步推进落实,这为广大企业开展个人信息跨境传输指明了合规建设方向,由企业依据自身数据处理规模等要素选择适用的合规路径,压实数据处理各方个人信息安全责任,以点促面,推进我国数据跨境安全有序流动。鉴于个人信息出境三大合规机制构建距今时间较短,其落地效果仍需待实践进一步观察及评估。对于监管而言,因数据出境涉及场景广泛,哪些场景需要履行怎样的合规要求,应对不同企业的申报材料如何明确统一的审定标准,后续是否开展合规检查乃至行政处罚等,将考验监管部门权衡数据跨境安全及数据流动价值开发之间关系的智慧及水平。对于企业而言,数据出境牵涉企业业务、技术、法务合规等多部门人力及资源,针对出境场景的梳理、评估、合规优化,需要跨部门协同、流程优化及资源支持,这同样考验企业数据出境合规落实的决心及能力。

SECTION 03

第三节

爬虫技术法律风险防范与企业合规指引

魏冬冬　杜兴润*

数据蕴含巨大的价值,数据的获取和流动则是挖掘数据价值的前提。实践中,获取公开或半公开数据的方式主要有两种:一是手动方式,比如人工查询等;二是自动化方式,比如爬虫等。使用爬虫获取数据作为一种高效的方式,被广泛利用。但随着爬虫涉刑案件的频发,部分企业和技术人员出于防范法律风险的考虑,惮于使用爬虫技术。但是爬虫技术本身是中立的,只不过如果不正当利用爬虫或者爬取的方式、意图不正当,那么便有可能侵犯公民的知识产权、隐私权,或者构成不正当竞争,进而承担相应的民事责任或刑事责任。

在企业内部设计并实施刑事合规风险防控制度体系是防范数据犯罪的路径之一,[①]企业作为数据利用的重要主体,在利用爬虫技术时不仅需要建立"近期目标"与"长

---

* 魏冬冬,上海市汇业(成都)律师事务所律师。

杜兴润,上海市汇业(成都)律师事务所律师。

① 参见周维明:《刑事合规视野下数据犯罪的治理路径》,载《西南政法大学学报》2022 年第 5 期。

期目标”,更应遵守“合规义务”。[①] “合规义务”指企业应当根据所在国的法律法规和监管规定的要求,建立企业内部的规章制度与诚信道德规范。遵守数据合规义务有助于企业更好地发挥爬虫技术的正面效应,进而提高服务效率,高效把握市场趋势,以期实现数据红利和信息危机的最优解。

学术界对爬虫技术有关的刑事风险与入罪边界的认定尚未达成共识。有学者认为爬虫技术会带来 3 种刑事风险:威胁计算机信息系统安全、威胁数据安全及威胁计算机信息系统的正常运行。[②] 由于恶意爬虫破坏了数据的保密性、完整性和可用性,因此可能侵犯包括传统法益和数据安全这一新型法益在内的刑法法益。[③] 有关入罪边界的讨论则更加多元,例如:刘艳红主张从场景化出发,建立形式判断与实质判断双重入罪标准;[④]史雯主张从对象不法、行为不法、结果不法三大维度出发,明确不法使用爬虫技术构成犯罪的具体条件;[⑤]张一献主张若考虑将使用爬虫的行为纳入刑事犯罪,则需重点考察行为的合法性、正当性与必要性,并兼顾行为人的主观意图、行为结果等因素;[⑥]付强、李涛则主张从网站配置的访问权限、被爬取的数据性质、爬虫行为人的合理利用义务出发,认定入刑标准。[⑦]

传统网络自治模式现无法应对数据犯罪行为。在国内,尽管刑法层面已专门规定了几项具体的互联网罪名,但实践中将这些规定适用于处理爬虫行为的判例较少,法院更倾向于适用民法规则解决此类问题。美国于 1986 年颁布了《计算机欺诈与滥用法》,该法案明确了恶意爬虫行为的法律责任,更强调保护公司和商业机构数据。在考虑将爬虫行为入刑时,又兼顾

① 参见陈瑞华:《企业合规整改中的专项合规计划》,载《政法论坛》2023 年第 1 期。

② 参见孙杰:《数据爬取的刑法规制》,载《政法论丛》2021 年第 3 期。

③ 参见杨志琼:《数据时代网络爬虫的刑法规制》,载《比较法研究》2020 年第 4 期。

④ 参见刘艳红:《网络爬虫行为的刑事规制研究——以侵犯公民个人信息犯罪为视角》,载《政治与法律》2019 年第 11 期。

⑤ 参见史雯:《大数据时代网络爬虫行为的刑事违法性判断》,载《湘江青年法学》2021 年第 6 期。

⑥ 参见张一献:《从技术到犯罪:恶意网络爬虫行为入罪的类型认定与裁判思路探索》,载《时代法学》2020 年第 4 期。

⑦ 参见付强、李涛:《网络爬虫的刑法应对》,载《中国检察官》2020 年第 18 期。

公众的言论自由以及网络空间的开放性。欧盟于2000年6月8日颁布了《电子商务指令》,该指令明确了避风港原则,严格保障个人隐私与数据安全。同时,该指令厘清了合法利用与非法利用爬虫技术的边界,有助于企业更好地利用爬虫技术。本节在探索爬虫技术实质的基础上,采用文献研究法及案例分析法对当前关涉爬虫技术刑事风险的法律规范和学术研究文献进行了研读和分析,归纳整理了有关案件的认定原理。以期结合法律规定和司法实践,梳理出运用爬虫技术而面临的刑事法律风险类型,并提出合规落地指引,供企业参考。

一、爬虫技术、反爬虫技术与反"反爬虫"技术简介

(一)爬虫技术

网络爬虫(Web Crawler),又称网络蜘蛛或者网络机器人,是一种按照一定规则自动爬取互联网信息的程序。[①] 爬虫技术能够对文本、图片、音频、视频等互联网信息实现海量抓取,现已成为企业爬取数据的惯用方法之一。爬虫技术日益发展,依照不同的技术方式可以将爬虫分成4类:通用网络爬虫、聚焦网络爬虫、增量式网络爬虫和深层网络爬虫。[②] 综合来看,这4类方式的基本特征是自动化和批量式爬取。[③] 具体过程与现实生活中真实用户访问网页的流程相似,只不过较之人工搜索,运用代码作为自动化访问方式增强了访问频率和获取数据能力。以爬取网页数据为例,运用爬虫爬取数据的阶段可分成三步。

第一步是爬虫向服务器发送请求并获取服务器返回的网页源代码(或浏览器解析后的文本与元数据)。若网站未采取反爬措施,爬虫可径直从网

---

① 参见刘艳红、杨志琼:《网络爬虫的入罪标准与路径研究》,载《人民检察》2020年第15期。

② 参见刘晓魁:《网络爬虫技术与策略分析》,载《网络安全技术与应用》2022年第5期。

③ 参见周毅等:《基于Python的网络爬虫和反爬虫技术研究》,载《现代信息科技》2021年第21期。

页源代码中获取数据。若网站采取了反爬措施,爬虫仅能从浏览器解析后的文本与元数据中获取。第二步是提取数据。若爬虫成功获取了网页源代码(或浏览器解析后的文本与元数据),爬取方便能够根据实际需要,采取阶段性自动化选择提取所需要的数据。第三步是保存数据。爬取方依据现实需求库,采取不同格式(txt 或 json 文本)和方式(硬盘、U 盘、服务器或云存储等)存储所需要的数据。

(二)反爬虫技术

为了保障自己的数据安全,减轻爬虫技术对网站的损害,缓解服务器的压力,许多网站都采取了反爬措施。常见的反爬虫技术分成两类:一是拒绝向爬虫反馈信息,即无论访问者是真实用户还是爬虫,在识别到爬虫数据后不向爬虫反馈信息。具体方式有识别 IP 地址和 User-Agent 等特征数据以及人机校验等。二是提升爬虫从网页源代码中提取数据的难度。例如代码混淆、图片假装及字体变换等。

网站通常采取以下几种反爬虫技术约束爬虫技术:①(1)请求头校验,即 HTTP 请求头(客户端)请求服务器时必备的一组配置信息。服务器端能够采取校验请求头与自己准许采取的请求头的一致性验证是否为爬虫程序。基本上各网站都添加了请求头校验的机制,这是反爬虫技术中最基础的部分。(2)访问量约束。被爬取方利用反爬虫技术设立某种机制,用以监控单个 IP 访问量与时间的关系,设立一个阈值。倘若访问程序短时间内在此阈值范围内达到收敛,则能够继续访问;反之,服务器禁止其继续访问。(3)前端元素假装。从定位元素的角度来约束爬虫,是反爬虫程序的一个工作重点。利用这一点,加之爬虫程序多以文字数据作为目标,网站的前端工作人员能够将一些关键信息改用图片而非文字加以显示。(4)验证码约束。验证码的原理是人能够采取图片获取信息,而机器却不能,这是应用最广泛的一种约束爬虫的方法。网站能够应用验证码技术到达网站的核心位置——

① 参见郑文平:《网络爬虫与爬虫对抗技术研究》,载《电脑编程技巧与维护》2022 年第 12 期。

登录位置，当用户进行多次敏感操作时，将被要求输入验证码。爬虫的能力非常有限，不能够突破验证码，因此受到约束。

（三）反“反爬虫”技术

爬取方用以克服反爬虫措施的技术，即反“反爬虫”。① 反“反爬虫”技术基本分成两类。一类是将爬虫伪装成真实用户，越过或突破服务器的反爬虫措施，使服务器误以为爬虫发出的请求是真实用户发出的请求。另一类是针对加大爬虫爬取数据难度这一反爬措施的，例如，对于动态渲染页面、植入图片的关键数据等分别利用模仿渲染页面或 OCR 文本识别等方式以爬取数据。

对于网站的反爬虫技术，爬虫程序爬取方同样研究出了主流的对抗技术。第一，减少访问频率。就爬虫针对目标站点接连访问不同网页，若不约束其请求频率，爬取效率仅会受所处终端的处理能力及带宽的约束。在此情况下，访问频率会偏高，很容易被反爬虫机制拦截。若增加线程休眠时间，降低爬虫访问频率以达到类似“人为浏览”行为，便可逃过反爬虫机制的拦截。第二，伪装用户代理。目标站点的服务器利用报文中的 User-Agent 属性，向不同操作系统及浏览器传送不同页面。通常情况下，爬虫代码若未携带此属性字段，目标站点的服务器就能够识别出来侦测进而拦截爬虫。因此，为了躲避服务期的监测，爬取方通常会在爬虫的头部添加诸如浏览器的 User-Agent 属性。第三，阻塞线程及 IP 代理，利用类 Thread. sleep 方法，先阻塞线程一段时间，之后再继续执行爬虫。如此，便能越过服务端所配置的阈值，完成爬虫任务。若爬虫软件访问频率偏高，站点服务器将就该 IP 地址实施暂时封禁的措施。因此，爬取方在编写爬虫脚本时能够采取配置 IP 代理池的方式使得在多进程下越过站点服务器 IP 地址字段的检测，以加快效率。第四，访问移动端站点。移动端站点地址一般以 WAP 开头，且对爬

---

① 参见余豪士、匡芳君：《基于 Python 的反反爬虫技术分析与应用》，载《智能计算机与应用》2018 年第 4 期。

虫软件的约束比 PC 端弱。若目标站点已配置了移动端页面且数据可抓性高,可选择爬取移动端页面,而非 PC 端。

二、爬虫法律风险辨析及合规落地指引

为便于企业参考,我们的企业合规落地指引将从爬虫的各个技术节点出发(非从法律责任出发)去探讨各节点的风险和落地合规指引。基于对民事和刑事相关法律规范的分析,结合现有司法实践案例,我们将爬虫技术的各个节点可能面临的法律风险问题拆分如下:(1)侵入何信息系统?(2)获取何种数据?(3)爬取的方式如何?(4)爬取的数据如何利用?(5)纯粹向他人提供爬虫方法不参与爬取以及为爬虫技术利用提供便利有风险吗?

(一)侵入特殊信息系统的风险与合规指引

爬虫侵入的信息系统是指爬虫从何系统获取数据,侵入系统本身只是一种行为,尚未获取数据,同样尚未对具体的利益造成损害,但由于诸多系统关系到国家安全和社会公共利益,非常重要和敏感,因此法律将"侵入系统"这一过程性行为纳入犯罪的范围,在刑法中称为行为犯。

根据 2020 年修正的《刑法》第 285 条第 1 款的规定,爬虫侵入国家事务、国防建设以及尖端科学技术领域的计算机信息系统,无论是否获取数据,无论情节轻重,均构成非法侵入计算机信息系统罪。如果爬取的数据涉及军事秘密或国家秘密,还可能涉嫌军事秘密类和国家秘密类等其他犯罪。主要的侵入行为包括以下 3 种形式:(1)利用非法手段获取账户密码、数字证书等,登录国家事务计算机信息系统并获取和查阅该系统的信息和资源;(2)通过网线、无线路由器链接或写频接入国家事务网站内网,登录或接入国家事务计算机信息系统并获取和查阅该系统的信息和资源;(3)将木马程序上传至国家事务计算机信息系统,或将其他非法文件(比如广告、链接、恶意程序)采取木马程序、黑客软件显示在国家事务网站上。第三种形式会对网站的正常运作产生影响。前两种形式可以总结为以非法形式登录国家事

务网站，获取或查阅了登录人本不应有权限获取或查阅的系统信息和资源。笔者检索到的案例中尚无利用爬虫侵入国防建设和尖端科学技术领域的案例（或许出于保密的需要，该类案例未予公布），但有一则侵入国家事务信息系统的案例。

案例1：李某利用"爬虫"软件，爬取了全国各地车牌放号信息，并突破了系统的安全保障措施。他还将这些数据与"交通安全服务管理平台"车辆报废查询系统进行比对，自动识别并保存未注册的车牌号，形成了一个未注册车牌号的数据库。之后，李某开发了一个客户端软件，销售了数据库查阅权限。法院认定李某犯有非法侵入计算机信息系统罪，因为"交通安全服务管理平台"是处理国家事务的信息系统。最终，李某被判处有期徒刑。[①]

关于企业在利用爬虫技术爬取信息系统的数据时，我们建议：（1）就爬虫技术的目标计算机信息系统，应尽可能不要爬取国家事务、国防建设、尖端科学技术领域的计算机信息系统。如何界定"国家事务"的计算机信息系统的范畴，除了国家层面的国家内部治理事务和外交事务的计算机信息系统，同样还需要涵盖地方国家权力机关的政务公开或网络办公系统，例如某省质量监督总站、某地级市政务公开网等地方政务网站。（2）须取得合法性基础后方可爬取该等信息系统的数据。例如，在征得国家有关主管部门合法授权或者批准后，即可遵守国家规定，采取计算机终端访问国家重要计算机信息系统，甚至是实施数据的截收。（3）公司应当对技术人员开展相关培训，同时告知其若偶然进入国家事务、国防建设、尖端科学技术领域的计算机信息系统，应当当即退出。

（二）爬取的数据类型的风险与合规指引

爬虫技术的意图是获取数据中蕴含的价值，而过多爬取的数据中存在着他人的价值和权益，笔者将根据不同的数据类型，分别辨析其法律风险。

---

① 参见四川省德昌县人民法院刑事判决书，（2018）川3424刑初169号。

1. 商业秘密

使用爬虫技术抓取商业秘密存在法律风险。商业秘密是指不为公众所知悉、具有商业价值并经权利人采取相应保密措施的技术信息、经营信息等商业信息。如果商业信息具备价值性,同时也具有秘密性和保密性,那么它就可能成为商业秘密。根据《民法典》第 127 条的规定,法律对数据、网络虚拟财产的保障有明确规定。根据《反不正当竞争法》(2019 修正)第 9 条的规定,如果通过不正当的方式获取他人的商业秘密,就已经构成侵犯商业秘密的行为。如果爬取后的数据被爬取方和其他主体通过使用、公开披露等方式进一步利用,这同样也构成对商业秘密的侵犯。根据最高人民法院《关于审理侵犯商业秘密民事案件适用法律若干问题的规定》第 1 条的规定,与技术有关的数据、计算机程序等信息属于《反不正当竞争法》(2019 修正)第 9 条规定的技术信息,与经营活动有关的财务、客户信息、数据等属于《反不正当竞争法》(2019 修正)第 9 条规定的经营信息。

如果爬取方利用爬虫技术在获取信息的过程中故意越过或突破被爬取方即网站经营者设置的保护措施,访问、下载或公开披露一般用户无法访问的数据或信息,而这些数据或信息本身也是商业秘密,那么爬取方就可能构成对他人商业秘密的侵犯。

然而,在我们检索到的案例中,利用爬虫技术获取他人商业秘密的情况较少。这可能是由于数字经济背景下商业秘密的"秘密性"难以认定、云存储缺乏明确的"保密性"标准、数字化办公泄密风险高、侵权认定难等导致企业难以举证以维护自身合法权益。

案例 2:艾普公司借助全球性招聘网站 Github 这一公开渠道,利用爬虫技术爬取信息中心的员工邮箱信息。依据《CNNIC 信息安全管理体系商业信息保密管理规定》,这些员工邮箱信息已被中国互联网络信息中心认定为保密信息。法院认为,信息中心员工邮箱不具有保密性(员工因对外业务会向第三方披露)。同时,信息中心未证明其采取保密措施,同时也未能证明此类信息具有商业价值，因此判定驳回其诉讼请求。①

关于企业在爬取可能构成商业秘密的数据时，我们有如下建议：首先，企业若为被爬取方，或可提前对己方持有的商业秘密主张商业秘密保护。保护的范围不仅包括与技术有关的数据，而且包括与经营活动有关的数据。同时，企业应当树立证据意识，固化侵权证据。如构建企业内部所建立的访问权限控制制度、数据分类分级制度、对访问行为痕迹监控及内部保密制度等，证明该等数据具有保密性且已采取了保密措施。其次，企业若为爬取方，在爬取数据时不应损害影响其他经营者的经营利益。同时，不爬取可能构成商业秘密的数据。而对商业秘密数据的认定，可采取商业秘密三要件即秘密性、价值性与合理的保密措施予以判定。最后，在爬取数据时应遵守被爬取方制定的规则。若不慎爬取，应当立即停止并删除。

2. 个人信息

如果未经用户同意，爬虫过度收集用户的个人信息将侵犯公民个人信息权益。在司法实践中，被爬取得最多的数据类型都是能够直接产生经济价值的数据，例如个人联系电话、个人征信信息等。在民事侵权责任层面，根据《民法典》第 111 条、《网络安全法》第 44 条以及《个人信息保护法》第 13 条的相关规定，这种行为很可能构成非法收集个人信息行为，违反《个人信息保护法》《民法典》等法律规定。需要注意的是，如果爬取的是用户在平台上自愿公开的个人信息，则该行为的违法性在司法实践中尚未达成一致。例如在梁某诉汇法科技一案中，汇法科技所转载的案涉裁判文书的来源是北京法院审判信息网，该网站是北京市人民法院对外发布审判信息的权威性网站，其未对原裁判文书进行增删、改动，不存在通过转载国家机关依职权制作的文书来侵害他人人身权益的情形。换言之，就是不存在过错，因此无须为其转载行为承担侵权责任。然而，在伊某诉贝尔塔企业一案中，贝尔塔企业转载并公开涉伊某等主体的法律文书。尽管法律文书已被中国裁判文书网和人民法院公告网合法公开，且涉案文书内容难以判断是否存在值

① 参见北京知识产权法院民事判决书，(2021)京 73 民终 691 号。

得保护的自然人的重大利益，但在伊某首次提出删除相关裁判文书及公告文书的要求后贝尔塔企业仍未删除，这就违反了合法性、正当性和必要性原则，是对伊某个人信息权益的侵权，应承担赔偿责任。

另外，在刑事责任方面，根据《刑法》(2020 修正)第 253 条的规定，如果符合以下入罪条件，就会构成侵犯公民个人信息罪：主体为一般主体，包括单位和自然人；客体为公民个人信息的安全和自由；行为人具有侵犯公民个人信息的犯罪故意，包括直接故意和间接故意；客观上违反国家的有关规定，非法获取、向他人出售或非法提供公民个人信息，情节严重。换句话说，如果爬取方以牟利等直接故意或放任其他参与方牟利等间接故意的主观意图，利用爬虫技术非法获取公民个人信息，情节严重，就构成侵犯公民个人信息罪。同时，如果向第三方销售或非法提供公民个人信息，情节严重，同样也构成侵犯公民个人信息罪。目前，有关公民个人信息保护的法律、行政法规和部门规章主要包括《民法典》、《网络安全法》、《个人信息保护法》、《反电信网络诈骗法》、《消费者权益保护法》、《反垄断法》、《反不正当竞争法》、《电子商务法》和《电信和互联网用户个人信息保护规定》等。这意味着，如果违反上述规范性文件关于个人信息收集的规定，也可能构成刑法中对公民个人信息的非法获取行为。

案例 3：魔蝎科技在非法保存用户的各类账号及密码后利用账号密码登入有关网站，并利用爬虫技术爬取网站上用户本人账户内的通话记录、社保、公积金等各类数据，同时以牟利的意图将这些信息提供给第三方。法院认为，本案中的涉事企业、径直负责的主管人员与其他径直责任人员的行为构成侵犯公民个人信息罪。最终，法院判处该企业 3000 万罚金；企业法定代表人系径直负责的主管人员，被判处有期徒刑 3 年及罚金；技术总监系其他径直责任人员，被判处有期徒刑 3 年及罚金。①

关于企业在爬取可能构成个人信息的数据时，我们认为应当注意以下几方面内容。首先，应当了解“公民个人信息”的内涵和外延。公民个人信

① 参见浙江省杭州市西湖区人民法院刑事判决书，(2020)浙 0106 刑初 437 号。

息包括如下内容：(1)能够径直识别到特定个人的信息，比如手机号码、身份证件号码等；(2)与其他信息结合能够识别个人的信息，比如年龄、宗教信仰、微博等 App 的内容、支付宝交易记录等。其次，在收集个人信息时必须遵循“合法正当”、“知情同意”和“最小必要”原则。在爬取数据时应当遵循被爬取网站的 Robots 协议，对部分特定类型的信息采取优化代码的方式尽可能不要对其侵权。再次，除法定情形外就未明确授权时收集的个人信息应当及时停止并删除。最后，采取技术方式和制度建设规范个人信息的爬取，如优化去标识技术、建立数据进出审查体系等。

3. 受著作权法保护的作品

使用爬虫技术获取数据的形式多种多样，包括文字、图片、音频和视频等。但是，如果爬取到的数据内容属于我国著作权法的保护范围，那么使用爬虫技术获取数据的行为可能会侵犯相关权利人的著作权。下面将从侵权行为和侵权结果两个方面进行解析。在使用爬虫技术获取数据时，如果爬取方越过或突破了限制浏览和欣赏作品的技术措施，就极有可能构成侵犯著作权罪。在侵权行为方面，爬虫技术侵犯著作权的方式可能是直接保存和下载他人享有著作权的文字和图片等作品，也可能是通过较高难度的越过反爬措施等形式进行。例如，如果被爬取的网站设置了许多技术措施来确保只有特定用户才能够获得信息，而爬虫突破了这些限制，那么爬虫的访问行为也可能构成违法或侵权行为。在爬虫侵犯著作权的具体权能方面，主要涉及作品的复制权、发行权和信息网络传播权。首先，涉及复制权和发行权。根据《著作权法》第 10 条的规定，使用爬虫技术爬取并保存他人享有著作权的作品实际上是对被爬取的作品进行复制，这可能侵犯著作权人的复制权。但是，如果爬取的是无版权网站的作品，则需要根据 CC 协议的类型确定所爬取作品的使用方式，否则可能构成侵权。其次，涉及信息网络传播权。根据《著作权法》第 10 条的规定，在提取和利用数据的行为中，如果爬虫控制者爬取信息后在自己的网站上公开传播爬取到的信息，那么可能会侵犯著作权人的信息网络传播权。

案例 4：鼎阅公司在未经权利人公司许可利用爬虫技术爬取电子图书

后,将爬取的电子图书放至其运营推广的多个App中供他人访问和下载阅读,并通过广告收入、付费阅读等方式牟利。法院认为,鼎阅公司及其相关责任人以营利为目的,未经著作权人许可复制发行他人享有著作权的文字作品,情节特别严重,构成侵犯著作权罪。最终,公司被判处罚金,其他被告人被判处有期徒刑及罚金。①

案例5:王某利用爬虫技术爬取未经著作权人授权许可的电影等各类视频资源以及淫秽主播视频表演等视频。同时,在自己建立的网站内设置可以直接跳转播放视频的链接,吸引用户浏览观看,并配置会员注册与充值服务。法院认为,王某以营利为目的,未经许可向公众传播他人电影、电视作品,构成侵犯著作权罪。同时,王某还传播淫秽音像视频,符合情节严重的法定条件,构成传播淫秽物品罪。法院最终判定王某数罪并罚,被判处有期徒刑及罚金。②

关于企业在爬取受著作权法保障的作品时,我们建议企业应该先获得著作权人的许可,包括专有许可使用、排他使用许可及普通使用许可。在选择爬取数据类型时,爬虫应尽可能避免爬取落入我国著作权法保护范围内的数据,例如文字作品、音乐、戏剧、曲艺、舞蹈、杂技艺术作品、美术、建筑作品、摄影作品、视听作品、工程设计图、产品设计图、地图、示意图等图形作品和模型作品以及计算机软件等。在实际操作中,应尽可能避免以下行为:(1)直接保存和下载他人有著作权的文字和图片等作品;(2)被爬取的网站设置了技术措施,只有授权用户才能获取信息,而爬虫为了获取信息而绕过或破坏了这些技术措施(采取反反爬措施);(3)不得制造、进口或向公众提供这些爬取方法,或为爬取行为提供技术服务(比如,开发软件、明知而提供服务器等)。如果不慎爬取了这些作品,应立即停止并删除。

4. 国家秘密与情报

实践中,爬虫一般以爬取商业数据为目的,较少爬取国家秘密与情报。但从全面预防风险的层面上,企业仍有必要了解爬虫在哪些情况下有侵犯

---

① 参见北京市海淀区人民法院刑事判决书,(2020)京0108刑初237号。

② 参见陕西省勉县人民法院刑事判决书,(2020)陕0725刑初19号。

国家秘密的风险。公民都有保守国家秘密与情报的义务，但企业在实践中可能遇到的问题在于对国家秘密与情报的理解可能过于狭隘。根据最高人民法院《关于审理为境外窃取、刺探、收买、非法提供国家秘密、情报案件具体应用法律若干问题的解释》第1条的规定，国家秘密包含《保守国家秘密法》(2010修正)第2条规定的内容。国家秘密不只包括涉及国家事务、国防与武装力量、外交及国家安全这些显而易见的部分，还有可能涉及经济和社会领域、科学技术、刑事案件侦查及政党等事项的部分秘密事项。根据《刑法》(2020修正)第282条的规定，若利用爬虫窃取国家秘密的，同样按非法获取国家秘密罪判处。

同时，根据《保守国家秘密法》(2010修正)第24条的规定，存储国家秘密的设备只能连接内网，不得连接公开网络。若在公开网络中传输，应采取加密等安全措施。但部分单位可能存在未严格遵守该法规定的情况，将国家秘密暴露在公开网络中。因此，即使在公开网络中爬取信息，亦需按照前述要求甄别是否可能包含国家秘密，而不以网络是内网还是外网为标准。笔者检索到的案例中尚无利用爬虫获取国家秘密与情报的案例(或许出于保密的需要，该类案例未予以公布)。

据上文所述，我们建议，在爬取数据类型的选择上，应尽可能不要爬取国家秘密和情报的数据，对国家秘密和情报的识别应结合个案分析。常见的国家秘密主要涉及下列领域：国家事务(含行政管理中形成的数据)、国防与武装力量、外交、国家安全、重要战略资源和部署、经济和社会领域、科学技术、刑事案件侦查及政党等事项。若不慎爬取，应当立即停止并删除。

5. 淫秽物品资源

根据《刑法》(2020修正)第363条的规定，如果自然人或单位明知某物品是淫秽物品，但仍制作、复制、出版、贩卖或传播，且必须具有牟利的意图，就构成制作、复制、出版、贩卖、传播淫秽物品牟利罪。这种行为破坏了国家对文化娱乐制品的管理制度和良好的社会风尚。根据最高人民法院、最高人民检察院《关于办理利用互联网、移动通讯终端、声讯台制作、复制、出版、贩卖、传播淫秽电子信息刑事案件具体应用法律若干问题的解释(一)》第1

条及《关于办理利用互联网、移动通讯终端、声讯台制作、复制、出版、贩卖、传播淫秽电子信息刑事案件具体应用法律若干问题的解释(二)》第1条的规定,如果自然人或单位以牟利为前提,利用爬虫等技术爬取并传播大量成年人或未成年人相关淫秽电子信息,如视频、音频、动画等,就构成制作、复制、出版、贩卖或传播淫秽物品牟利罪。企业利用爬虫等技术软件爬取淫秽物品本身就已构成复制淫秽物品罪。但是,如果爬取淫秽物品主要是为了后续传播从而牟利,后续行为可能属于贩卖和传播,构成贩卖、传播淫秽物品罪;如果爬取淫秽物品仅仅是为了贩卖或传播,那么爬取行为只是贩卖或传播的方式,只能以贩卖、传播淫秽物品罪来处罚。根据《刑法》(2020修正)第364条的规定,如果企业或自然人利用爬虫技术在线传播淫秽的书刊、影片、音像、图片或其他淫秽物品,但并未具有牟利的意图,仅构成传播淫秽物品罪。

案例6:邹某租用国外服务器,购买爬虫软件等方式搭建了磁力网站,利用爬虫软件在互联网上爬取虚假信息视频、淫秽视频等哈希值存储在其服务器内,供访客搜索、浏览、下载以谋取利益。法院认为,邹某以牟利为目的,利用互联网传播淫秽电子信息,情节严重,构成传播淫秽物品牟利罪。最终,邹某被判处有期徒刑及罚金。①

案例7:刘某向境外网站租用服务器,利用磁力网站源码,采取境外服务商进行域名解析,创建具有加速及隐藏IP功能的磁力网站。该网站利用爬虫技术从互联网自动搜索相关资源并链接存储在含涉暴恐音视频、淫秽视频等信息的数据库中,供网民免费浏览、下载。法院认为,刘某作为网站建立者、管理者,放任恐怖主义信息及淫秽物品在其建立、管理的网站上传播,犯宣扬恐怖主义罪、传播淫秽物品罪,数罪并罚。最终,刘某被判处有期徒刑及罚金。②

我们建议:首先,在选择爬取的数据类型时,应尽可能避免爬取淫秽物

① 参见江西省抚州市中级人民法院刑事判决书,(2020)赣10刑终190号。

② 参见山东省淄博市中级人民法院刑事判决书,(2020)鲁03刑初23号。

品数据。其次,建立网站的人员应积极履行法定义务。例如,禁止传播淫秽物品并建立相应的审核机制。一旦触发该机制,应立即采取相应的处置措施,例如删除淫秽物品。再次,公司应留存爬虫技术算法机制、审核和处置淫秽物品数据的相关日志等证据,以证明公司所采用的爬虫技术合法合规,且已履行有关法定义务。最后,如果不慎爬取淫秽物品数据,应立即停止并删除。

6. 其他数据

以上所列举的特殊类型数据与其他数据的区别在于它们受到法律的特别保护。如果爬取这些特殊类型数据,可能会构成不同的犯罪行为,例如侵犯商业秘密罪、侵犯公民个人信息罪、侵犯著作权罪、非法获取国家秘密罪,以及制作、复制、出版、贩卖、传播淫秽物品牟利罪、传播淫秽物品罪等。然而,如果爬取的是其他类型的数据,可能会构成非法获取计算机信息系统数据罪。需要注意的是,构成犯罪的前提是他人对这些被爬取的数据享有法律保障的权益,例如竞争法上的权益或构成数据资产等。因此,具体问题需要具体分析。只要爬虫所爬取的数据不属于被保护的范围,就可以以合法的方式进行爬取。这也是我们需要搞清楚这些特殊类型数据范围的意义所在。

在爬取数据前,应识别爬取的数据是属于公开数据(任何人均可访问的数据)、半公开数据(符合一定的条件能够访问的数据,如具有会员资格或付费等),还是需要只能由具特定身份的人方能访问的数据(如企业内部网站等),尽可能不爬取下列信息系统的数据(或在爬取前咨询法务或律师):(1)可能存储国家秘密、商业秘密的数据库、服务器等计算机信息系统;(2)收集、存储过多公民个人信息、隐私信息,涉及人身安全、财产安全、通信秘密的数据信息的网站、数据库或服务器;(3)专门发布涉黄、涉暴等违法违规信息的网站;(4)发布授权新闻、收费图片,提供正版小说、热门影视、用户生成内容的知名网络平台;(5)直接竞争对手运营网站、App或其他互联网应用;(6)涉及国家事务、国防与武装力量、外交、国家安全、经济和社会领域、科学技术、刑事案件侦查及政党数据的网站,尽可能不要攻击和爬取机关事业单位的内网。

（三）爬取方式的风险与合规指引

1. 不遵守 Robots 协议

爬虫技术应用到互联网后，马丁·科斯特最早提出了爬虫协议，其目的是解决爬虫过度访问网站导致网络拥堵的问题。爬虫协议又称为爬虫代码，被称为网络空间的“法律”，但它并不是数据企业行业规范，也不是法律协议，只是网站单方面采取的技术，体现的是“代码规则”。Robots 协议的全称是“网络爬虫排除协议”（Robots-Exclusion-Protocol），Robots 协议以一个文本文件的形式放在网站的根目录中，网站采用 Robots 文件告诉搜索引擎等爬取方哪些页面能够爬取，哪些页面不能爬取及爬取的标准等。这是技术界为了实现爬取方与被爬取方之间的沟通而公布的文本，主要内容是网站说明自己的被爬取意愿。

有观点认为，Robots 协议是技术界的行业惯例或技术标准，不具有法律约束力。笔者认为，虽然 Robots 协议本身并不是爬取方与被爬取方在意思表示一致的基础上达成的协议，只是具有单方声明的性质，但它并非没有法律意义上的约束力。网站作为数据的收集和处理者，为数据的收集和分析花费了巨大的人力、物力和财力，对网站上的数据享有财产性权益和反不正当竞争法上的竞争利益。因此，网站有权决定自己的哪些数据向何方开放，这是法律对创造财产和利益所应有的尊重。

在爬取数据前，首先访问 Robots 协议来确定哪些数据是被禁止爬取的。如果网站或 App 既未配置反爬技术措施，也未公开爬虫协议，通常情况下可以认为该网站或 App 是可以被爬取的。但需要注意的是，有时候网站或 App 已经设置了公开爬虫协议，但爬取方未注意到这一点。如果目标网站设有反爬虫协议，就应该严格遵守，尽量不去爬取或者更换目标网站。对于那些受法律保障的特定类型信息，应该采用优化代码的方式，尽可能地避免侵权。

2. “侵入性”的爬取行为

除 Robots 协议外,网站还会采取反爬措施。主要基于以下两个意图:一是保障自己的数据,二是尽可能不让网页的带宽被爬虫过多占据而造成真实用户访问时网页反应缓慢。

网络数据爬取行为的“侵入性”有刑事评价的可能性。① 具体的反爬措施有人机校验、混淆和加密等。但若爬取方刻意采取技术方式越过或突破这种防护措施(及采取反反爬措施),就应视为未经授权或者超越授权获取数据,具有“侵入性”,从而具有违法性。从司法实践的规制动向来看,对以暴力入侵方式进行数据爬取的行为评价逐渐由民法领域转向刑法视域。②

明确爬虫技术的合规界限,规避由爬虫技术与反爬虫措施之间的较量所引发的合规风险,是企业当下亟须解决的问题。③ 根据最高人民法院、最高人民检察院《关于办理危害计算机信息系统安全刑事案件应用法律若干问题的解释》第 2 条的规定,“具有避开或突破计算机信息系统安全保障措施,未经授权或者超越授权获取计算机信息系统数据的功能的”,属于“专门应用到侵入、非法控制计算机信息系统的程序、工具”。而在爬虫技术的语境下,核心需要判断的就是爬虫技术是否具备侵入计算机信息系统的功能,以及对反爬虫措施避开或突破是否属于避开或突破计算机信息系统安全保障措施。一方面,恶意的爬虫技术或“叠加”了对目标网站安全保障措施突破技术的爬虫技术行为,往往会对目标网站计算机信息系统造成损害,如果其行为后果严重,也许构成非法侵入计算机信息系统罪或非法获取计算机信息系统数据罪。另一方面,对外提供具有侵入计算机信息系统或者非法获取计算机信息系统数据的爬虫方法或程序,同样也许构成提供侵入、非法控制计算机信息系统的程序、方法罪。

---

① 参见刘浩:《网络“爬虫”行为刑事规制的困境与转向——以实证案例分析为视角》,载《西安电子科技大学学报(社会科学版)》2022 年第 2 期。

② 参见孙杰:《数据爬取的刑法规制》,载《政法论丛》2021 年第 3 期。

③ 参见徐宗新、陈沛文:《数据红利与信息危机——兼论网络爬虫的罪与罚》,载《〈上海法学研究〉集刊》2021 年第 7 卷。

案例 8：被告人指使员工破解今日头条的防爬取措施，利用"tt_spider"文件实施视频数据爬取行为。经鉴定，"tt_spider"文件中包含通过头条号视频列表、分类视频列表、相关视频及评论 3 个接口对今日头条服务器进行数据爬取，并将结果存入到数据库中，同时利用伪造 device_id 绕开服务器的身份校验，利用伪造 UA 及 IP 绕开服务器的访问频率约束，突破了已配置的确保网页的信息和数据只面向特定用户的安全技术措施。法院认为，被告单位违反国家规定，采用技术手段获取计算机信息系统中存储的数据，情节严重，其行为已构成非法获取计算机信息系统数据罪。最终，被告单位被判处罚金；径直负责的主管人员与其他径直责任人员均被判处有期徒刑与罚金。①

案例 9：丁某购买一款"爬虫"软件代理权，在明知该款软件系未经授权、专门应用到入侵某短视频服务器后非法获取用户昵称、UID 等数据的情况下仍对外销售。2021 年 10 月至 12 月期间，丁某组织企业销售人员采取网络向多人销售上述软件。法院认为，丁某构成侵入计算机信息系统程序罪。最终，法院判令其有期徒刑并处罚金，没收违法所得。同时，禁止丁某在缓刑考验期内从事互联网相关经营活动。②

因此，我们建议，在爬取过程中，爬取方能够采取优化自己的代码、利用 IP 池等多种方式规避上述技术措施，实现对网站信息的批量爬取和复制，应尽可能不要利用具有侵入性和能够越过、突破网站服务器安全保障措施的技术或影响网络服务正常运行的技术。例如：(1) 伪造 header 信息、User-Agent 信息等网络请求身份标识信息，越过服务器身份验证机制。(2) 利用过多 IP 或注册账户，绕开服务器的人机验证和访问频率约束。(3) 劫持、伪造、盗用 Cookie 或 Token 等身份认证信息，获取登录权限或绕开服务器身份验证机制。(4) 破解加密算法，伪造真实合法请求。一些应用到实现高速秒杀、过多购买流量卡的程序，破解加密算法，对服务器实施高频率和大规模的请求。(5) 利用"打码平台"识别验证码，越过服务器人机验证机制。此行

---

① 参见北京市海淀区人民法院刑事判决书，(2017) 京 0108 刑初 2384 号。

② 参见江苏省无锡市梁溪区人民法院刑事判决书，案号未披露。

为涉及网络黑灰产，以“撞库扫号”类案件居多。(6)构造违法常规网络请求，越过或突破服务器身份验证机制。例如，篡改了请求中的关键参数信息或径直请求服务器的内部数据接口等。

3. 超频率爬取

网页信息爬取具有自动化特性，如果不加节制地进行爬取，将会占用过多的流量资源，形成“流量劫持”。如果利用爬虫技术访问目标数据服务器的频率过高，可能会超过服务器的承载能力，导致服务器瘫痪。这样的行为不仅会挤兑正常用户对网站的利用，还可能对目标网站的功能造成干扰，对信息系统的安全构成威胁，属于破坏计算机信息系统罪。虽然爬虫技术应用广泛，但是因暴力爬取数据受到处罚的案例非常少。这可能是造成网站服务器瘫痪的原因通常不只是单方面的数据爬取行为，而是多方面数据爬取行为共同导致的，不同的数据爬取方缺乏共同的犯罪故意，从而难以认定成立犯罪。目前法律法规中尚未正式规定访问频率和占用带宽的具体标准，但可以参考《数据安全管理办法(征求意见稿)》第16条的规定。该规定要求网络运营者在采取自动化方式访问收集网站数据时，不得妨碍网站正常运行。如果这样的行为严重影响了网站的运行，例如，自动化访问收集流量超过网站日均流量的1/3，当网站要求停止这样的自动化访问收集时，应当停止。

案例10：杨某授权张某开发软件，该软件爬虫功能与深圳市居住证网站链接，可在该网站上查询房产地址、房屋编码等，该软件的访问量每小时可达数十万次，在收集数据时，将对网站产生伤害性的影响。在2018年5月2日10时至5月2日12时的两小时内，该软件对该网站查询的访问量为每秒183次，软件在该网站查询信息并将其保存至网络云盘，造成服务器阻塞，不能够正常运行。法院基于二人违反国家规定实施了对计算机信息系统功能进行干扰，造成为5万以上用户提供服务的计算机信息系统不能正常运行累计1小时以上后果特别严重的行为，判令二人犯破坏计算机信息系统罪，判处其有期徒刑。①

① 参见深圳市南山区人民法院刑事判决书，(2019)粤03刑终2979号。

当下，常见的反爬虫措施包括配置网页访问口令、登录验证码、约束IP、参数识别、访问约束等，这些反爬虫措施具有不同的技术功能，对于相关措施的突破会产生不同的法律效果。对此，我们建议，有必要采取以下方式规范数据爬取，尽可能不要对目标服务器产生影响：(1)根据网站的承受能力、访问情况来约束数据爬取的速率，或者将爬取速率控制在最低范围，例如每秒10～15次；(2)控制数据爬取的时间段，在网站访问的非高峰期实施爬取数据，例如晚间或早间；(3)编写爬虫技术时提供可识别的信息，以便网络运营者因数据爬取遭受影响时联系数据爬取方，要求其调整爬取的速率、时间或者停止爬取行为。

(四)数据再利用的风险与合规指引

1. 构成不正当竞争

爬虫技术被企业用于获取其他企业平台数据，然后在自己的网站上进行不当利用，这类案件往往会引发民事和刑事法律责任。

即使数据本身并未侵犯他人的合法权益，但利用这些数据可能会损害其他主体的利益。例如，爬取竞争对手的网站数据应用到自身产品或服务中，即使该数据是公开的，仍可能构成侵权。

目前，司法实践中对爬虫行为的反不正当竞争法规制主要包括《反不正当竞争法》(2019修订)第2条规定的"一般不正当竞争行为"和第12条规定的"特殊不正当竞争行为"两类。这两类不正当竞争行为在法律责任方面都涉及该法第17条规定的民事责任，而特殊不正当竞争行为还可能涉及该法第20条规定的行政责任。此外，市场监督管理总局出台的《禁止网络不正当竞争行为规定(公开征求意见稿)》第12条规定，数据爬取的行为属于本规定第2款第4项规定的"其他妨碍、破坏其他经营者合法提供的网络产品或服务正常运行的行为"。在司法实践中，涉及爬虫的不正当竞争行为的案件争议焦点通常集中在3个方面：涉案双方是否构成竞争关系；涉案行为是否构成不正当竞争；赔偿金额如何确定。

案例11：即使百度地图遵守了大众点评Robots协议，在其商家信息页中大规模地利用了源于大众点评的用户评论,同时引用信息后均明确了“来自大众点评”。用户在点击后,虽然能够跳转至大众点评网站,但是由于抓取的评论数量巨大且大部分以全文显示,用户无须跳转至大众点评即可浏览使用。百度公司损害了汉涛公司的利益,且其行为违反了公认的商业道德,构成不正当竞争,应立即停止侵权行为,赔偿汉涛公司的经济损失及其支出的合理费用。①

实践中,搜索引擎需过多利用爬取数据,以向用户展示各个网页的信息,且为了增强自己网站的曝光率,大部分网站都不会禁止爬虫爬取。正如在案例 11 中,法院判定百度的行为构成侵权并不在于“违背 Robots 协议”,而在于其对爬取的数据的利用上,即百度不当利用了大众点评网的数据后,使得百度地图等网站实质性地替代了大众点评网站,具有不正当性。具体到用户场景中,当百度地图尚不能够显示店铺评论的时候,用户可能需要去访问大众点评了解其他用户的评论信息;但当百度地图径直提供大众点评的评论后,用户将无须访问大众点评,从而影响大众点评的访问量和用户黏性,构成不正当竞争,这与百度作为搜索引擎采取展示网站的摘要信息将用户引导至网站本身,是存在本质差别的。法院采取该案确定的“实质性替代”的侵权判定原则在指导企业利用爬取数据过程中具有较大的指导意义。

我们建议:首先,企业在爬取数据时应尽可能不要爬取与己方的产品或服务有替代关系的产品或服务相关的数据。企业爬取数据并利用的行为不得存在对其他经营者利益造成损害的可能性,且不得基于该行为获得现实潜在的经济利益,构成“此消彼长的关系”。其次,企业在爬取数据时应确保爬取数据的类型和方式合法合规,应当综合考虑爬取的数据类型、爬取数据的数量及规模、爬取数据的商业价值高低及爬取数据后的呈现形式。一般而言,对于以合理正当技术方式爬取公开数据,未对被爬取方平台服务器造成较大压力,且爬取后非径直聚合呈现于自身平台而需跳转至原被爬取平

① 参见上海知识产权法院民事判决书,(2016)沪 73 民终 242 号。

台的行为，被认定为构成不正当竞争行为的风险较小。

2. 被用于其他犯罪活动

爬虫技术作为一种获取数据的方式，如果将其作为实施其他犯罪活动中的一个环节，那么只要编写爬虫代码和运行爬虫的人帮助他人实施犯罪，都可能构成该犯罪的共犯。在共同犯罪中，他们的角色可能构成帮助犯或实行犯。《刑法》(2020 修正)第 287 条规定，如果利用计算机实施金融诈骗、盗窃、贪污、挪用公款、窃取国家秘密或其他犯罪，都将依照该法有关规定定罪处罚。

案例 12：徐某明知潘某系采取虚假 Acarps 操作平台实施诈骗，仍与潘某建立诈骗团伙，采取爬虫技术把从正规网站爬取过来的股票数据，放到自己的虚假的“Acarps”操作平台上，以此假装成一个正规股票软件，再由客服诱骗股民在该平台上购买 ETF500 等产品投资，然后又将股民放在平台里的资金做亏空掉，最后将平台关掉，清空数据。法院认为，徐某以非法占有为意图，采取虚构事实、隐瞒真相的方式骗取他人财物，数额特别巨大，构成诈骗罪。最终徐某被判处有期徒刑并处罚金。①

案例 13：张某解析出某产品包装上的一级域名，采取弱口令测试，发现网站用户名及登录密码，随后入侵该网站，获取微信二维码抽奖红包活动的抽奖码日志。而后采用“爬虫”技术进入该司后台批量下载抽奖的链接和密码，伙同徐某将该公司充值到微信抽奖红包内的钱兑现。二人除自身进行扫码外，还将该司计算机系统上配置的每日扫码约束 10 个修改为 100 个，并采取网站和线上联系买家，将盗窃的微信抽奖红包数据售出。法院认为，两人以非法占有为意图，利用计算机数据窃取他人财物，数额特别巨大，构成盗窃罪，最终张某、徐某被判处有期徒刑并处罚金。②

我们建议：首先，尽可能不要径直从竞争对手处爬取数据，不要直接将该等数据应用到自身网络产品或服务的运营中，以避免构成对被爬取方的

① 安徽省蚌埠市中级人民法院刑事判决书，(2020)皖 03 刑终 380 号。

② 湖南省湘潭县人民法院刑事判决书，(2021)湘 0321 刑初 482 号。

网络产品或服务构成“实质性替代”。其次，作为技术人员，在实施具体的爬取行为前，应更好地了解爬取的数据应用的意图，否则可能会构成以技术方式犯盗窃罪、诈骗罪等犯罪的共犯。

(五)仅向他人提供爬虫技术的风险与合规指引

若技术本身是中立的，单纯提供爬虫的源代码，不参与实施犯罪行为，是否同样有法律风险呢？需要澄清的是，中立的技术系作为宏观意义上的“采取爬虫获取数据”这种技术方式。但在实践中，任何一个爬虫都出于某一明确的意图，并由特定的编码构成。因此，在认定爬虫行为是否违法时，应当根据相关条件，判断其是否违法。例如，一个爬虫本身就违背了 Robots 协议，或绕开了反爬措施，或爬取享有著作权、竞争性权益的数据(合称具有“侵入性”)，则对外出售或提供这条爬虫同样是违法的，即使没有证据证明该爬虫已经投入利用。换言之，对外提供爬虫的是否违法，取决于爬虫自身是否违法。

我国《刑法》(2020 修正)第 285 条第 3 款规定，自然人或企业提供专门用于侵入、非法控制计算机信息系统的程序、工具，情节严重的，将构成“提供侵入、非法控制计算机信息系统程序、工具罪”。爬取方使用的爬虫技术具备了侵入性，就属于“侵入计算机信息系统的工具”或“控制计算机信息系统的工具”。若爬取方向第三方提供了该等爬虫技术，则相应构成“提供侵入、非法控制计算机信息系统程序、工具罪”。此外，该条还规定，若在对外提供爬虫之前，就已经明知他人正在或即将实施侵入、非法控制计算机信息系统或非法获取计算机信息系统数据的行为，那么提供爬虫的一方并非“非法获取计算机信息系统数据、非法控制计算机信息系统罪”的共犯，而是单独构成“提供侵入、非法控制计算机信息系统程序、工具罪”。这是《刑法》(2020 修正)中典型的帮助行为单独构罪的例子。倘若将爬虫技术作为盗窃、诈骗等犯罪的方法，则构成盗窃罪或诈骗罪的共犯。

案例 14：陈某为牟取非法利益，编写并销售抢票的“爬虫”软件。购买方可非法访问资源,原因是该软件以违反常规的方式构造和发送网络请求,通过模仿用户手动下单、购买商品、识别与输入图形验证码等功能,进而越过平台的人机识别验证机制。法院认为,陈某提供专门用于侵入、非法控制计算机信息系统的程序、工具,情节特别严重,构成提供侵入、非法控制计算机信息系统程序、工具罪。陈某被判处有期徒刑,并处罚金及被追缴其违法所得。①

案例15:刘某开发网站用于出售快递运单中的非公民个人信息数据牟利,后裴某听令刘某指使开发了可侵入企业信息系统并获取数据的爬虫软件,并因此获利。法院认为:刘某违反国家规定,利用爬虫软件非法获取计算机信息系统中储存、处理的数据,犯非法获取计算机信息系统数据罪。裴某明知刘某从事非法活动,仍为其提供专门用于侵入、非法控制计算机信息系统的程序、工具,情节严重,犯提供侵入、非法控制计算机信息系统程序、工具罪。刘某、裴某被判处有期徒刑,并处罚金。②

因此,我们建议:首先,企业或个人在接受他人委托为他人开发"爬虫"时,应了解利用爬虫技术的意图和爬取的数据范围等情况,再结合前述情况进行合法性判断。若合法,则将爬虫的利用意图和爬取的数据范围等情况进行留痕(比如记入合同、功能文档等文件),若不合法,应与委托方进行沟通调整或拒绝。其次,企业或个人可依照以上的企业合规指引拟定本企业对爬虫技术利用的技术标准,同时采取培训等方式至少触达爬虫数据的管理层、产品经理和技术开发人员,从风险预防的角度杜绝爬虫风险的发生。

三、结语

任何自由都是受限制的,我们识别法律风险的意图并非为了打击爬虫

① 广州市南沙区人民法院刑事判决书,(2021)粤0115刑初5号。

② 上海市青浦区人民法院刑事判决书,(2020)沪0118刑初1292号。

技术，而是为了协助企业定位爬虫技术的“红线”，使其在红线之外自由地利用爬虫技术，推动数据的挖掘、流通和利用。在挖掘数据的时代，企业也有义务谨慎地对待技术行为的负面影响，采取企业内部合规计划的配置，以尊重信息和数据主体的权益为边界，在利用技术的过程中履行好数据控制者对数据及信息的安全保障义务，减少数据收集和利用对信息和数据主体的影响。只有这样，企业才能在数据时代的竞争中立足脚跟，更好地面对数据时代的机遇和挑战，实现互联网产业安全稳定的长足发展。

案 例 篇

CASE 01

案例一

帮助信息网络犯罪活动罪中主观明知的认定

——唐某琪、方某帮助信息网络犯罪活动案

常　鹏*

案情简介

被告人唐某琪，系广东深圳乔尚科技有限公司（以下简称乔尚公司）法定代表人；被告人方某，系浙江杭州三汇信息工程有限公司（以下简称三汇公司）销售经理。

被告人唐某琪曾因其销售的GOIP设备涉及违法犯罪被公安机关查扣并口头警告，之后其仍以乔尚公司名义向方某购买该设备，并通过网络销售给他人。方某明知唐某琪将GOIP设备出售给从事电信网络诈骗犯罪的人员，仍然长期向唐某琪出售该设备。自2019年12月至2020年10月，唐某琪从方某处购买130台GOIP设备并销售给他人，同时提供后续安装、调试及配置系统等技术支持。其间，公安机关在广西北海、钦州以及贵州六盘水、铜仁等地查获唐某琪、方某出售的GOIP设备20台。经查，其中5台设备被他人用于实施电信网络诈骗，造成

---

* 常鹏，西安市中级人民法院刑一庭法官。

张某淘、李某兰等人被诈骗人民币共计 34 万余元。

广西壮族自治区北海市海城区人民法院于 2021 年 8 月 2 日作出(2021)桂 0502 刑初 230 号刑事判决,以犯帮助信息网络犯罪活动罪(以下简称帮信罪),分别判处被告人唐某琪有期徒刑 9 个月,并处罚金人民币 1.2 万元,判处被告人方某有期徒刑 8 个月,并处罚金人民币 1 万元。宣判后,唐某琪提出上诉,同年 10 月 18 日,北海市中级人民法院裁定驳回上诉,维持原判。

裁判要旨

根据《刑法》第 287 条之二的规定,构成帮信罪以明知他人利用信息网络实施犯罪为前提。具体案件对被告人是否明知的判断,应当坚持责任主义原则和主客观相一致原则,结合一般人的认知水平和行为人的认知能力、相关行为是否违反法律的禁止性规定,行为人是否履行管理职责、是否逃避监管或者规避调查、是否因同类行为受过处罚,以及行为人的供述和辩解等情况进行综合判断。

本案中,被告人唐某琪辩解自己并不知晓客户购买其所售 GOIP 设备的用途,否认其具有明知的主观构成要件要素。对此,法院根据唐某琪在公安民警已经告知其出售的 GOIP 设备被用作电信诈骗犯罪使用后,继续售卖设备并为他人提供设备调试、技术支持,以至出售的 GOIP 设备被用于实施电信诈骗犯罪活动的事实和证据,依照最高人民法院、最高人民检察院《关于办理非法利用信息网络、帮助信息网络犯罪活动等刑事案件适用法律若干问题的解释》第 11 条第 1 项之规定,即“经监管部门告知后仍然实施有关行为的”,认定唐某琪对所售 GOIP 设备被他人用作电信诈骗犯罪使用系明知,据此认定其行为已经构成帮信罪。综上所述,对于曾因实施有关帮助行为,被监管部门告知、处罚后,继续实施有关行为的,如果无其他相反证据,可依法推定行为人主观系明知。此外,对于行业内人员出售、提供相关设备工具被用于信息网络犯罪的,还要结合行为人从业经历、专业背景、交易对象、价格或方式等因素,综合判断行为人的主观认知,对属于中立帮助行为,不具有主观明知的,不能认定为犯罪。

案例评析

1. 明知的规范特征。在1979年的《刑法》中,“明知”一词即被立法机关采纳,在总则和分则条文中共有5处使用。“明知”通过刑法条文的方式正式进入我国刑事立法领域,成为刑法典中重要的刑法术语和理论范畴。到1997年的《刑法》及之后的11个修正案,“明知”在总则条文的使用未发生变化,仍出现在第14条“故意犯罪”的规定中,而涉及“明知”的分则条文数量出现较大增加,共有44个条文总计38个罪名规定了明知,呈现出如下特征:

(1)语言表述。刑法条文对明知的表述存在两种模式:一种直接表述为“明知”,绝大多数条文属于此种情况。另一种并列表述为“明知或应知”,此种表述仅出现在《刑法》第219条规定的侵犯商业秘密罪中,该规定导致“明知”与“应知”的概念在立法层面出现错位和混乱,引发学界广泛争议和司法实践的混乱。修正案十一已将本条“明知或应知”修改为“明知”,统一了刑法条文的语言表述。

(2)主观罪过。除《刑法》第138条教育设施重大安全事故罪属过失犯罪以外,其余分则中的明知均系故意犯罪,这也引发了学界对明知罪过形式的长期讨论。总体来看,早期的刑法通说对总则的明知和分则的明知未作区分,认为明知即是故意,但该理论显然无法解释《刑法》第138条“明知校舍或者教育教学设施有危险,而不采取措施或者不及时报告”的规定在主观罪过上明显系过失带来的问题。随着刑法区分说被普遍采纳,理论开始倾向于认为总则明知系故意,而分则明知不完全是故意,可以兼容过失。

(3)法律定位。总则的明知和分则的明知的关系问题,不仅和明知的罪过形式紧密相关,而且决定了明知在刑法典中的概念定位,对于实践中具体犯罪构成的认定和证明责任的划分具有直接影响。如前文所述,认为二者存在实质性区别的区分说已被广泛采纳,但学者基于不同角度对二者的区分和定位提出了多种观点。例如:张明楷教授引入我国台湾地区学者郑健才先生的观点,认为《刑法》总则上所称之明知,与《刑法》分则上所称之明知不同。前者系作为基本主观要件之一种基础,后者则系一种特定主观要件。犯罪须具备此种特定主观要件时,刑法分则之明知为第一次明知,刑法总则之明知为第二次明知。有第一次明知,未必即有第二次明知。刘艳红教授认为分则明知不是总则明知即故意的前置条件,提出总则中的明知解决的是故意犯罪中的认识因素,刑法分则中的明知是在具备总则罪过的基础之上,由特殊个罪条文所要求的额外的主观要素,是对特定事实认识的强调。陈兴良教授根据表现犯的逻辑,提出刑法分则规定的明知是主观违法要素,同时也是主观的构成要件要素,而刑法总则规定的明知则是责任要素,据此认为没有刑法分则规定的明知是欠缺违法性,而没有刑法总则规定的明知是在具备违法性的前提下缺乏有责性。

2. 明知的基本含义。从认知程度和范围来看,明知包括以下几种:(1)确知,即行为人确实、确切地知道,在法律含义上表现为行为人的确定性认知。(2)或知,即具有认识的条件或可能性,就可以认定为明知。(3)应知,与前两种情况不同,学界和司法实践对"应当知道"的理解和适用存在较大争议。部分学者提出"应当知道"从语义来说,本身包括确实不知道或存在过失的情形,不应将"应当知道"纳入明知的基本含义,对司法解释以"知道或应当知道"定义明知提出了质疑。也有学者认为所谓的"应当知道",其本质含义是行为人不承认"知道",但事实上行为人"肯定知道""确实知道",不包括行为人"本应知道"而实际"真的不知道"的情况。笔者认为,"应当知道"作为法律术语已被立法和司法机关普遍采纳,对其含义的解读应当同时兼顾文字原意和立法本意,从大量司法解释的条文规定来看,所称"应当知道"并不包括确实不知道或过失的情形。对此,陈兴良教授提出,"应当知道"虽然存在用语是否妥当的问题,但司法解释中频繁出现的"应当知道"已被明确规定为明知的一种情形,因而不至于误解为过失。因此,由"应当知道"引发的争议,本身源于用语的妥当与否和解读的视角不同,并非真实含义的本质区别。当前,司法机关已经认识到该问题给理论和实务造成的困扰,在司法解释中开始回避使用"应当知道"的表述,而代以可反驳的客观推定。据此,有学者已经提出将"应当知道"解释为推定知道,以此作为"推定故意"的认识因素,并与"现实故意"对应,两者的差异在于"现实故意"是有证据证明的故意,而"推定故意"是没有证据能够直接证明,但根据一定的证据可以推定行为人具有某种故意,以此既能实现应当知道的功利性价值,也能够避免理论上的纷繁争论。

如上文所述,2019 年施行的最高人民法院、最高人民检察院《关于办理非法利用信息网络、帮助信息网络犯罪活动等刑事案件适用法律若干问题的解释》就未直接使用"知道或应该知道"的表述来定义帮信罪中的明知,而是在该解释第 11 条通过列举方式规定了 7 种推定明知的情形,并明确了相反证据对认定明知的排除。因此,就当前语境和司法惯例而言,帮信罪的明知包括知道和应当知道,但不包括可能知道,其中应当知道系指根据基础事实的证明,通过刑事推定,实现对明知这一主观构成要件要素的认定。综上,本案即是对可反驳的客观推定的准确适用:首先,通过在案证据,证实公安民警已向被告人告知相关情况,而被告人继续实施相关行为的事实;其次,根据司法解释对推定情形的规定,在被告人未能提出合理解释或相反证据的情况下,认定被告人存在主观明知。

3. 明知的指向对象。从刑法分则的条文规定来看,《刑法》要求明知的对象可以归纳为以下 4 类:(1)明知违法物品,例如第 144 条销售有毒、有害食品罪规定的"销售明知掺有有毒、有害的非食品原料的食品的";(2)明知特定主体,例如第 310 条窝藏、包庇罪规定的"明知是犯罪的人而为其提供隐藏处所、财物,帮助其逃匿或者作假证明包庇的";(3)明知特定状态,例如第 258 条重婚罪规定的"明知他人有配偶而与之结婚的";(4)明知违法行为,例如第 285 条第 3 款提供侵入、非法控制计算机信息系统程序、工具罪规定的"明知他人实施侵入、非法控制计算机信息系统的违法犯罪行为而为其提供程序、工具"。"明知"本身虽然属于中性词汇,但刑法分则在明知对象中赋予了否定性评价,要求明知的对象具有违法性,从而实现对行为人主观故意的违法性判断。

具体而言,根据《刑法》第 287 条之二的规定,帮信罪以明知他人利用信息网络实施犯罪为构成要件,即要求被帮助对象的行为必须构成犯罪。对此处“明知 + 犯罪”的理解,不应限缩解释为必须认识到是刑法意义上的犯罪,而是要求被帮助对象的行为完全符合刑法分则具体犯罪的构成要件。帮信罪的立法实践,是在帮信犯罪作为网络犯罪链条中的一环,独立性和危害性日趋凸显的情况下,对帮助行为正犯化在立法层面的确立,目的是将帮信犯罪从传统共犯理论中解绑,避免网络犯罪正犯的大量缺位给打击独立帮助行为带来严重的阻碍。显然,该解释既无法回应现实的迫切需要,也背离了帮信罪单独入刑的立法初衷。因此,该处“犯罪”应当理解为相关犯罪已经查证属实,而非已经人民法院生效裁判确认,即应判断该犯罪行为是否具有社会危害性和刑事违法性,但是否具有刑事可罚性并不影响犯罪事实的成立。其次,犯罪事实的成立应有充分证据证明相关行为确实存在,且已经达到了犯罪的程度,至于行为人是否归案,是否被判处刑罚,均不影响对犯罪事实的认定。例如,甲明知乙为诈骗犯罪转移资金,却将自己的银行卡出售给乙,乙的犯罪事实通过证据可以认定,但乙未能抓获到案,或乙系未成年人而未予追究刑事责任,这些均不影响甲的行为构成帮信罪。

本案中,侦查机关调取了上游诈骗犯罪的裁判文书、诈骗受害人的通话清单、GOIP 关联案件信息等证据,可以证实被告人唐某琪、方某出售的部分 GOIP 设备被用于电信网络诈骗,且查明了具体的诈骗受害人和诈骗金额,法院据此认定二被告人明知他人利用信息网络实施犯罪具有充分的事实依据和证据支持。此外,需要明确的是,即便与本案关联的诈骗犯罪人员未能到案或未被追究刑事责任,只要在案证据能够证明诈骗犯罪事实的成立,就不影响本案被告人构成帮信罪。

4. 明知的认定方法。明知作为行为人的心理活动,若非其主动言明,一般难以被外界所直接认知。现实中,行为人往往对明知予以否认,此时明知就成为司法证明活动的对象,需要运用证据予以证明,而这一证明过程使用的主要方法就是刑事推定。刑事推定实际上是审判人员在综合考虑追诉机关证据数量和质量的基础上,以一个理性人和法律专业人的判断,从基础事实即证据推断出推定事实的过程，本质上也是综合运用各种推理和推论方法得出结论的过程。可以说，刑事推定是除行为人自认外目前能够证明其主观认知状态的唯一有效手段，已被司法实践广泛采纳。然而，推定方法本身根基于人类的经验法则，只具有高度的盖然性，故推定结论并不具有完全确定性。因此，为了确保结论的正确性，在进行推定的同时，必须给予行为人反驳的权利和机会，如果行为人的反驳达到合理程度便可否认明知的存在。其次，根据无罪推定原则，推定明知的证明责任应归属于控方，在辩方提出反驳时，只要对基础事实提出了合理怀疑，则控方即应提供证据予以排除或否定，否则将阻碍明知的认定。辩方可以主动提供证明其反驳成立的证据，但此并非证明责任的转移，控方仍需承担对辩方所提证据是否真实的证明责任。此外，对于推定明知所依据的基础事实必须达到证据确实、充分的标准，必须按照证据裁判原则予以认定。如果基础事实的证据本身不够充分，导致基础事实的认定存疑，则不能由此推定出待证的主观明知事实的成立。本案中，受理报警登记表和询问笔录等证据，充分证实了深圳市公安局大浪派出所民警于 2020 年 3 月 6 日将被告人唐某琪带回派出所询问其出售 GOIP 无线网关设备的情况，以及于次日接到信贷类诈骗核查线索后，又将具有作案嫌疑的被告人唐某琪带回派出所做进一步调查并制作询问笔录的事实，使得“经监管部门告知后仍然实施有关行为”这一基础事实得到了证据证明，以此推定被告人主观明知具有充分的事实和法律依据。

CASE 02
案例二

公民个人信息类型及数量的司法认定
——徐某某等人侵犯公民个人信息案

储盛楠*

案情简介

浙江省永康市人民检察院指控被告人徐某某、叶某某、卢某某犯侵犯公民个人信息罪一案，被告人徐某某对指控的罪名无异议，但其与辩护人均对部分事实提出异议：徐某某并未在提供服务过程中获得公民个人信息，其在摄影工作室的账号没有导出数据权限，涉案数据系通过为该摄影工作室做系统维护的工作人员意外获得；应采纳公安机关第一次的比对结果数量，即徐某某仅提供公民个人信息19,000余条，且未造成任何法律后果或损失。辩护人还提出徐某某归案后自愿认罪认罚，有坦白情节，应予从宽处罚。被告人叶某某、卢某某均对指控的犯罪事实及罪名无异议，二被告人的辩护人分别提出自愿认罪认罚、自首及无其他非法目的等辩护理由，请求从轻处罚。

经永康市人民法院审理查明：(1)2020年4月，被告

* 储盛楠，浙江省高级人民法院刑二庭法官。

人叶某某找浙江天某教育科技有限公司员工被告人卢某某交换公民个人信息。叶某某将“总名单”“小年龄段”“小年龄名单”3 份文件提供给卢某某，3 份文件内分别有个人信息 7069 条、985 条、223 条（包含姓名、联系号码、年龄或年级）。卢某某经公司法定代表人谢某某（另案处理）同意，将“三年级”“四年级”两份文件提供给叶某某，两份文件内分别有永康市 61 个学校小学学生信息 9943 条、13 个学校学生信息 1348 条（包含姓名、联系号码、学校及年级等）；（2）被告人徐某某于 2019 年 3 月至 10 月在永康市微某儿童摄影工作室工作。2020 年 10 月 13 日，经叶某某介绍，徐某某将 44,142 条公民个人信息（包括姓名、出生日期、家庭地址、父母联系号码等）以 4000 元的价格出售给当时已在永康市美某教育培训有限公司任职的卢某某等人。徐某某、叶某某分别获赃 800 元、3200 元。经比对，上述公民个人信息中的 37,574 条含有儿童父母联系号码的信息与永康市微某儿童摄影工作室在提供服务中获取的公民个人信息同一；（3）2020 年 11 月，应谢某某的请求，卢某某将上述 44,142 条公民个人信息提供给谢某某。

永康市人民法院经审理，以侵犯公民个人信息罪对各被告人判处有期徒刑 3 年 9 个月至有期徒刑 2 年 4 个月，缓刑 3 年不等，并处相应罚金。后徐某某提出上诉，经金华市中级人民法院二审审理，裁定驳徐某某的上诉，维持原判。

裁判要旨

“孩子姓名、年龄、家长联系号码”等信息属于特定的具有识别性的信息，但在性质上应结合与人身安全、财产安全相关的密切程度、行为人的主观目的等认定“一般公民个人信息”。依法计算行为人侵犯公民个人信息的数量后，还应分别依据信息获取来源、非法用途以及各自的从重、从轻情节综合量刑。

案例评析

1. 我国个人信息刑法保护的特点

对于网络犯罪，我国刑事立法经历了依托传统罪名到创设新罪名的转变。与侵犯公民个人信息罪最为接近的既有罪名是 1997 年修订的《刑法》第 280 条第 3 款所设置的伪造、变造居民身份证罪。2000 年 12 月通过的全国人民代表大会常务委员会《关于维护互联网安全的决定》主要是明确了实践中出现的新型网络犯罪行为如何通过现有罪名予以认定的问题。① 面对越来越严峻的网络犯罪形势，我国立法者已经不满足于通过既有罪名来实现网络空间的刑法治理。②《刑法修正案（七）》的通过标志着我国采取创设专门罪名的方式来制裁侵犯公民个人信息的行为。2015 年 8 月通过的《刑法修正案（九）》将侵犯公民个人信息罪的规制主体由国家机关或者金融、电信、交通、教育、医疗等单位的工作人员扩展到任何实施侵犯个人信息行为的个人，同时对量刑的幅度增加了一档，即情节特别严重的，处 3 年以上 7 年以下有期徒刑。③ 2017 年 5 月，最高人民法院和最高人民检察院联合发布的《关于办理侵犯公民个人信息刑事案件适用法律若干问题的解释》（以下简称 2017 年司法解释）细化了审理该类案件的裁量标准。④

从所制裁对象和保护客体两个维度来看，我国个人信息刑法保护体现出保护范围广的特点：

首先，利用个人信息实施其他犯罪的意图并非侵犯公民个人信息罪的

---

① 例如，对与非法截获、篡改、删除他人电子邮件或者其他数据资料，《关于维护互联网安全的决定》要求按照《刑法》关于侵犯公民通信自由与通信秘密罪进行定罪量刑。

② 对于网络犯罪立法转向的研讨，参见喻海松：《网络犯罪的立法扩张与司法适用》，载《法律适用》2016 年第 9 期；皮勇《论新型网络犯罪立法及其适用》，载《中国社会科学》2018 年第 10 期。

③ 关于对《刑法修正案（九）》的法教义学分析，参见车浩：《刑事立法的法教义学反思——基于〈刑法修正案（九）〉的分析》，载《法学》2015 年第 10 期。

④ 参见周加海、邹涛、喻海松：《〈关于办理侵犯公民个人信息刑事案件适用法律若干问题的解释〉的理解与适用》，载《人民司法（应用）》2017 年第 19 期。

必要构成要件。我国刑法上构成该罪的规范依据在于获取或者提供个人信息的行为是否违反国家的有关规定，情节严重的，即构成侵犯公民个人信息罪。[①] 按照2017年司法解释的规定，出售或者提供个人信息，被用于犯罪只是构成情节严重的情形之一。可见我国个人信息刑法保护的重点在于非法获取或者提供个人信息，而不是在于对个人信息的滥用上。[②] 通过本节对于裁判文书信息的分析，我们发现仅有不到20%的侵犯公民个人信息罪的被告人有利用个人信息实施犯罪的意图，其他被告人将个人信息要么用于实施普通违法行为，要么用于扩展合法经营活动。因此，将犯罪意图排除出侵犯公民个人信息罪的犯罪构成，其客观效果在于该罪名的适用范围大幅扩展，刑法介入制裁个人信息泄露的时间点大幅提前，凸显了该罪预防后续违法犯罪的功能。[③]

其次，构成《刑法》侵犯公民个人信息的行为类型多样，对非法提供和非法获取个人信息行为的覆盖较为全面。《刑法》第253条明确列举了3类侵犯公民个人信息犯罪的行为，分别是出售、非法提供和窃取公民个人信息。此外，该条还笼统规定，通过其他方法非法获取公民个人信息的也属于侵犯公民个人信息的行为。2017年司法解释将"其他方法非法获取"界定为"购买、收受、交换等方法"。

2. 涉案信息属于刑法意义上的"公民个人信息"

根据《刑法》以及2017年司法解释的相关规定，"公民个人信息"是指以电子或者其他方式记录的能够单独或者与其他信息结合识别特定自然人身份或者反映特定自然人活动情况的各种信息，包括姓名、身份证件号码、通信通讯联系号码、住址、账号密码、财产状况、行踪轨迹等。2017年司法解释在正面列举住宿信息、通信记录、健康生理信息和交易信息属于敏感个人信息外，还概括性地表述"其他可能影响人身、财产安全的公民个人信息"也属

---

① 根据2017年司法解释，国家有关规定是指法律、行政法规、部门规章有关公民个人信息保护的规定。

② 参见劳东燕：《个人数据的刑法保护模式》，载《比较法研究》2020年第5期。

③ 参见何荣功：《预防刑法的扩张及其限度》，载《法学研究》2017年第4期。

于敏感个人信息。法院在审理侵犯公民个人信息罪案件时,如果遇到新型个人信息时,应当按照一定的标准对个人信息的敏感度进行判定。为准确适用本罪,首要问题是厘清"公民个人信息"的概念和范畴。我们一般根据信息本身的重要程度、需要结合其他信息的程度、行为人主观目的3个方面来判断认定"公民个人信息"所要求的可识别程度。

近年来,学生、家长被电信诈骗的案件时有发生。如2016年12月福建泉州安溪法院审理的被告人章某某等人诈骗、侵犯公民个人信息案,就是一起行为人利用购买的学生个人信息、家长联系电话等,冒充"学校教务处""教育局工作人员",以获取国家教育补贴款为由,诱骗家长转账的诈骗案件。显然,本案所涉包括"孩子姓名、联系号码、年级"等信息不仅与人身安全、财产安全相关,而且一般可以直接关联特定自然人,辨识度较高。而被告人叶某某、卢某某等的主观目的系招生,必定需要识别特定自然人身份,故涉案信息属于"公民个人信息"。

值得注意的是,认定"公民个人信息"并不要求具有个人隐私特征,即使涉案信息经由家长同意提交给学校、培训机构、摄影工作室等机构,甚至部分家长还愿意将拍摄效果较好的照片作为样片公开展示,但这并不代表其同意将孩子姓名等其他信息对外公开,故本案信息来源不影响对"公民个人信息"的认定。

3. 涉案信息应以"一般公民个人信息"来认定

在刑事司法实践中,法院判断个人信息的类型和性质的科学性有赖于一整套个人信息分级分类保护标准作为判断的依据。刑事法律规范仅是判断个人信息类型和性质的依据之一,此项判断更多地需要其他"国家规定"系统、全面地指引。但我国立法层面缺乏对个人信息分级分类保护的相关规定。在2017年司法解释出台前,尽管打击侵犯公民个人信息犯罪已历时8年,但无论是《刑法》还是其他国家法律法规中并未明确个人信息分级分类保护的规定。在《个人信息保护法》出台前,2017年司法解释是最早的也是唯一的中央层面关于个人信息分级分类保护的规范。按照2017年司法解释第5条的规定,依据侵犯个人信息类型的不同,被告人构成"情节严重"所需条数存在很大差异。构成情节严重的标准是:(1)侵犯行踪轨迹、通信内容、征信信息和财产信息 50 条以上的;(2)侵犯住宿信息、通信记录、健康生理信息、交易信息等其他可能影响人身、财产安全的公民个人信息 500 条以上的;(3)侵犯(1)(2)规定以外的公民个人信息 5000 条以上的。尽管 2017 年司法解释的制定者并未明确提出个人信息敏感性这一概念,但是在具体规范设计中已经体现了按照敏感程度的不同给予差异化刑罚的思路。

根据前述分析,鉴于部分电信诈骗案件系根据学生姓名及家长联系方式等信息设计、实施,是否可以据此将涉案信息认定为 2017 年司法解释中的“非法获取、出售或者提供住宿信息、通信记录、健康生理信息、交易信息等其他可能影响人身、财产安全的公民个人信息”而从严处罚呢?

我们认为不能一概而论。该类信息的重要程度仅弱于行踪轨迹信息、通信内容、征信信息、财产信息,但与人身安全、财产安全直接相关,往往被用于“精准”诈骗等违法犯罪活动,因此在司法实践中仍应严格把握,至少确保其不仅涉及人身安全、财产安全,还与住宿信息、通信记录、健康生理信息、交易信息在重要程度上具有相当性。本案的学生姓名、家长联系号码等信息可能与公民人身安全、财产安全产生关联,但尚无法与前述列举信息体现出等值重要性,特别是相对较低的实际交易对价亦可佐证。故涉案信息应认定为“一般公民个人信息”为宜,“情节严重”“情节特别严重”的数量分别是非法获取、出售或者提供 5000 条以上、50,000 条以上。

4. 对于侵犯“公民个人信息”交易的数量计算

在计算数量之前,我们应明确“一条”公民个人信息实质系“一组”公民个人信息,包括学生姓名、年龄、联系号码、住址等,不能依据某学生姓名分别对应父亲、母亲两个联系号码而判定为“两条”信息。同时还应注意如下问题:

(1)事实层面允许适用推定规则,但需依据技术手段去重。在实践中,除公民个人敏感信息外,涉案信息数量动辄上万条至数十万条,可能存在重复,要求办案机关通过电话联系一一核实显然不具操作性,故可以依据推定规则确认真实性。同时,为了保护当事人的合法权益,必须通过技术手段去重甄别,涉案信息经侦查机关去重比对后即可予判定。针对被告人徐某某就第一次、第二次比对结果所提异议,审理法院在重点核查了比对程序的合法性、科学性后,采信了数据更准确的第二次结果是适当的。

(2)认定公民个人信息数量应按照交付数量认定。根据刑法定罪处罚的主客观相一致原则,行为人主观上有出售或者交换的故意,客观上交付信息完成交易即已构罪,而且公民个人信息只要被交付即处于失控状态,在事实上已经侵害了公民个人信息的合法采集、流通和使用的权利,故认定公民个人信息数量并不以实际使用作为判断标准,涉案信息即使有部分尚未使用,亦无须扣除相应数量。

(3)非法获取公民个人信息后又出售或者提供的,公民个人信息的条数不重复计算,但向不同单位或者个人分别出售、提供同一公民个人信息的,累计计算。本案被告人徐某某将在摄影工作室利用工作便利获取的公民个人信息进行销售,该部分数量不重复计算;被告人卢某某先后就职于两家单位,其在现任单位任职期间购买获得徐某某提供的信息后,又提供给原就职单位的法定代表人谢某某,该部分数量应累计计算。

5. 对于各被告人的量刑应结合信息获取来源、非法用途等综合考虑

(1)信息获取来源。2017 年司法解释第 5 条第 1 款第 8 项明确规定“将在履行职责或者提供服务过程中获得的公民个人信息出售或者提供给他人,数量或者数额达到第三项至第七项规定标准一半以上的”即可视为“情节严重”,被告人徐某某及其辩护人在诉讼过程中均对其获得信息的来源提出异议。经审理法院查明,徐某某时任摄影工作室的客服主管,有权限导出客户资料,且另有证人证言、数据比对报告等在案证据证实其系利用工作便利将获取的信息出售他人,故应适用该款条文认定其属“情节特别严重”。同时,据此可依法认定徐某某在归案后未如实交代涉案信息来源,不具有坦白情节。

(2)非法用途。公民个人信息被行为人非法出售、交换之后即失控,无法确定该信息是否被违法犯罪分子利用,所以行为人的交易用途系量刑需考虑因素之一。本案各被告人交易信息主要是为了招生,故部分被告人的

辩护人提出涉案信息未用作其他非法目的、可予从轻处罚的相关辩护意见,可予采纳。

(3)违法所得。本案除被告人徐某某、叶某某通过叶某某出售徐某某在摄影工作室所获信息共计获赃4000元外,主要系通过交换方式交易,未实际获利,可予从轻处罚。2017年司法解释同时规定,只要交易的公民个人信息达到相应数量标准,即使没有违法所得亦可入罪,因此对此类案件应进一步加大普法宣传,加强对校外培训机构等单位的监管,“免费的信息共享”亦可能触犯法律。

(4)其他情节。本案3被告人的犯罪行为均未发生严重后果,且3人分别还有其他从重、从轻处罚情节。被告人徐某某系累犯,被告人卢某某和叶某某均自愿认罪认罚,卢某某还有自首情节,审理法院在认定3被告人侵犯公民个人信息的数量均属“情节特别严重”的前提下分别根据具体情节,对徐某某从重处罚判处有期徒刑3年9个月,并处罚金4000元;对叶某某从轻处罚判处有期徒刑3年,缓刑3年6个月,并处罚金6500元;对卢某某减轻处罚判处有期徒刑2年4个月,缓刑3年,并处罚金2000元,做到了罪责刑相适应。

CASE 03

案例三

检察机关如何利用公益诉讼保护个人信息

——杭州市余杭区检察院诉某网络科技有限公司侵害公民个人信息民事公益诉讼案

陈 斐 杨先星*

案情简介

2019年5月，杭州市余杭区人民检察院（以下简称余杭区检察院）在履职中发现，App强制授权、过度索权、超范围收集个人信息等问题突出，随即开展个人信息保护专项监督行动，针对辖区内企业开发经营的10余款App存在违法违规收集用户个人信息的违法行为，向相关行政机关发出诉前检察建议，督促行政机关依法整治并开展专项治理。在跟进监督过程中，余杭区检察院发现，对于公民个人信息被App违法收集后的处置问题，众多受侵害用户的合法权益无法通过行政公益诉讼得到维护，遂决定通过民事公益诉讼的路径解决这一问题。2019年10月16日，余杭区检察院对某网络科技有限公司研发的

* 陈斐，杭州市余杭区人民检察院第六检察部主任。
杨先星，杭州市余杭区人民检察院驻余杭组团检察室副主任。

一款音乐视频教学类App侵犯个人信息的违法行为立案调查。通过走访询问、提取电子数据、同步录像固证等方式,余杭区检察院发现,该App存在未公开收集使用个人信息的目的、规则、方式和范围,强制索取“访问设备上的照片、媒体内容和文件”及获取手机设备号等权限行为,以及未经用户同意收集使用个人信息、违反必要原则收集与其提供的服务无关的个人信息等情形,涉及违法违规获取、存储用户个人信息数量千万条以上,侵害了不特定对象的合法权益,致使社会公共利益受到侵害。

经诉前公告,期满无适格主体提起诉讼。2020年6月23日,余杭区检察院依法向杭州互联网法院提起民事公益诉讼,提出涉案App企业应立即停止侵权暨停止违法违规收集、储存、使用个人信息并赔礼道歉等诉讼请求。被告同意履行检察机关提出的全部诉讼请求。双方当庭达成调解协议:被告立即删除违法违规收集、储存的全部用户个人信息1100万余条;在《法治日报》及案涉App首页公开赔礼道歉;承诺今后合法合规经营,若存在违反协议约定的行为,将自愿支付50万元违约金用于全国性个人信息保护公益基金的公益支出。达成调解协议后,余杭区检察院积极引入第三方代表评估机制,由当地网信部门认可的有资质的第三方检测机构对涉案企业整改情况进行合规检测,确保调解协议执行到位。2020年11月18日,调解协议内容全部履行到位。

裁判要旨

针对App违法违规处理个人信息的行为,检察机关回应民生诉求,发挥行政公益诉讼职能,督促行政机关依法监管。同时,强化对不特定用户合法权益的保护,围绕App过度采集大量信息并予以存储的问题,通过民事公益诉讼追究App开发者的侵权责任,捍卫个人信息“被遗忘权”。

近年来对个人信息的侵犯行为时有发生,社会对个人信息保护的呼声愈来愈高,将个人信息保护纳入公益诉讼的范畴,正是公益诉讼制度的应有之义和必然结果。检察机关作为公共利益的代表,回应民生诉求,发挥行政机关守护社会公共利益的靠前顺位作用,通过行政公益诉讼督促行政机关履行监管职责。与此同时,为弥补行政公益诉讼保护个人信息的不足,检察院注重发挥民事公益诉讼惩戒、防范和教育的作用,对某公司违法收集个人信息的处置问题提起民事公益诉讼,提出删除违法违规收集的个人信息、赔礼道歉等诉讼请求,突出捍卫公民信息"被遗忘权",实现了对个人信息公益的多维度保护。本案的探索也从司法实践的角度证明了个人信息保护引入公益诉讼具有较强的可行性和必要性。

案例评析

本案系《个人信息保护法》颁布实施前检察机关适用《民法典》的相关规定,要求违法违规收集使用个人信息的企业承担侵权责任的新类型典型案例,入选"全国检察机关个人信息保护公益诉讼典型案例"。余杭区检察院通过邀请人大代表、政协委员、行政职能部门、互联网行业代表、专家学者等就案涉 App 行为是否侵害社会公共利益、法律规范的适用及诉讼请求等问题进行研讨论证,得出结论认为防止个人信息泄露和被非法收集使用是保护个人信息安全的根本,以公益诉讼促进个人信息的长效保护。

一、加强个人信息保护公益论证,积极拓展公益诉讼案件范围

(一)个人信息保护公益诉讼的法理基础

从传统观点看,个人信息属于个人的"私权"范畴。个人信息内容包罗万象,从姓名、住址等个人一般信息到电话号码、身份证号码、精确定位、财产账号等个人敏感信息均有涉及。通过个人信息不仅能精准定位特定个体的身份信息,甚至还能据此判断出该个体的社会关系等。大量的个人信息被违法违规获取后,一旦被非法利用,将对个人的生活安宁、财产安全乃至生命安全造成重大威胁,并危及社会稳定。某网络科技公司开发经营的 App 在小米应用商店和华为应用市场等第三方应用平台的下载安装量分别达到了 800 余万次和 900 余万次。案涉 App 及其开发经营者违法违规收集用户个人信息达 1100 万余条,该行为涉及不特定主体的信息安全,这不仅侵犯了个人信息受保护的权益,而且使得这些被违法违规收集的信息面临着被违法使用、泄露等风险,从而可能给个人人身和财产权利带来进一步的侵害,甚至可能危及整个社会的安定,对社会公共利益造成侵害。只要是保护社会公共利益的需要,在切实论证检察监督必要性及可行性的基础上,检察机关均应积极探索、主动作为。2021 年出台的《个人信息保护法》也体现了这种观点。

(二)个人信息保护公益诉讼的政策依据

全国人大代表、政协委员多次在 2019 年、2020 年全国"两会"期间提出应将加强公民个人信息保护列入公益诉讼范畴。张军检察长在 2018 年 11 月举办的"大数据时代个人信息保护论坛"上指出,"要探索个人信息保护领域的民事、行政、公益诉讼检察工作,促进全方位司法保护"。中央、全国各地的党委、人大、政府等部门也纷纷出台相关决定和意见,支持和加强检察公益诉讼工作,鼓励、支持检察机关拓展公益诉讼案件范围,加强对个人信息保护领域公益诉讼的探索。2019 年 11 月 5 日,党的十九届四中全会审议通过的《中共中央关于坚持和完善中国特色社会主义制度、推进国家治理体系和治理能力现代化若干重大问题的决定》明确指出"拓展公益诉讼案件范围"。上海市委《关于支持检察机关依法开展公益诉讼工作的意见》指出"要加大个人信息安全等方面公益保护力度"。湖北省人大常委会《关于加强检察公益诉讼工作的决定》要求检察机关"依法在涉及众多公民个人信息保护等领域探索开展公益诉讼工作"。浙江省人大常委会、杭州市人大常委会也先后出台《关于加强检察公益诉讼工作的决定》,明确要求检察机关"积极稳妥探索个人信息保护等领域公益诉讼工作"。

(三)个人信息保护公益诉讼的社会基础

为了深入了解公民个人信息被非法收集、滥用、泄露的内容范围、表现形式、可能途径、社会影响,以及是否侵犯公益,是否需要检察机关通过公益诉讼的形式予以保护等相关情况,余杭区检察院还委托第三方机构通过设点随访及网络问卷调查等方式开展社会调查,对调查数据进行分析显示:

1. 超九成受访者认为个人信息应当受到法律保护。根据调查结果,在

2019 个有效样本中，认为个人信息应当受到法律保护的有 1965 人，占比 97.3%；54 人认为个人信息无须受到法律保护，占比 2.7%。在大数据时代个人信息更容易被获取的情况下，绝大部分市民认为需要相关的法律来保护个人信息安全。

2. 近七成受访者遇到过个人信息被侵犯的情形。根据调查结果，在 2019 个有效样本中，他或身边人遭受过个人信息侵犯的受访者有 1407 人，占比 69.7%；没遭受过个人信息侵犯的受访者有 612 人，占比 30.3%。基于网络问卷调查受访者对个人信息被侵犯的情形理解得较为模糊，存在无法辨别的情况，导致调查结果向下偏离，因此实际受访者中遭遇个人信息被侵犯的情形比例应当大于统计的 69.7% 的结果，这表明个人信息被侵犯情况实际上更为严重。

3. 近九成受访者认为个人信息被侵犯对其正常生活和工作造成影响。根据调查结果，在 1407 个有效样本中，有 46.1% 的受访者认为个人信息被侵犯对其正常生活和工作影响很大；有 43.5% 的受访者认为影响较大；有 10.4% 的受访者认为影响不大或没影响。

4. 在 App 安装使用过程中，违法违规收集个人信息的情况十分严重。根据调查结果，在 2019 个有效样本中，有 46.3% 的受访者表示遇到过未公开收集、使用规则（比如隐私政策）的情形；有 54.4% 的受访者遇到过未经用户同意收集、使用个人信息的情形；有 53.8% 的受访者遇到过未明示收集、使用个人信息的目的、方式和范围的情形，比如未明确说明收集某项权限的目的；有 41.6% 的受访者遇到过违反必要原则去收集与提供服务无关的个人信息的情形，比如购物类 App 要求收集通讯录信息；有 40.7% 的受访者遇到过未经同意向他人泄露个人信息的情形，比如未经用户同意，将个人信息提供给第三方；有 23.6% 的受访者遇到过未提供删除或更正个人信息的选项的情形；有 15.8% 的受访者遇到过未公布投诉举报方式的情形；有 9.0% 的受访者表示不知道或没遇到过任意上述情形。

5. 绝大部分受访者认为 App 违法违规收集、使用个人信息等问题侵犯了“公共利益”。根据调查结果，在 2019 个有效样本中，有 96.1% 的受访者认为 App 违法违规收集、使用个人信息等问题侵犯了“公共利益”；有 3.9% 的受访者认为此举并未侵犯“公共利益”。

6. 八成受访者认为对于侵犯个人信息的违法行为需要通过检察机关提起公益诉讼的方式，对公民个人信息予以保护。根据调查结果，在 2019 个有效样本中，有 80.2% 的受访者认为需检察机关提起行政公益诉讼，监督行政职能部门依法监管；有 18.8% 的受访者认为需检察机关提起民事公益诉讼，要求 App 开发经营者承担民事责任；有 1.0% 的受访者认为不需要检察机关做什么。

二、民事行政双管齐下，实现对个人信息的多维度保护

（一）发挥行政机关守护社会公共利益的靠前顺位作用，通过行政公益诉讼督促行政机关履行监管职责

余杭区检察院通过启动个人信息保护专项监督行动，发现辖区内企业开发经营的 10 余款 App 存在强制授权、过度索权及未公布隐私政策或隐私政策不规范等问题，并及时向行政机关发出诉前检察建议，督促行政机关依法履职。行政机关收到检察建议后，立即在线上线下同步开展了打击侵害消费者个人信息违法行为专项行动，围绕教育培训、房产出租、保险经纪、美容健身、装饰装修、股票投资等行业，重点查处未经消费者同意收集、使用消费者个人信息、泄露、出售或者非法向他人提供所收集的消费者个人信息，以及未经同意发送商业性信息等违法行为，对 3 家公司立案调查并从严处理，对 134 家重点行业代表开展集中行政约谈，并通过制作消费者个人信息保护短片来加强宣传。

（二）提起民事公益诉讼，完善诉讼请求，捍卫公民“被遗忘权”

根据《民法典》第 179 条的规定，承担民事责任的方式主要包括停止侵害、排除妨碍、消除危险、赔偿损失、消除影响、恢复名誉、赔礼道歉等。实践中，检察机关可以综合考量损害后果，要求侵权人承担单一或多种民事责任，实现救济社会公益的目的。为避免个人信息的进一步泄露，检察机关在要求提出停止侵害这一诉讼请求的同时，还可以要求侵权行为人消除影响，以保障公民“被遗忘权”。被遗忘权（right to be forgotten）也叫“被遗忘的权

利”,即数据主体有权要求数据控制者删除关于其个人信息的权利,控制者有责任在特定情况下及时删除个人信息。《民法典》第1037条第2款规定:“自然人发现信息处理者违反法律、行政法规的规定或者双方的约定处理其个人信息的,有权请求信息处理者及时删除。”因上述权利无法通过行政机关履职得到保障,为及时督促企业删除违法违规收集的用户信息并警示行业和社会公众,针对某网络科技有限公司违法违规收集个人信息损害社会公共利益的行为,余杭区检察院于2020年6月23日依法向杭州互联网法院提起民事公益诉讼,请求判令被告停止实施侵犯用户个人信息的行为,暨停止违法违规收集、储存、使用个人信息,并要求在法治日报及案涉App首页进行公开赔礼道歉。

三、完善个人信息公益保护制度建设,助力网络空间修复和治理

(一)探索民事诉前检察建议

大型平台是数字经济的关键构成要素,占据市场支配地位的平台企业,掌握着大量的个人信息,对互联网信息安全、用户数据安全具有重要作用。《个人信息保护法》从制度上对个人信息保护的平台责任加以明确,首次在法律层面明确提出重要互联网平台服务信息处理者应提供特殊保护的义务,细化了信息处理者的安全保障义务。检察机关在办理个人信息保护公益诉讼案件中应当拓宽案件办理的视角,不应局限于对侵权人的诉讼,对于平台在信息泄露中的管理疏漏也应当予以监督。最高人民检察院在《关于积极稳妥拓展公益诉讼案件范围的指导意见》中提出,对于承担一定公共管理职能和重要社会责任的网络运营者、电子商务平台经营者,可以探索提起民事公益诉讼诉前检察建议。例如,当招聘、房产等网络中介平台合法收集了个人信息,但在管理中未尽数据安全保障义务,致使个人信息被非法买卖、使用等情况发生时,可进行民事公益诉讼诉前检察。

(二)实行举证责任倒置

根据《民事诉讼法》的有关规定,举证责任原则是谁提出主张谁就负有举证责任。也就是说,在有关个人信息保护的民事诉讼中,如果用户起诉网络运营者,那么用户就负有举证证明其存在违法收集存储使用个人信息的责任。但是，网络运营者一般都会对收集存储用户信息的服务器“严防死守”，外人根本无法接近，即使能接触到数据，普通人也无法识别数据的内容，更没有能力提取和固定证据。同时，在整个过程中，网络运营者完全有能力随时对其存储的信息和数据进行修正或删除。由此可见，网络运营者收集证据的能力显然比用户和检察机关更具优势。因此，在对个人信息保护公益诉讼分配举证责任时，应由检察机关或有关组织证明存在信息侵权的基本事实后，对于侵权涉及信息的内容、数量等应由网络运营者等侵权行为人进行举证。余杭区检察院在案件办理过程中，面临两大困难：一是事前取证难，二是事后监督整改落实难。为了克服困难，在事前调查取证环节，余杭区检察院公益诉讼部门一方面积极联合本院电子数据实验室，利用检察区块链取证设备，通过在线提取电子数据的方式对案涉 App 违法违规收集个人信息的侵权行为进行证据固定；另一方面要求企业如实提供非法收集储存用户个人信息的数量，与整改环节中第三方检测机构的合规检测相印证。在事后监督整改环节，余杭区检察院积极引进第三方代表评估机制，由当地网信部门认可的有资质的第三方检测机构对涉案企业整改情况进行合规检测，确保调解协议执行到位。

（三）积极引导涉案企业开展企业合规

个人信息案件的专业性较高，庞大的 App 数量，丰富的应用场景，迅速的更新迭代，对技术检测力量的要求较高，而检察机关的技术力量目前尚无法应对。检察机关可以通过引进第三方评估的方式，建立科学评价体系。根据《人民检察院公益诉讼办案规则》第 36 条的规定，检察机关开展调查取证工作，可以指派或者聘请其他具有专门知识的人参与，也可以商请相关单位协助进行。规则明确检察机关可以借助相关单位的专业技术辅助案件办理。一是组建个人信息保护领域的专家团队，为企业合规整改奠定工作基础。在本案中，余杭区检察院邀请互联网行业代表和专家参与论证调查取证方案，确认通过 App 使用者穿行测试直接取证固证。二是整合行政监管部门及专业机构力量，为评估企业合规整改效果提供考察依据。公民个人信息的侵害后果往往难以量化，整改是否全面规范更难以甄别。在本案中，余杭区检察院借助行政监管部门和专业检测机构的技术能力，由经网信部门认可的具有网络安全风险评估能力和信息安全风险评估能力的第三方专业检测机构，对 App 的隐私政策、权限要求、数据存储等方面的合规性进行检测，确保其合规整改落实到位。

CASE 04

案 例 四

个人信息处理的法律边界和司法认定

——郭某诉杭州野生动物世界有限公司服务合同一案

聂 庆*

案情简介

2019 年 4 月 27 日,郭某与妻子向杭州野生动物世界有限公司(以下简称野生动物世界)购买双人年卡,支付年费 1360 元,留存自己与妻子姓名、身份证号码等个人身份,并拍摄照片及录入指纹。后野生动物世界决定将入园方式从指纹识别调整为人脸识别,并以店堂告示的形式公示通过相关文件。同年 7 月,野生动物世界向年卡持卡客户群发短信通知人脸激活事宜。其于 10 月停用指纹识别闸机,并以短信告知未注册人脸识别的用户无法正常入园。郭某专门向工作人员核实,并表示不同意进行面部识别认证,要求退卡,双方协商未果。2019 年 10 月 28 日,郭某向杭州市富阳区人民法院提起诉讼,请求确认强制指纹和人脸识别无效,删除相关信息并承担有关赔偿费用。一审判决判令野生动物世界赔偿原告合

* 聂庆,杭州市中级人民法院执行局实施一处处长。

同利益损失 678 元及交通费 360 元,共计 1038 元,并删除原告办理指纹年卡时提交的包括照片在内的面部特征信息,同时驳回了原告的其他诉讼请求。原告不服一审判决,向杭州市中级人民法院提起上诉。二审判决在维持一审判决的前述两项内容的同时,判令野生动物世界删除原告办理指纹年卡时提交的指纹识别信息,并驳回原告的其他诉讼请求。原告之后进一步向浙江省高级人民法院申请再审,被裁定驳回。

裁判要旨

经营者只有在消费者知情同意的前提下,方能收集、使用消费者的个人信息,且须遵循合法、正当、必要原则,尤其是生物识别信息属于敏感个人信息,具备较强的人格属性,一旦被泄露或者非法使用,可能导致个人受到歧视或者人身财产安全受到不测危害,故经营者应当更加谨慎处理和严格保护。

案例评析

一、判决思路

本案二审法院判决认为,郭某在知悉指纹识别店堂告示内容的情况下,权衡后自主作出办理年卡的决定并提供相关个人信息,指纹识别店堂告示对郭某与野生动物世界具有约束力,而人脸识别店堂告示并非郭某与野生动物世界之间的合同条款,对郭某不发生效力。郭某办理指纹识别年卡时选择权并未受到限制或侵害,野生动物世界的行为不构成欺诈,但野生动物世界单方变更入园方式构成违约。现野生动物世界欲利用收集的照片扩大信息处理范围,超出事前收集目的,表明其存在侵害郭某面部特征信息之人格利益的可能与危险,应当删除郭某办卡时提交的包括照片在内的面部特征信息。鉴于野生动物世界停止使用指纹识别闸机,致使原约定的入园服务方式无法实现,故二审法院在原判决的基础上增判野生动物世界删除郭某办理指纹年卡时提交的指纹识别信息。

本案聚焦于个人信息保护，为因服务合同纠纷提起的违约之诉。从请求权基础的角度分析，双方当事人具有相应的民事行为能力，就合同内容达成一致，意思表示真实，合同内容不违反法律法规的强制性规定，合同满足订立及生效要件。在合同履行的过程中产生分歧，两审法院裁判均着重于有关合同的违约，未从侵权要件对个人信息权益损害进行考量。对于人脸数据可能已被提取的情况下会致使侵权行为的发生，不能仅从野生动物世界泄露、出售或者非法向他人提供郭某的个人信息的层面上进行判断。以郭某未同意采取人脸识别方式入园为例，野生动物世界实际上并未完成对人脸识别入园方式所需的人脸识别信息的处理，一旦得出没有造成对于个人信息的人格权侵权的结论，这就剥夺了在认定违约的情况下进一步认定侵权的可能性，从而降低了经营者承担采取补救措施等相应的侵权责任的标准。不过，因个人信息的独特属性，一旦造成损害，后果难以估量，有必要采取预防性的措施做到防患于未然。

两审的争议焦点均聚焦于个人信息，一审的争议焦点为郭某能否要求野生动物世界删除已收集的个人信息，二审的争议焦点为一审法院对个人信息删除的处理是否妥当。本案裁判在审理中旗帜鲜明地提出生物识别信息作为敏感个人信息，更应谨慎处理和严格保护，并参照适用"违反约定处理个人信息""停止提供产品或者服务"等要求，依法保护了消费者对人脸等生物识别信息享有的合法权益。裁判结果兼顾了鼓励数字产业发展与个人信息保护两大需求，为推动完善我国生物识别信息特别保护制度发挥了积极作用，也为个人信息审判提供了类案示范参考。

随着数字经济的蓬勃发展，个人信息的人格权商业化特征逐渐显现。无论是全国人民代表大会常务委员会《关于加强网络信息保护的决定》第2条规定的"网络服务提供者和其他企业事业单位在业务活动中收集、使用公民个人电子信息，应当遵循合法、正当、必要原则，明示收集、使用信息的目的、方式和范围，并经被收集者同意，不得违反法律、法规的规定和双方的约定收集、使用信息。网络服务提供者和其他企业事业单位收集、使用公民个人电子信息,应当公开其收集、使用规则",还是《网络安全法》第 41 条第 1 款规定的"络运营者收集、使用个人信息,应当遵循合法、正当、必要的原则,公开收集、使用规则,明示收集、使用信息的目的、方式和范围,并经被收集者同意",都围绕着个人信息的处理原则即合法原则、正当原则、必要原则、公开原则、诚信原则等,几大原则贯穿裁判始终。此外,目的限制原则作为《个人信息保护法》上的"帝王条款",明确释明了"处理个人信息应当具有明确、合理的目的,并应当与处理目的直接相关,采取对个人权益影响最小的方式"。

本案审理期间可适用的涉及个人信息保护的规定散见于不同的法律规范中。已废止的《民法总则》概括地规定,自然人的个人信息受法律保护。《消费者权益保护法》对于个人信息在消费领域的收集、使用并未采取禁止的态度,而是强调对个人信息处理过程的监督管理。对于信息处理者或者经营者而言,在前端收集个人信息阶段,需要遵循谨慎、合法、正当、必要原则和征得当事人同意的规则;在中端控制信息过程中,需要遵循确保安全原则,不得泄露、出售或者非法向他人提供个人信息;在末端出现个人信息被侵害时,经营者需要承担采取补救措施等相应侵权责任。《网络安全法》对网络运营者处理个人信息也作出了类似规定。

目前,公开的个人信息包括自然人自行公开的个人信息以及其他已经合法公开的个人信息。我国法律没有将公开的个人信息排除在个人信息之外,而是在兼顾个人信息保护与利用的基础上,对处理公开的个人信息作了专门规定。《民法典》第 1036 条与《个人信息保护法》第 13 条、第 27 条分别从免责事由与个人信息处理规则的角度对于公开的个人信息处理作出了规范,二者相互补充,合力实现个人信息权益保护与个人信息合理利用的协调。处理者只有合理地处理公开的个人信息,才无须取得个人的同意,且免于承担民事责任,但除非法律或行政法规另有规定,其告知义务并不当然免除。公开的个人信息的处理活动必须是合法并且是在合理的范围内进行的,对合理与否的判断应当依据必要原则与目的限制原则在权衡不同利益的基础上进行,尤其是要考虑个人信息的公开目的。

个人信息"既是自然人参与社会交往的载体,也是个人人格表现和人格发展的工具"。因此,"信息主体对个人信息流转范围和流转方式的掌握,和个人人格的发展密切联系,这也是在现实社会中保护个人信息相关权益的价值基础"。[①] 个人信息具有可识别性的人格特质,在被侵害的情形下,权利人通常未受实质损害(积极损害)。作为人格的附加属性,信息主体对于个人信息的支配无疑是重要的,在充分尊重自然人意愿的前提下,经自然人同意方可流转。2021年7月27日,最高人民法院《关于审理使用人脸识别技术处理个人信息相关民事案件适用法律若干问题的规定》正式对外发布,把未经自然人或其监护人单独同意的人脸信息采集行为明确界定为"侵权",同时提出了提供替代性验证的方式,该规定中涉及"不得侵害使用人的人格权益和其他合法权益"的内容为司法部门处理此类纠纷提供了法律依据,更增强了公民对其人格权益保护的法律底气。

人格权的财产利益体现了人格权在现代社会的一项重大变迁,即人格权是一种防御权,在于维护人格的完整利益,财产利益的肯定则在增进人格权的活动利益,使其成为一种利用权,得对其一定的人格利益加以支配使用,以适应社会经济发展,扩大增强对人格权的保护内容。从物质利益延伸至精神利益,无形的人格权被恶意利用,财产利益或精神利益就会遭受损害。2021年11月1日起施行的《个人信息保护法》是针对个人信息保护的专门法,其中针对关于滥用人脸识别技术问题,规定所收集的个人图像、身份识别信息只能用于维护公共安全的目的。为优化个人信息保护未被肃清的"大染缸",谋私利的行为被明确禁止,以公共利益优于个人利益的基调对该项技术加以要求,来升华个人信息保护的价值。

二、相关司法实际与未来课题

本案中,作为新兴科技手段的人脸识别技术是基于人的脸部特征信息进行身份识别的一种生物识别技术,在日常生活中极为常见,例如手机人脸

---

① 参见王利明主编:《中华人民共和国民法总则详解》(上册),中国法制出版社2017年版,第456页。

解锁,当人脸识别内化为个人信息,在难以直接显现的外观下,与人格权益息息相关。随着社会现代化程度和水平的提高,公众对个人信息的保护意识逐渐加强,在特定语境下因滥用导致的侵权会使权利人权益受损。“人脸识别第一案”因“第一案”备受关注,虽然此案并无既往司法实践可以借鉴,也无成熟法律加以规制,但是此案后被写入最高人民法院工作报告,并推动最高人民法院出台人脸识别司法解释。在 Web3. 0 时代,《民法典》第 1037 条第 2 款规定:“自然人发现信息处理者违反法律、行政法规的规定或者双方的约定处理其个人信息的,有权请求信息处理者及时删除。”“删除权”的规定,为保障个人信息提供了有力的法律武器。

国外对于人格权的保护可追溯已久,从“以血换血、以牙还牙”的同态复仇时期到双重赔偿时期,对人格权的保护力度加大、司法趋于完善。“冈萨雷斯案”中欧盟法院的判决肯定了西班牙公民冈萨雷斯享有“被遗忘权”,有权要求谷歌公司删除对报道其个人财产状况的网页所设的搜索链接,让世界“忘却”这段往事。两者具有异曲同工之处,由“删除权”扩大的“被遗忘权”作为一种新型权利,可被归属于个人信息保护的范畴,数据主体有要求数据控制者删除关于其个人数据的权利,控制者有责任在特定情况下及时删除个人数据。我国“被遗忘权”第一案已判决,因该权利并不属于民事法律体系之中的法定权利,法院否定了可以从一般人格权保护“被遗忘权”的思路,“被遗忘权”是否可以被我国立法予以借鉴并加以应用,值得思考。

本案司法裁判为个人信息提供了“双重保护”,虽亮明了运用“删除权”力挺个人信息保护的态度,但存在理论与实践不相匹配的不足。原告诉请在第三方技术机构见证下删除于 2019 年 4 月 27 日办理年卡及之后使用年卡时提交的全部个人信息(包括但不限于姓名、身份证号码、手机号码、照片、指纹信息),并承担相应的技术见证费用(以见证当天的实际支出为准),但两审判决均以法律依据不足,不予支持第三方技术机构的介入,以至于野生动物世界的删除行为并不能得到佐证,裁判的公正性不免令人质疑。本案系数字经济背景下人脸识别纠纷第一案,引发了社会各界对于人工智能技术、大数据及其背后隐私问题的更多思考,案件的审理兼顾了鼓励个人信息保护与数字产业发展两大需求，具有很高的社会意义，传递了保护个人信息，维护数据安全的司法理念，但对于如何具体实施"删除权"的现实问题，仍有待理论和实践的探索和适配。例如，将人格权保护节点前移至事前预防，《民法典》第997条规定："民事主体有证据证明行为人正在实施或者即将实施侵害其人格权的违法行为，不及时制止将使其合法权益受到难以弥补的损害的，有权依法向人民法院申请采取责令行为人停止有关行为的措施。"人格权侵害禁令制度的确立完善了司法救济规则，自然人有证据证明信息处理者使用人脸识别技术实施侵害其人格权益的行为，不及时制止将使其受到难以弥补的损害，可向人民法院申请人格权侵害禁令，责令信息处理者停止有关行为。由于人格权侵害禁令制度在实践应用上问题频发，与之相关的司法解释出台已迫在眉睫，清楚认知其与人格权诉讼纠纷、行为保全以及"人身安全保护令"的协调与衔接确有必要。

CASE 05

案例五

以“撞库”方式获取经销商数据库构成不正当竞争

——杭州执掌科技有限公司、杭州利导科技有限公司与浙江中服网络科技有限公司不正当竞争纠纷案

叶胜男*

案情简介

原告杭州执掌科技有限公司(以下简称杭州执掌公司)、杭州利导科技有限公司(以下简称杭州利导公司)系“女装网”(www. nz86. com)的运营方及管理者,“女装网”作为女装行业门户网站,以服务经销商和女装企业为核心,集商务、资讯服务于一体。两原告投入了大量人力、物力进行人工审核经销商资料,并对审核通过的经销商数据进一步加贴标签,进行人工分类筛选,最终放入平台经销商数据库,形成了具有十几万条经人工收集、审核、加工、筛选数据的经销商数据库。两原告认为其通过经销商数据库以及精准经销商资料的访问、查看并获取权限,已形成具有核心竞争优势的特定、稳定的商业运营

* 叶胜男,杭州互联网法院互联网审判第二庭副庭长。

模式。

被告浙江中服网络科技有限公司(以下简称浙江中服公司)系“中服网”的运营商及管理商,其以“撞库”方式非法获取、使用两原告的会员在“女装网”上的账号及密码,并轮番持续地登录“女装网”,查看和获取经销商数据库信息。两原告认为,被告通过非法手段获取原告的经销商数据库资料,构成不正当竞争,起诉至法院。杭州执掌公司、杭州利导公司诉请判令浙江中服公司立即停止针对“女装网”企业会员及经销商数据库信息的侵权行为、赔礼道歉、消除影响,并赔偿经济损失及合理维权费用200万元。

杭州铁路运输法院经审理后认为:其一,杭州利导公司确实参与了“女装网”的线上推广经营也积极进行线下对外宣传推广,负责主办或承办大中型展会活动,扩大网站影响力。因此,案涉网站系杭州执掌公司、杭州利导公司共同经营管理,因涉案被控侵权行为可能导致作为共同经营管理者的杭州执掌公司、杭州利导公司共同利益受损,故杭州执掌公司、杭州利导公司应作为本案共同原告参加诉讼。其二,浙江中服公司员工登录、访问“女装网”经销商数据库最早访问时间为2013年4月12日,最晚访问时间为2018年7月,而日常登录时间多为工作日的正常工作时间。登录使用的四个IP地址段也均为浙江中服公司专有。两名员工在工作期间和公司办公场所使用客户账户和密码登录网站获取信息,是利用职务之便实施,应属于职务行为。2013年至2018年,在上千余次的持续性登录过程中,访问、登录使用的均是浙江中服公司所属的IP地址,且行为指向最终的利益归属均为浙江中服公司。相关员工入职时间与涉案账户最早访问时间并不对应,显然最早登录行为与浙江中服公司主张的两名客服人员无涉,这进一步证明涉案被控侵权行为系浙江中服公司的公司行为。其三,原被告双方当事人的商业模式、企业定位、用户群体存在高度重合性,存在经营中争夺用户资源或相同用户的注意力、交易机会的情形,在互联网服装领域是直接竞争关系,杭州执掌公司、杭州利导公司通过对“女装网”所形成的数据信息进行加工处理,形成具有经济价值的经营性信息,并以有偿方式为服装品牌方提供的商业模式,能够为杭州执掌公司、杭州利导公司带来竞争优势和商业机会，同时浙江中服公司通过不正当手段获取涉案经销商数据库，构成不正当竞争并给原告造成了损害。故法院于2019年10月31日判决：被告浙江中服网络科技有限公司立即停止不正当竞争行为，即立即停止针对“女装网”企业会员及经销商数据资料的不正当竞争行为，并赔偿两原告经济损失共计35万元，同时承担消除影响的民事责任。判决后，原被告双方均未提起上诉，一审判决生效。

裁判要旨

1. 经销商数据库系市场主体根据特定需求对所采集的用户原始数据进行脱敏、清洗、聚合、加工而形成的衍生数据，系市场主体投入劳动及成本经营的劳动成果，故属于市场主体的核心竞争资源。经销商数据库具有商业意义和商业价值，属于《反不正当竞争法》所保护的财产性权益。

2. 市场经营主体之间的数据竞争行为分为数据获取行为和数据利用行为，以“撞库”不正当途径获取经销商数据库导致后续数据使用行为也不具有正当性，单独数据利用行为应当结合行为的方式、手段、目的、后果进行综合分析。

3. 适用《反不正当竞争法》“一般条款”判断数据获取的不正当竞争行为，可以结合原告主张保护的数据类型及程度、被控行为给原告利益造成的损害程度、数据获取行为突破原告限制措施的情形、数据利用行为的创新程度进行判断。

案例评析

信息时代，大数据技术的发展激发了商业模式创新，不断催生新业态，已成为互联网等新兴领域提升企业核心价值的重要驱动力。一方面，就用户数据而言，其规模及质量反映了网络平台用户的活跃度，影响到互联网企业的吸引力。掌握用户数据越多，越有可能拥有更大的用户规模，显然只有维持已有用户并不断吸引新用户，才能推进企业经营发展。另一方面，用户数据是网络经营者分析整理用户需求、整理开发数据库信息、提升用户体验的重要来源，故经销商数据库不仅是市场经营主体的竞争力，也是生产力。

一、市场经营主体对经销商数据库享有财产性权益

数据价值的发现应当包括两个部分，一是数据潜在初始价值的挖掘，二是数据价值的产生与增值。数据是信息的载体，因此单个信息的价值由其数据载体继承，成为数据的潜在初始价值，对数据的潜在初始价值的发现并非价值增值，而是对已有公共性价值的挖掘。能够轻易得到而不需要投入太多劳动与资本的价值挖掘过程并不能给挖掘者带来对数据的控制权，而仅仅能够换取对数据的使用权。数据价值的生产与增值过程则是指在原始数据的基础上，破除原始数据之间的孤岛状态，对数据进行净化、提炼、汇集，实现数据间的互通，即汇集性数据处理，但不包括借助算力与专业性技术对数据集分析、处理之后生成知识与智慧这一创造性过程。在数据价值的生产与增值过程中，由于需要根据一定的目的或主题，对无序的海量数据投入一定量的劳动、资本筛选、提炼、汇集得出相对有序的数据集，数据的本质没法发生改变，数据价值却得到了增值，所以经营者在固有的初始价值之外通过连线孤立数据增加了初级辅助决策的功能，能够作为每一个领域决策知识的原材料。可见，对于市场经营主体之间的数据纠纷而言，市场经营主体持有的数据种类不同决定对第三方获取和利用行为的正当性考量也有所不同，依据企业是否对数据进行了“创造性劳动”的投入将数据划分为原始数据和衍生数据是有意义的。

由于经销商数据库的生产者为原始数据添附了新的价值，而数据价值是数据利用的核心内容，因而数据库生产者能够对其生产的数据库中的原创性部分取得专有的控制权且有权独享数据库带来的收益。反映在该案例中，第一，经销商数据库所提供的数据内容不再是原始简单的意向加盟商信息，而是数据库生产者根据网站所留取的信息通过人工电话询问等深度审核方式进行分析及整合、加贴特殊标签、最终形成的完整加盟信息，凝结了合两原告主张保护的数据类型及程度、被控行为给原告利益造成的损害程度、数据获取行为突破原告限制措施的情形、数据利用行为的创新程度等考量进行判断。在这些具体的考量因素中，包含了对多组不同价值取向的衡量，例如数据流通的价值、对数据开发行为的激励、对创新的保护以及系统和数据安全、个人信息保护，最终落脚于维护竞争秩序、提升社会总福利。在该案例中，首先，两原告主张保护的是由单个经销商数据库信息汇集成一定规模的数据库，已经成为可以给其带来财产性收益的衍生数据，具备核心竞争力。此类经销商数据库具有积极的效果，当互联网服装行业的品牌方会员通过网站获取所需信息，不仅可以直观获取加盟商各种意向的详细信息，还可以了解加盟商对于相关服装品牌的喜好。因此经销商数据库高效地提升了品牌方会员的用户体验，丰富了会员选择，具有积极效果。其次，浙江中服公司不正当地超出必要限度使用经销商数据信息，实质性替代了杭州执掌公司、杭州利导公司在服装网站上给品牌方会员提供的服务，给"女装网"带来负面评价及商誉上的损失，也可能会使得其他同行业市场主体不愿再就该类信息进行搜集、整理、投入，破坏了正常的互联网服装产业生态，给两原告带来一定的损害后果。最后，在浙江中服公司无法证明其获得客户授权而登录"女装网"的情形下，结合涉案 24 个账号在"女装网""中服网"的 ID 不完全一致的事实，杭州执掌公司、杭州利导公司针对的是浙江中服公司以其自身未加密的会员数据库账号密码，不断尝试杭州执掌公司、杭州利导公司网站进行登录，在验证了部分账号和密码相同或基本一致之后，最终以不正当手段完成在杭州执掌公司、杭州利导公司网站顺利登录的行为；最后，就被诉数据使用行为而言，浙江中服公司未进行任何使用创新，直接照搬照用他人数据，未增进社会福祉。综上文所述，浙江中服公司被诉行为可以适用《反不正当竞争法》的一般条款进行判断。

本案指出，在获取相关数据库信息时，应遵循合法、正当、必要限度的原则，切不能通过不正当手段实质性替代原数据库开发者的服务，而可以在一定程度上从实现积极效果的目的出发对数据库信息进行利用。本案既是以自己的数据库对竞争对手的数据库进行撞库，攫取对方客户资源的典型案例，也是信息发布交易撮合 B2B 网站维权的典型案例，同时还明确了难以构成商业秘密的非公开企业数据的法律属性以及使用“撞库”方式获取竞争企业后台数据的行为定性，推动了构建大数据时代的良性竞争秩序。